르포, 교토 조선학교 습격사건

- 증오범죄에 저항하며

지음 나카무라 일성(中村一成)

옮김 정미영

저자 소개

나카무라 일성(中村一成). 1969년, 오사카 이쿠노구에서 출생.
1995년 마이니치신문 입사, 16년간 기자생활을 한 뒤 2011년부터 프리저널리스트.
재일조선인과 이주노동자, 난민을 둘러싼 문제, 사형제도에서 영화평론까지
폭넓은 집필활동 중.

주요저서

「声を刻む在日無年金訴訟をめぐる人々」(インパクト出版会 2005)
「なぜ,いまヘイト・スピーチなのか―差別, 暴力, 脅迫, 迫害」(共著, 前田朗編 三一書房 2013)
「ルポ　京都朝鮮学校襲撃事件―＜ヘイトクライム＞に抗して」(岩波書店 2014)
「ヘイト・スピーチの法的研究」(共著, 金尚均編、法律文化社、2014)
「ルポ　思想としての朝鮮籍」(岩波書店 2017) 외

사진 : 나카야마 카즈히로(中山和弘)

일러두기

1. 이 책은 다음 저서의 한국어 완역본입니다.

　　『ルポ　京都朝鮮学校襲撃事件―＜ヘイトクライム＞に抗して』(岩波書店 2014)

2. 인명, 지명 한자표기는 각 장 처음에만 넣었습니다.

3. 원서에 삽입된 사진 이외 5장의 사진을 추가했습니다. (페이지 _ 표지, 33, 64, 219, 260)

4. 본문에 나오는 '조선' '북조선' '조선어'는 원서표현 그대로 옮겼고, 역주를 달았습니다.

5. 저자 주는 본문과 같은 크기로 괄호(　)에, 역주는 * 로 구분했습니다.

RUPO KYOTO CHOSENGAKKOU SHUGEKIJIKEN -
by Il-Song Nakamura
Copyright © 2014 by Il-Song Nakamura
First published 2014 by Iwanami Shoten, Publishers, Tokyo.

This Korean edition published 2018
by POOMBOOKS, Paju-si
by arrangement with Iwanami Shoten, Publishers, Tokyo

목 차

1. 사건 당일

여느 때와 다름없는 점심시간이었다.

도시락을 먹는 아이가 있는가 하면 줄지어 1층에 있는 안마당 수 돗가로 이를 닦으러 가는 아이도 있다. 5교시가 시작되는 오후 1 시 15분까지, 평소와 다를 바 없는 누에고치 속 같은 시간이 흐르 고 있었다. 별안간 3학년 남학생 3명이 2층 교실로 뛰어 들어왔다. 아이들은 겁에 질린 표정으로 이 해에 갓 교사가 된 담임 정유희 (1988년생)에게 소리쳤다.

"선생님, 이상한 사람이 말 걸었어요."

"'이리 와 봐' 했어요."

"모르는 사람이 교문밖에 있어요."

2009년 12월 4일 오후, <재일 특권을 용납하지 않는 시민의 모 임(재특회)>과 <주권회복을 지향하는 모임(주권회)> 멤버들이 교 토 조선제1초급학교 남문에 집합했다. 이 학교는 역사적 경위(다음 장에서 자세히 서술)로 부지가 좁아 운동장이 없다. 그 때문에 도 로를 사이에 두고 있는 칸진바시勸進橋 아동공원을 교정 대신으로 사용했는데, 조회대와 축구골대, 스피커 등을 그곳에 놓아두었다. 재특회가 이를 두고 '50년 남짓 공원을 불법점거'했다고 선동하고, '공원을 탈환하겠다'며 가두시위를 벌이려 찾아온 것이다. 시위를 실행에 옮긴이들은 모두 11명. 중심인물은 그들의 활동공간인 인 터넷에서 일반참가자는 모집하지 않고, 평소 활동을 같이한 몇 명 에게만 알렸다. 충돌 사태를 예상한 것이다.

정유희가 고병기 교장(1957년생)에게 상황을 알리고 창가로 가

보니 몇몇 사내들이 모여 있었다. 커튼을 닫은 후 얼마 지나지 않아 확성기의 핑음과 금속성 하울링이 울려대기 시작했다. 애초에 운동장을 만들 수 없을 정도로 좁은 부지에 지어진 학교다. 교사 바닥면적은 한 층당 약 40평방미터, 싱글 테니스코트 2면이 들어가는 정도다. 유리창이 흔들리고 험악한 욕설이 날아들었다. 3학년쯤 되면 연달아 들려오는 차별용어의 의미를 어느 정도는 알아듣는다. 아이들이 동요하기 시작했다. "괜찮아 얘들아, 어른들이 지켜줄 테니까"—

3학년 교실에는 실제로 이날 생일인 여자아이가 있었다. "왜, 내 생일날 이런 일이 생긴 거야…" 여자아이는 불에 덴 것처럼 울기 시작한다. 격렬한 울음소리는 점점 교실전체로 전파되어 16명의 아이들 가운데 절반이상이 하염없이 울음을 터트렸다. 이대로 부서져 버리는 것 아닌가 싶을 정도로 격렬했다. "괜찮을 거야. 너희들은 잘못한 거 없으니까. 경찰도 금방 올 거야" 정유희는 필사적으로 아이들을 달랬다.

2층은 저학년 층이었다. 남문에서 가장 가까운 1학년 교실에서는 교원경력 40년의 베테랑 교사 전경애가 아이들을 살피느라 여념이 없었다. "여느 때처럼 도시락을 꺼내서 '자, 먹자요' 하고 난 잠시 후였죠. 잊을 수가 없어요. '문 열라니까!' 하는 것 같은 고함소리가 들리기에 창문으로 바깥을 내다보니 교문 맞은편에 점착테이프가 붙은 안전모를 쓴 사람이 있었고 고함소리가 들려왔어요. 지금도 똑똑히 기억하는 말은 '스파이 양성기관'이니, '꺼져라' 등……너무 분했죠."

2학년 담임인 남성교사가 습격자들의 침입을 막으려고 1층으로

뛰어 내려갔다. 전경애도 따라 나가봐야겠다는 생각이 들었다. 복
도로 나가니 고함소리가 더 또렷이 들렸다. "'교실에서 나오면 안
돼' 아이들에게 당부한 뒤 2학년교실 커튼을 닫으러 갔어요. 복도
로 나갔는데, 3학년 아이들 교실에서 울음소리가 들려와 가보니
까 3학년담임이 '선생님, 어쩌면 좋아요…' 하는 거예요. 같이 들어
가서 '괜찮아, 경찰이 금방 올 거니까'하며 아이들을 달랬어요." 이
닦기를 하는 시간이었지만 수돗가는 교사 밖 안마당에 있다. 교실
바깥으로 나가지 말라는 말은 하나마나한 소리였다. 화장실에 가
는 것도 창밖을 못 보게 하려고 아이를 끌어안다시피 해 교사가 따
라갔다. "점심을 다 먹은 2학년과 1학년을 한 교실에 모아 마음대
로 놀게 했어요. 같이 시끌벅적 놀게 하면 조금이라도 바깥소리가
들리지 않을 것 같아서. 비열하다고 생각했습니다. …… 나중에 들
었습니다만, 적어도 그들 중 하나는 초급학생 정도의 아이가 있었
다지요. 어떻게 그런 짓을 할 수 있는지."

굉음 같은 고함소리

학교는 3층 건물이다. 이날, 남문에서 반대쪽인 맨 위층 강당에서
는 4학년부터 6학년 아이들이 시가滋賀 초급학교, 교토 제2, 제3초
급학교 고학년들과 교류수업을 하고 있었다.

강당에 있던 시가 조선초급학교 교사 정상근(1958년생)은 강당
으로 뛰어 들어온 동료의 모습을 기억한다. "아래층에 큰일 났어
요. 빨리 내려와 보세요!" 계단을 뛰어 내려가 건물 밖으로 나가보
니 남문바깥에 누군가 서 있었다. 교문 쪽으로 20미터 쯤 더 뛰어

가보니 점퍼와 작업복차림의 사내들 5, 6명이 더 있었다. "어이, 문 안 열거야? 문 열라니까!" "거짓말 작작 해, ××!" "멍청한 새끼!" 문 안쪽에서 대치하고 있는 교장과 교무주임에게 그들이 성난 목소리로 고함을 내지르고 있었다.

"대체 무슨 일이 벌어진 건지 알 수 없었죠. 우익단체 가두시위는 경험해 봤지만, 그들은 전혀 달랐어요. 말도 그렇고 태도도 그렇고." 눈앞에서 벌어지고 있는 심상치 않은 사태에 순간 망연자실한 정상근은 이내 등 뒤로 교실이 있다는 걸 깨달았다. 그곳에는 아이들이 있었다. 제1초급학교 교장과 교무주임은 1층에서 침입방지에 온 힘을 쏟고 있었다. 정상근은 뛰어 내려온 계단을 다시 달려 올라가 호흡을 가다듬은 후 강당으로 들어가서 아이들을 달래고 있던 여교사 4명을 모아 조용히 지시했다. "일단 커튼을 모두 닫으세요. 그리고 볼륨을 최대한 키워서 음악을 틀어주세요. 저런 모습을 보고 들었다가는 충격 받는 일 밖에는 없으니까. 이 상황을 알아차리지 못하도록 신나게 게임을 진행해주세요." 그리고 교사들과 함께 한 번 더 확인했다. "평상심을 갖고 대응합시다. 아이들을 지킵시다." 그리고는 다시 1층으로 내려갔다.

곧바로 주범이 확성기를 쓰기 시작했다. "교문을 열어라!" 평일 낮 학교 앞이다. 교장이 더는 참을 수 없어 '여긴 학교입니다'하며 자제를 요구하자, 습격자들의 욕설은 점점 더 심해졌다. "김일성, 김정일 초상화를 걸고, 일본인을 납치한 조선총련 산하 조선학교. 이게 무슨 학교야—!" 주범이 선창하자 사내들은 일제히 "맞아—!" 하고 합창했다. 대화가 성립될만한 수준이 아니다.

"저도 무슨 일이 벌어졌는지 몰랐기에 평소와 달리 몹시 동요했던 것 같아요. 하지만 한편으론 냉정하게 전체상황을 살펴야한다는 생각이 들었죠. 그 경험이 있었기 때문입니다." 정상근의 말이다. 그 '경험'이란 2007년 1월, 정상근이 근무하는 시가 조선초급학교를 오사카부경大阪府警察이 압수수색 한 사건이다. 시가조선학원 부지에 차고지등록이 되어있던 디젤차가 실제로는 오사카시내에 보관되어 있었다. 이른바 '차고지 허위등록'이다. 오사카에 있는 동포 상공인에게 부탁받은 시가 현 총련 간부가 대수롭지 않게 여기고 차량보관 장소를 학교로 등록하고 만 것이다. 오사카 시의 디젤차 규제를 피하기 위해 규제가 느슨한 시가 현에 등록했을 것이다. 물론 위법행위이나 학교와 조선총련 시가 현 본부에 대한 압수수색은 기동대를 포함해 약 130명을 동원한 대규모 수색이었다. 게다가 본래는 교통관련 사안임에도 오사카부경 외사과가 수색을 지휘했다. 4시간에 걸친 수색은 교실마다 신발을 신은 채 몰려들어온 수색원들이 혐의(전자적 공정증서 원본부실기재)와 관련이 있다고 보기 힘든 교원이나 학부모들의 연락명부를 닥치는 대로 압수했다. 그것이야말로 그들의 목적이었다.

수색당시에는 주택가 안에 있는 작은 학교 입구에 완전무장한 기동대원들을 세우고, 수색에 필요한 '입회인' 외에 학교 관계자를 배제시켰다. 항의의 뜻을 표하려 담을 넘어 학교로 들어오려던 짓궂은 아이들도 있었는데 경찰에 저지당했다. 수색대상이 야쿠자사무소도 아니고, 신좌익단체의 거점도 아니다. 아이들이 공부하는 학교이다. 학교시설을 경찰들이 둘러 싼 것 자체가 지역사회의 백안시를 초래한다. "그때 내가 한 일은 경찰과 절충해 기동대의 배치를 바꿔달라고 하는 것이었습니다. '이 지역은 어르신도 많다. 험악한 분위기를 조성하지 말아 달라' '교문 앞에는 서있지 말아 달라'고. 경찰들에게 소리쳐 봐도 효과는 없었습니다." 2007년 시가 초급학교 탄압에 대치했던 경험에서 배양된 '냉정하게 전체를 살피자'는 태도가 이번 재특회의 공격 때 도움이 된 것이다.

예고

교토 조선중고급학교 교사였던 시성지(1942년생)가 학교에 도착한 것은 습격자들이 확성기를 쓰기 시작한 바로 직후였다. 점심을 먹고 있던 오후 1시 전, 학교에서 걸려온 전화를 받고 서둘러 몇 명에게 급히 연락한 뒤 스쿠터에 올라탔다. 직장이 있는 교토 조선회관에서 학교까지 어느 길로 왔는지 기억도 나지 않는다. 학교로 가는 동안 끊임없이 되풀이된 생각은 "'진짜 찾아오고야 말았구나.' 우리의 보물들한테……화가 치밀어 온몸에 소름이 돋았어요."

'정말 오고 말았다' — 습격은 2주전에 예고되어 있었다. 같은 해 11월 21일, 교토 조선회관에서 개최된 우에다 마사아키上田正昭 교토대학 명예교수(고대사)의 「일한 우호강연회」가 열린 날, 이번 습격자들이 가두시위를 벌였다. 그때 주범이 '언제라고는 말할 수 없지만, 교토 조선학교에 가두시위를 나가겠다. 공원을 탈환하겠다'는 말을 했다. 이미 그 단계에서 그들은 '재특회'와 '주권회'에 동조하는 몇 명이 제1초급을 습격한다는 영상을 만들어 You Tube에 공개했다. 공원에 있는 축구골대와 조회대, 스피커, 그리고 학교와 아이들의 일상 등을 찍은 영상에 '이것들은 몰아내야죠, 빠른 시일 내로, 12월 초순에 쫓아내자'고 한 뒤 '기대하시라'며 추종자들을 선동한 영상이었다.

예고는 곧바로 학교 측에 알려져 학교와 학부모 대표, 조선총련 간에 대책을 논의했다.

《학부모들과 아이들의 불안을 부추기지 않기 위해 습격예고정보 는 교직원과 학부모회 간부들로 제한한다. 무슨 일이 생기면 남성 교원은 1층으로 내려가 침입을 막고, 여성교원은 교실에 남아 아 이들을 지킨다. 아이들이 있는 교육의 현장이니, 사태의 악화를 막 기 위해 어떤 말을 듣더라도 대응은 하지 않는다. 더욱이 절대 몸 싸움은 하지 않는다. 학부모는 학교에는 오지 않는다》 이 내용들이 'X-day'의 기본적인 대응방침이었다.

시성지는 이러한 실무대응의 중심이었다. 알고 지내온 오사카 부 의회의원과 시의회 의원과도 대응을 논의해 교토부경 미나미 경찰서에도 아이들의 안전을 지켜달라고 부탁해놓았다. 그러나 경찰은 '무슨 일이 생기면 대응하겠습니다. 연락 주십시오.'라는 말뿐이었다.

후술하겠지만, 제1초급학교는 당시 한신고속도로 연장공사에 따 른 아이들의 안전 확보와 공원사용을 둘러싼 문제를 안고 있어서 시성지는 이 무렵 시정과 제1초급을 빈번히 찾았다. 황급히 학교로 향하는 시성지의 뇌리에는 언제나 '안녕하십니까'하고 인사를 해 주는 아이들의 모습이 떠올랐다. "예고당시 가두시위도 참으로 저 급하기 짝이 없었어요. 그런 일이 실제로 아이들이 있는 학교에서 이뤄진다니, 생각하고 싶지도 않았죠."

학교에 도착하자 이미 사태를 전해들은 지역의 동포청년 몇 명 이 달려와 있었다. 대부분이 그녀의 제자이다. 일단 그들에게 우리

말로 '침착하자'고 다짐을 해 두었다. "실은 제가 가장 먼저 밖으로 나가 무작정 패주고 싶었지만, 아이들 앞에서 폭력을 보여줄 수는 없죠. 이미 경찰을 불렀다고 학교 측도 얘기했기에, 그 다음엔 우리가 10분쯤 기다리면 어떻게든 해주리라고 생각했어요." 방어대책은 사전에 협의한대로 진행되고 있다고 생각했다. 그러나 그 기대는 완전히 무너져버렸다. "경찰이 왔지만, 그저 보고만 있었어요. 아무 것도 하지 않은 채 눈앞에서 무언가를 협의하기도 하는 겁니다. 저는 너무 화가 나서요, '뭘 하고 있는 겁니까! 당장 멈추게 하세요!'라고 소리쳤더니, '이렇게 심하리라고는 예상치 못했기 때문에 지원을 요청했다'고 하더군요."

어머니회 대표 박정임(1967년생)은 이날 어쩌다 쉬는 날이어서 집에 있었다. 휴대전화가 울린 것은 습격자들이 막 확성기를 쓰기 시작했을 때였다. "집에서 점심을 먹은 후였나, 그 전이었나, 한숨 돌리고 있자니 학교근처에 사는 어머니한테서 전화가 와서 '학교에 큰일이 났다'고 하는 거예요. 수화기 너머로 웅웅웅 소리가 울려서, '기어코 찾아왔구나' 했어요." 경찰에 경비요청과 연락체제 결정 등 이른바《X-day대책》회의에는 박정임도 참가했다. "'준비할 수 있는 것은 다 했다'고 마음 한 구석으로 굳게 믿었던 거죠. 설마 아이들이 있는 장소에서 난폭한 짓을 하지는 않겠지, 그런다 해도 휴일에 두 세 명이 와서 한 두 마디 하는 정도려니 생각했는데, 제가 너무 가볍게 생각했어요."

사전대책회의 때 학부모는 학교에 오지 않기로 정했다. 습격자들과 충돌을 피하기 위해서다. 어머니회 회장인 박정임은 그것을 다른 학부모들에게 철저히 주지시킨 입장이었는데, 불안과 공포가 제어불능이 되어갔다. '아이들이 어찌하고 있을까' 계속 그 생각을 하는 사이 문득 정신을 차려보니 어느새 자동차 핸들을 잡고 있었다. 카모가와鴨川 강변에 있는 학교 건너편 제방에서 차에 탄 채 제방 위를 빙빙 돌며 한동안 강 너머 학교를 살폈다. 하지만 학교부지로 들어갈 수는 없었다. 제방 위에서 여러 번 차를 세우고 창문을 열었다. 확성기 소리여서 단어는 잘 들리지 않았지만, 확실히 알 수 있는 성난 고함소리가 들려왔다. "안이했어요. 제가 너무나 안이하게 생각했어요. 저의 안이함 때문에 아이들을 지키지 못 했어요…" 억누를 수 없는 회한이 치밀어 오르고 눈물이 났다.

아버지회 부회장인 김상균(1967년생)이 학교로 들어간 것은 지원경찰관이 도착하기 조금 전이었다. 점심 먹을 준비를 하고 있을 때 교무주임에게서 연락이 왔다. "그때 이미 수화기 너머로 엄청난 소리가 들려왔어요. 국제전화 통화 때 잡음이 굉장할 때가 있긴 하지만, 이건 전혀 다른 깨지는 고함소리였죠. 순간 몸이 경직됐습니다." 긴장한 탓에 가벼운 복통을 느끼며 근무하던 곳에서 자전거를 타고 서둘러 학교로 향했다.

100미터 쯤 떨어진 지점에서 이미 고함소리가 들려왔다. 그들이 모여 고함을 질러대고 있었던 남문 반대쪽 북문으로 들어갔다. "들어가 보니 문 근처에서 학교교직원이 울고 있었습니다. 내가 맨 처음으로 들은 말은, '이것들아 반도로 돌아가서 똥이나 쳐 먹어!'였습니다." 이미 스무 명 정도의 학교관계자들이 사내들의 침입을 막으려고 교문안쪽에 서서 학교 앞 노상을 배회하며 온갖 더러운 욕설을 지껄이고 있는 습격자들과 마주하고 있었다.

'전과(戰果)'

나중에 형사사건으로 발전하게 된 이 범죄행위는 어떠한 것이었을까. 그 일부를 습격자 들이 직접 촬영해 '성과물'로서 동영상사이트에 업로드 한 영상으로 알 수 있다.

영상은 빠른 템포의 음악을 배경으로 교토 역에 내린 카메라가 이리저리 돌며 역내를 빠져나오는 장면으로 시작한다. 지하도를 나온 지점에서 장면이 바뀌어 카메라가 '교토 조선제1초급학교' 간판과 교문을 훑듯이 비춘다. '하이라이트' 요약 편에 이어 본편이 시작된다. 자칭 'neutral'이라는 영상촬영자가 편집한 것이다.

습격자 몇 명이 카메라를 향해 인사를 한다. "부디 안전하게" "안전제일" "왔습니다. 이곳에 찾아 왔습니다." 뭔지 모를 자랑스러운 웃음에는 한 조각 양심의 가책조차 보이지 않는다. 공원 북서쪽에 차량을 세우고 웃으며 얘기하는 습격자들의 표정은, 그들이 말하는 '진군'을 앞둔 긴장감으로 고양되어 있다. 그중에는 곧 있을 '싸움'에 대비해 아킬레스건을 펴는 동작을 하는 사내까지 있다.

카메라가 '주인공'과 함께 도로를 내달린다. 그가 교문에 다다르자 이미 문 앞에 와있던 다른 습격자가 프레임 안으로 합류한다. 한 사람이 아이를 향해 '이리 오라'고 말을 걸자 범인의 눈높이로 교문안쪽이 비춰진다. 그 말을 들은 아이가 안마당에서 교사 안으로 급히 도망쳐 들어가고 이미 사태를 파악한 교장과 교무주임이 나타난다. 교원 하나가 증거기록을 위해 준비한 디지털 비디오를 가리키며 사내들이 고함을 지른다.

"어이, 그거 '초상권 침해'야." "건방지게, 범죄자 조선인주제에 우리를 찍고 지랄이야."—

교장이 자제를 요구하자 점점 더 흥분이 고조된 주범이 무선마이크에 대고 욕을 퍼붓기 시작한다. 습격자들과 마주한 교장과 교무주임 뒤쪽으로 아이들이 이따금 지나간다. 심상찮은 낌새를 알아차린 여자아이가 핀으로 고정시킨 것처럼 어리둥절하며 꼼짝하지 않자 교무주임이 걱정스러운 얼굴로 몇 번씩 여자아이를 돌아본다.

이후로는 오로지 잡다한 욕설과 고함소리다. "북조선 스파이 양성기관, 조선학교를 일본에서 몰아내자!"고 선동하자, "몰~아~내자~"며 따라 합창한다. "이 새끼, *총코" "이 학교 땅도 불법점거야!" "우리 조상의 토지를 빼앗았잖아, 여기 전부 말야. 전쟁 때 남자들이 없는 틈에 여자를 강간하고 학살해서 빼앗은 것이 이 땅이야." "이건, 침략행위라고요, 북조선에 의한" "일본에서 살게 해줬잖아" "너희들은 구석에 처박혀 살면 돼." "약속이란 건 말야, 인간들끼리 하는 것이죠. 인간과 조선인과는 약속이 성립되지 않습니다." "스파이의 자식들이잖아!" "밀입국의 자손들!" "김치냄새 지독하다" —

* 총코(ちょんこ) : 조센진(朝鮮人)에서 파생한 비하어로 조선민족을 멸시하는 욕설. 모자란, 어리석다는 의미가 들어있다. 줄여서 총(ちょん)이라고도 한다.(역주)

이 동영상은 지금도 인터넷에서 '교토조선京都朝鮮' '칸진바시勸進橋'로 입력하면 쉽게 볼 수 있다. 또한 이 기간에 히트를 친 사이트는 모조리 그들의 언동을 영웅적 행위로 칭송하는 댓글로 넘쳐난

다. 그들에게 이런 행위는 '정의의 실현'인 것일까. 그리고 '차별'이
란 엔터테인먼트의 하나인가.

주범은 학교가 공원을 사용해 온 것을 '50여 년간 불법점거'라 반
복해 말했다. 2장에서 상술하겠지만, 제1초급학교가 공원을 사용하
게 된 경위는, 1963년에 운동장이 없는 학교 측이 교토 시와 지역
자치회 3자간에 합의를 거쳐 이때까지 사용해 온 것이었다. 그 당
시 운동장이 없는 학교가 인근의 공원을 운동장으로 사용하는 일
은 흔한 일이었고, 습격사건이 일어난 시점에도 교토 시립중학교 4
개교와 소학교 1개교가 공원을 운동장으로 사용하고 있었다.

학교 남측으로 칸진바시 공원 사이 골목에는 일장기와 재특회,
주권회의 깃발이 늘어서 있고, 굳게 닫힌 교문 앞을 습격자들이 거
들먹대며 배회하거나 확성기에 대고 고성을 질러댄다. 지나친 그
들의 행동에 더는 참지 못하고, 인근주민인 중년여성이 주의를 주
자 습격자들의 욕설이 그녀에게도 쏟아진다. 그럼에도 '그 무시무
시함이 영상으로는 전해지지 않는다'고 김상균은 말한다. "처음에
나는 사채 돈을 받으러 온 이들인가 했어요. 깜짝 놀란 건 그들이
쓰는 단어들이 너무 오래되었다는 것입니다. 말이란 건 발전하는
것인데, 몇 십 년이나 지난 차별용어였어요. '총코'라는 말의 억양
도 내가 들었던 그 옛날 그대로였어요. 놀랄 수밖에 없죠. 무서웠
던 건 그들의 어휘가 몇 개 되지 않는 것이었습니다. 굉장히 단편
적이고, 게다가 상대를 몹시 상처 입히는 말을, 이른바 적확한 타
이밍에 쓴다는 것이었죠. 더욱 무서웠던 것은 서로 대화가 통하
지 않는다는 것. 인간으로서 대화가 성립되지 않는다는 것이었습
니다."

이변을 알아차린 아이들

고함소리는 점점 더 심해져 갔지만 정상근의 기지가 빛을 발했는지, 많은 아이들이 울고 있던 2층과는 달리, 3층에서는 평정심을 잃고 평소와 다른 모습을 보인 아이는 이 시점에서 없었다고 한다. '고함소리는 들리지 않았다' '알아차리지 못했다'는 아이들조차 있었다. 그렇지만 아이들 대부분은 평소와 다른 교사들 분위기에서 무슨 일인가 벌어졌다는 것을 알아차리고 있었다. 당시 학생들은 말한다. "남자선생님이 갑자기 안 보인다 싶었는데, 다시 교실로 돌아오기도 했고 어수선하게 드나들었어요. 그때는 학교대항전으로 우리나라 산과 명승지 같은 걸 맞추는 퀴즈를 했는데, '지금부터는 보너스 포인트~'같은 말로 선생님이 여하튼 분위기를 띄우시는 거예요. 지금 기억나는 건 쉬운 문제를 내거나 해서 잇달아 '정답!'이라고 외치셨죠. '선생님이 오늘은 서비스가 좋으시네. 근데 어쩐지 이상하다' 생각했어요."

재특회 일당이 만든 동영상에는 창문을 열고 얼굴을 내밀어 밖을 보는 남자아이의 모습도 찍혀있다. 학생들의 말에 의하면 "선생님에게 혼나니까 다른 애들은 따라서 창을 열거나 하지는 않았지만, 바깥을 내다보는 아이가 있었어요. 그 아이가 '교문안쪽에 아버지랑 선생님이 있고, 밖에는 일장기와 전혀 모르는 사람이 있다'고 말했어요." 연락을 받은 학교관계자들이 1층으로 모여들었고, 학교 앞길에는 고함을 질러대는 습격자들이 진을 쳤고, 그 주변을 경찰관이 서성거리고 있었다. 무슨 일인가 싶어 밖으로 나온 인근주민이 그 광경을 멀리서 바라보았다.

교류수업이 끝났지만 학생들은 교사 안에서 대기하라는 지시를 받았다. 심상찮은 분위기를 알아차리고, 여동생을 살피러 2층으로 내려갔던 여학생이 교실로 다시 뛰어 들어왔다. 5학년 학생의 말이다. "'저학년 아이들이 울고 있다' '큰일 났다'는 말에 4, 5명이 내려가 봤더니, 이미 다들 말을 못할 만큼 몹시 울고 있었어요. 너무 울어서 말을 못하니까 우리도 무슨 일이 벌어졌는지 하나도 몰랐어요. 어쨌든 아래층으로 내려간 상급생들이 울고 있는 아이를 몇 명씩 끌어안고, '괜찮아, 이제 괜찮아, 너희들은 잘못한 거 없어' 하며 등을 쓸어주었어요…"

남문에 가장 가까운 1층 유치반은 제2초급, 제3초급 유치반과 합동축구교실 일정으로 시내 북부로 나가 있어서 엄청난 고함소리를 직접 대면하는 일은 없었다. 비록 의미를 알지는 못하더라도 확성기 고함소리를 듣지 않은 것은 불행 중 다행이었지만, 언제 끝날지도 모르는 차별 가두시위/혐오데모 때문에 학교로 돌아오지 못하고 있었다.

"우리는 오늘 교토 시 녹지관리과로부터 이곳 사용허가를 받았습니다!" 허가받은 데모라고 주범은 수차례 반복했다. 나중에 이 말은 '허풍'이었음을 알았으나, 그때는 아니었다. 이런 데모를 시청이 '허가'하고 경찰은 '묵인'한다. 교문 안쪽에 있던 사람들은 어떤 절망감으로 그 소리를 들었을까. "너희들은 완전히 포위됐다!" 무선마이크를 쥔 주범이 소리쳤다. 가두시위 때문에 아이들은 사실상 감금상태에 놓여 있었다.

공포

시가초급학교 교사 정상근은 그들의 행동을 디지털카메라로 촬영하고 있었다. 아이들 교류모습을 기록하려고 들고 있던 카메라로 재특회 멤버들의 가두시위를 증거로 기록하게 된 것이다. "교토제1초급 선생님들에게 '(상대를)자극하지 않도록 기록해 달라'는 말을 들었죠. 그래서 내가 교사에서 가까운 곳과 문 앞에 서서 그들을 찍고 있었는데, 그중 하나가 '저 놈을 찍어!'하며 저를 가리키더군요." 재특회 측의 촬영을 맡은 이가 곧바로 정상근에게 카메라를 향했다.

"어떻게 대응해야 되는지 들을 여유 따위는 물론 없었지만, 그 습격자들의 언동에는 일절 대응하지 않은 채, 일단 교내침입을 막은 다음에 경찰에 맡길 방침이구나 싶었어요. 그건 확인하지 않아도 금방 알았죠." 정상근도 습격자들의 중상비방에는 대꾸하지 않았다.

일방적인 고함소리. 그 중에도 잊을 수 없는 것은 *'불령선인不逞鮮人'(일제강점기 일본제국주의자들이 자신들의 말을 따르지 않는 조선인을 불온하고 불량한 조선 사람이라는 의미로 이르던 말_역주)이라는 한 마디였다. 재특회가 찍은 영상에 그 소리는 녹음되지 않았지만, 수차례나 들었다고 한다. "그 소리를 들었을 때, 우리부모와 조부모, 식민지시대를 살아온 조상들이 똑같은 말을 들었겠구나. 단어로는 알고 있었지만, 실제로 듣고 나서야 그 의미를 깨달은 거죠. 그때 그 소리를 여러 번 듣고서야, 뭐랄까 조상들이 당한 모욕의 의미를 알 것 같았어요."

정상근은 모욕감을 참으며 계속 촬영했다. "'무언의 저항'이라 하면 듣기엔 좋을지 몰라도 결국은 무저항이었다는 겁니다. 냉정한 부분도 있었지만, 반대로 감정이 격해진 부분도 있었어요. 확실히 처음엔 패줄까도 생각했지만, 처음뿐이었어요." 지금 이 순간 뭘 해야만 할까, 무엇을 하고 싶은 것일까…. 계속 생각만 할 뿐, 아무것도 할 수 없는 자신의 무력감이 뒤섞였고 그것은 공포로 변해갔다.

상대를 전혀 인정하지 않는 이들의 언어가 그곳을 지배하고 있었다. 그 자체가 정상근이 느낀 공포의 내실이었다. 오랜 기간 조선학교 교원이었던 정상근에게는 확신이 있었다. 비록 조선학교에 대해 비판적인 사람이라도 무릎을 맞대고 얘기하면 서로를 이해

학교 측이 촬영한 2009년 12월 4일 영상(캡처), 차별을 '즐길 거리'로 제작한 습격자 측의 영상과의 큰 낙차에 악연해진다.

하지는 못해도 대화는 통할 것이라고. 자신의 생각에 찬성하지 않아도, 이야기에 귀를 기울여 줄 것이라고— 하지만 이곳은 달랐다. "너무 낯선 광경이었어요. 우리처지와 심정을 모두 부정하는, 우리를 인간으로 보지 않는 언행을 아무런 거리낌도 없이 되풀이 했고, 게다가 그런 행동이 힘을 발휘했어요. 이쪽은 말없이 바라보기만 할 뿐. 십 여 명 남짓이었지만, 구도로 보면 그들의 말이 그곳을 압도적으로 지배하고 있었죠. 전율 그 자체였어요. 사람이 사람을 지배하는, 사람을 사람으로 보지 않고 물건처럼 취급하며 '배제시키자!' '밟아버려!' 소리쳤죠. 그 말이 공간을 지배하고 있었어요. 냉정해지려 애를 썼다고 생각했는데, 대부분의 시간동안 저는 공포로 전신에 소름이 돋아 있었습니다."

습격자들에게 지배당한 공간의 모습은 학교 측이 증거로 촬영한 영상에 기록되어 있다. 확성기에서 울리는 하울링과 찢어지는 목소리의 욕설과 구호가 언제 멈출지도 모른 채 계속되었다…. 카메라는 교문 안에서 바깥을 배회하는 그들을 그저 바라볼 수밖에 없다. 뒤쪽 공원에는 아무도 없고, 공사 중인 고속도로 교각이 무수히 철근을 드러내고 솟아있어 이 광경의 온도를 더더욱 떨어뜨렸다. 오로지 그들을 비추는 영상에는 교문안쪽의 침묵과 그보다 더 뒤쪽에 있는 아이들의 공포까지 담겨있다. 차별을 '엔터테인먼트'로 소비하는 습격자들의 영상과는 격차가 확연히 눈에 들어온다.

끊임없이 쏟아지는 욕설 속에서 시간감각도 상실돼 있었다. 그때 정상근은 아무 생각 없이 사태를 바라보고만 있는 또 하나의 자신을 느꼈다. "저는 사진을 찍고 있었기 때문에 제일 앞줄에 있었어요. 그런데 그 영상을 보고 있는, 먼 곳에서 사태를 바라보는 또 다른 내가 있었죠. 좀 더 뒤쪽 높은 곳에서 내려다본다고 할까, 그 순간은 소리도 거의 들리지 않았던 것 같아요. 그저 영상만 돌아가고 있었어요."

어느 틈엔가 학교관계자와 졸업생, 학부모들이 학교로 모여들어 1층 교문 안은 동포들로 가득 찼다. 정상근은 그때의 광경이 뇌리에서 떠나지 않는다. "맨 앞줄에서 문득 뒤를 돌아보니, 동포청년들이 똑바로 선채로 그저 더러운 말들을 토해내는 그들을 바라보고만 있었어요. 그 모습을 보니 갑자기 눈물이 나서. 그 모습은 평생 잊을 수 없을 겁니다."

묵인하는 경찰

가두시위는 계속되었다. 때때로 학교 측이 무언가 말을 하긴 했지만, 대화는 이뤄지지 않고, 오히려 더 험하고 강한 욕설을 부추기고 말았다. 상대의 무저항에 기세가 등등해진 그들의 행위는 더욱더 대담해져 갔다.

학교가 설치하고 지역아이들도 이용하는 축구골대를 쓰러뜨렸고, 공원구석에 놓여있던 조회대를 끌고 와 난폭하게 교문 앞에 던져놓았다. "문 열라니까!" "여기까지 옮겨줬잖아!" "자원봉사로 해준거야!" "돈 내라니까!" 집요한 악다구니가 끊임없이 이어졌다. 결국에는 공원 내 울타리에 설치해 놓은 스피커 선을 니퍼로 잘라내 교문 앞으로 가져와 방치했다. 그들이 걷어치우고 부순 비품들이 학교를 지키러 온 청년들에게는 학교행사 때마다 선생님과 동급생이 올라가 이야기했던 조회대이며, 전달해야 할 소식들을 알려온 스피커이자, 셀 수 없이 공을 차 넣은 골대였다.

참지 못해 문 밖으로 나간 이는 김상균의 연락을 받고 달려온 변호사 이시즈카 신이치石塚伸一였다. 하루 전날 김상균에게 '습격이 있을지도 모른다'는 상담연락을 받고, 무슨 일이 벌어지면 달려오리라 마음먹고 있었다. 하지만 점점 더 날뛰는 그들과 냉정한 대화 따위는 통하지 않았다. '냉정하게 대화합시다.' 이 한 마디는 오히려 더한 욕설을 유발했다.

"가짜 변호사!"

"변호사 배지를 보이시오!"

"스파이의 변호사!"

일방적으로 자신들이 하고 싶은 말을 늘어놓을 뿐, 이시즈카가 어떤 말을 해도 상대하지 않는다. 그에게서 전날 밤에 마신 술 냄새가 나자 대단한 약점이라도 잡은 듯 '대낮부터 술을 마셨다'고 야단을 떨며 그를 얕잡아보기까지 한다. 이시즈카는 말한다. "겁나더군요. 진짜. 무슨 말을 해도 소용없어요. 대화가 전혀 통하지 않는 것은 물론이고, 더 불안했던 건, 경찰이 교문주위에 대기한 채 무슨 일이 벌어지면 우리(학교 측)를 끌고 갈(체포) 심산이라는 게 느껴졌어요. 그토록 소란이 벌어졌는데도, 마지막까지 체포된 사람이 없었던 것이 불행 중 다행이었어요."

경찰은 물론 도착해 있던 지원경찰까지도, 가두시위를 허가받았다고 강변하는 그들의 언동을 그저 곤혹스럽게 방관할 뿐이었다. 바꿔 말하면 경찰이 '묵인'하고 있었다. 인근에 사는 동포가 습격자들에게 항의하거나, 더는 참지 못한 학교관계자가 문밖으로 나가 습격자들과 접촉하려 했을 때만 모자를 쓴 경찰이 양측사이에

끼어들었다. 마치 일반인 사이의 다툼을 중재하려는 듯이. 게다가 경찰관은 쌍방에게 폭력은 쓰지 말라는 요구뿐이다. 경찰이 조선학교 측에는 '도발에 편승하지 말라'고 수차례 주의를 주는 반면, 그 시각 아이들이 교실에 갇혀 화장실도 제대로 가지 못하는 사태를 간과할 뿐이었다.

경찰은 현행법상 형사책임의 판단이 힘든 '가두시위' 행위를 묵인한 것뿐만이 아니다. 스피커 선 절단은 틀림없는 기물손괴다. 아이들이 있는 학교 앞에서 확성기를 사용해 소란을 피우는 것은 위력업무방해가 분명하다. 이러한 현행범을 경찰은 방치했다. 공안(사복경찰)은 완전히 관찰자였다. 경찰, 특히 공안의 차별 가두시위 참가자들에 대한 '공범적 관용'은 차별 가두시위가 사회문제화된 2013년에도 여러 차례 지적됐지만, 이 사건은 그 원점이라고도할 수 있다. 그런 경찰의 태도가 습격자들에게, 재일조선인들에게는 '무슨 짓을 해도 괜찮다'는 메타메시지(meta message)를 발신하는 결과도 되었다. 경찰의 무작위함도 포함된 이 가두시위 모습은 동영상사이트에 업로드 돼 지금까지도 그러한 메시지를 일본사회에 지속적으로 내보내고 있다. 재특회가 일으킨 문제는 상당한 부분에서 경찰의 불공정, 부적절한 직무집행으로 귀결된다. '차별 가두시위 문제'는 상당부분 '경찰문제'이기도 하다.

김상균도 말한다. "무엇보다 충격이었던 것은 경찰과 재특회를 구분할 수 없다는 것이었죠. 똑같이 디지털카메라를 들고 있었는데, 재특회가 업로드하기 위해 '촬영'하는 것인지, 경찰이 '증거'로 촬영하는 것인지 알 수 없었죠." 실제로 동영상을 봐도 그 광경에서 경찰과 재특회를 구분해 내는 것은 쉽지 않다. 공안은 더더욱 알아볼 수 없다.

시성지도 경찰에 대한 절망과 분노를 노골적으로 표현한다. "어슬렁거리기만 할뿐 그들에게 볼륨을 줄이라고도 않고, 비품을 부숴도 아무 말도 하지 않아요. 경찰도 그런 상태인데, 막상 할 수 있는 일이 없었죠. 여하튼 시간이 지나 빨리 돌아가길 바랄 뿐이었어요."

'무허가' 데모인 것도 경찰은 이미 알고 있었다. 그런데도 그들이 하고 싶은 말을 원하는 대로 하게 놔두고, 하고 싶은 짓을 실컷 하도록 만든 것이다. 경찰모를 쓴 경찰이 그들에게 자제를 요구한 것은 겨우 데모가 종반에 이르렀을 때뿐이었다. 이시즈카가 문밖으로 뛰쳐나가 변호사로서 나서려 한 것이 계기였다. 그제야 경찰은 현장에 변호사가 있다는 것을 알고 본연의 '업무'를 시작한 것이다. <차고지 허위등록>이라는 경범죄임에도 불구하고 학교를 강제수사 하는 한편, 아이들이 차별선동의 피해를 당하고 있을 때에는 침묵을 지켰다. 이것이 일본경찰의 태도이다. 이는 식민지시대부터 일관해 조선인을 치안관리 대상으로만 여겨 관리와 감시, 나아가서는 배제의 대상으로 대해 온 일본의 태도와 통해있다. 공권력에 대해 덧붙여 쓰게 만든 이 역사적 불신감은 나중에 법적대응에서도 걸림돌이 된다.

침묵효과

1시간에 이른 시위가 끝나고 습격자들이 자리를 뜨기 시작했다. 딸이 이 학교 유치원에 다니는 아버지회 김수환(1976년생)이 학교에 도착한 것은 때마침 그 무렵이었다. 그는 이날 NPO법인 사무국장으로서, 오사카의 한 대학에서 「재일외국인 인권문제의 역사와 현재— '재일'의 역사를 중심으로— 재일코리안의 인권과 역사」라는 주제로 200여 명의 학생들에게 강의를 하러 갔었다. 돌아오는 전차를 기다리던 역 홈에서 연락을 받고 부랴부랴 학교로 달려왔다. 김수환 자신도 유치원에서 대학까지 조선학교에서 교육받은 한 사람이다. 그들이 학교에 가두시위를 벌이러 왔다는 사실을 용서할 수 없었다. 일본학생들에게 '다문화 공생사회로의 전망'을 이야기 한 것이 불과 몇 시간 전 일이다. 허탈했다.

똑똑히 기억하는 것은 문 안쪽에서 기진맥진한 동포들의 모습이었다. "내가 학교에 도착하니, 그들(습격자)이 의기양양하게 자리를 뜨고 있었어요. '또 올게' '저것들 꼼짝도 못 하네'라는 말들을 내뱉었죠. 내가 너무 흥분한 나머지 경찰관에게 '왜 저 놈들을 그냥 돌려보내는 거냐! 조사해야 될 거 아냐!' 항의도 했지만, 다른 사람들은 조용했어요. 늦게 온 저만 격하게 화를 내서 몹시 온도차가 났죠. 그 후엔 학교로 와 준 이시즈카 선생님을 직장까지 모셔다 드렸는데, 가는 차안에서도 '왜 저런 짓이 범죄가 되지 않습니까?' '왜 이런 짓을 하게 놔두는 겁니까?' 거의 힐난조로 계속 질문하자 '제발 좀 진정하라'며 달래시더라고요."

어머니회 회장인 박정임이 마음을 다잡고 학교로 갔을 때, 가두시위는 가까스로 끝나 있었다. 분명한 기억은 예상했던 대로 믿기 힘든 온갖 욕설을 일방적으로 계속 들어야 했던 한없이 초췌한 모습의 동포들이었다.

"학교 안으로 들어가니 남자들이 몹시 지쳐서 축 쳐져있던…." 학교 1층은 평소에는 아이들을 데리러 온 부모들과 할머니, 할아버지들로 북적거리는 소소한 만남의 장소였다. "평소 모습과는 전혀 다른, 뭐라 해야 할까 싸늘한, 어느덧 12월이었으니까 춥긴 했지만, 냉랭한 분위기였죠. 찬물을 끼얹은 듯 조용하고, 재특회에 대한 분노를 거침없이 쏟아내는 사람도 없거니와 이후 대응을 둘러싸고 티격태격하는 모습도 없었어요."

차가운 날씨 속에 시가초급, 제2초급, 제3초급의 고학년 학생들이 귀가를 서둘렀다. 굳게 닫혀있던 남문이 겨우 열렸을 때, 학교1층에는 교원과 학부모, 졸업생들 50여 명 이상이 남아 있었다. 재특회 일당과 구분이 되지 않았던 경찰관들을 제외하면 상대는 11명이었다. 숫자로 따지면 학교 측이 압도적으로 많았지만, 1시간에 이른 혐오발언은 문 안쪽에 있던 남녀 동포들을 철저히 제압해버렸다. 너무나 심한 차별을 당하면 소수자들은 반론도 하지 못하고 침묵할 수밖에 없게 된다. 한층 더 심해질 온갖 욕설이 너무 두려워, 덧붙이면 인간이 이렇게까지 추락할 수 있다는 사실에 대한 공포 때문이다. 이른바 '침묵효과'였다.

냉랭한 침묵 속에 맨 처음으로 입을 연 것은 시성지였다. '따뜻한 차라도 끓여야겠네.' 조선학교에서 30년간 체육교사로 교단에 섰던 그녀는, 그곳에 모인 사람들 대부분에게 말 그대로 '스승'이었다. 실제로 그녀의 제자들도 그곳에 많이 있었다. "어쨌든 억지로 침착해져야 한다고, 이렇게 말하면 대단한 것 같지만, 실제로 난 그 생각밖에는 떠오르지 않았어요." 아이들의 얼굴을 떠올리며 스쿠터를 타고 달려온 시성지였다. 이후 아이들의 모습이 어떠했는지 물으니 이내 시선을 떨궜다.

"저는… 실은 아이들 얼굴을 일절 보지 않았어요. 그날은 학교 안으로도 들어가지 않았죠. 애들에게 너무 미안해서, 아이들 얼굴을 볼 수가 없었어요···. 고속도로 연장공사 문제도 있어서 빈번하게 제1초급에 드나들었는데, 학교에 올 때마다 아이들이 '안녕하십니까?'하고 인사를 해주죠. 하지만 그날 나는 그 인사를 받을 자격이 없다고 생각했어요. 학부모들에게도 마찬가지였죠. 그들의 얼굴을 똑바로 볼 수 없었어요. 현재 부모세대들은 대부분 내 제자들이거든요. '우리학교니까 안심' '우리학교라서 괜찮다'고 지금까지 말해왔는데, 실제로는 제자들의 아이들한테 이런 꼴을 당하게 했으니. 지켜주지 못했어요, 제가. 그저 너무나 미안해서···"

박정임이 솔선해서 차를 끓여 와 쌀쌀한 가운데 따듯한 차를 나눠주었다. "이것밖에는 내가 할 수 있는 일이 없는 건가, 이렇게 차를 만드는 것 밖에는 못하는 건가···한심했어요, 아이들을 지켜내지 못했다는 생각에···" 분한 마음과 한심스러움이 머릿속을 휘저어 눈물을 흘리며 차를 나누어주었다.

"차를 마신다기보다 그저 따듯한 찻잔에 입을 대기만 하는, 그런 느낌이었어요." 아버지회 김수환은 회상했다. 학교 앞 빈 공간에 둥글게 모여 그저 말없이 차를 마셨다.

'여하튼 모두를 진정시키려 했다'고 시성지는 말한다. 그녀의 머릿속을 계속 맴돌았던 말은 "이게 무슨 학교야"라는 엄청난 고함소리였다. 차의 온기가 조금쯤 몸에 스며들었을 때, 김상균이 '오늘 일어난 사태에 대해 설명하겠다'며 말문을 열었다.

오늘일은 기물손괴이자 위력업무방해이고, 명예훼손 내지 모욕에 저촉된다는 것. 우리는 범죄피해자이며, 법적으로 그들의 책임을 물을 수 있다고 김상균과 이시즈카가 설명했다.

"우리는 아무런 가치도 없고, 같은 인간이 아니다, 평등하지 않다는 말을 일방적으로 계속 들은 겁니다. 이대로 해산하면 '어쩌면 우리잘못일지도 모른다'고 생각하거나, 아니면 부모자식사이에 이 사건에 대한 언급을 철저히 피하거나, 없었던 일, 즉 터부시하게 될지도 모르죠. 어찌되었든 안 좋은 방향으로 가게 될 거라 생각했어요." 김상균의 말이다. 이것이 나중에 학부모들이 법적대응에 나서게 되는 기초가 되었다.

기세를 더해가는 혐오시위, 혐오발언

재특회는 2006년 12월의 제1차 아베정권 출범에 힘입어 준비모임을 발족시키고, 이듬해 1월부터 정식으로 활동을 시작했다. 외국인 참정권과 *재일 무연금 문제(1959년 국민연금법 제정 후 국적조항을 근거로 외국인의 연금가입을 배제해 온 일본정부는 현재까지도 60세 이상 재일조선인 고령자와 장애인들의 연금가입을 제한하고 있다. 이러한 차별을 개선하기 위해 교토, 오사카, 후쿠오카 등에서 소송을 제기했지만, '사회보장의 적용범위는 입법부의 재량'이라는 사법부의 판단으로 모두 기각된 채 미해결 상태다_역주) 해결 반대운동을 반복적으로 벌여온 재특회에게, 2009년은 이번 사건과 같은 행동이 일선을 넘어선 해였다. 동일본지역의 효시는 사이타마 현 '와라비시蕨市 사건'이었다. 같은 해 4월, '불법체류'중인 필리핀인을 부모로 둔 중학교 2학년 소녀를 표적으로, 100여 명의 시위대가 이 학생의 학교 앞을 행진하며 '불법 외국인을 몰아내자'고 구호를 외쳤다.

'아동에게 최선의 이익'(이 경우는 일본에서 부모와 함께 살고 싶다는 소녀의 희망) 확보는 일본도 비준한 「유엔 아동권리조약」에도 명기된 원칙이다. 이것이 조약보다 하위(헌법98조2항)인 출입국관리법에 규정된 '불법체류'를 '이유'로 공격당하고, 시위대의 주장은 일정한 사회적 이해를 얻고 만다. 이런 흐름은 어디에서 온 것일까? 이 당시 필리핀인 칼데론 가족의 대리인을 맡았던 와타나베 쇼고渡辺彰吾 변호사는 말한다. "한 가지 기점은 2003년부터 시작된 이른바 '불법외국인 반감半減 캠페인'이었죠." 이시하라 신타로 도쿄도지사(당시)의 대표적 차별선동의 하나인 '3국인 발언'(자위대 주둔지에서 열린 행사에서 인사에 나선 이시하라 지사는, 불법체류 외국인이 흉악사건을 일으키고 있어서, 큰 재해가 발생했을 때 소란을 일으킬 우려도 있다고 발언했다)이 있은 3년 후, 도쿄도와 경시청, 그리고 사카나카 히데노리坂中英徳가 당시 국장이었던 도쿄 출입국관리국이 함께 추진한 '불법체류 외국인 추방캠페인'이다. '불법체류'라는 한 마디에 국제인권법의 정신이 간단히 날아가 버리는 풍조—실제로 사법이 그런 풍조에 확실한 보증을 서왔다—가 생겨났고, 6년 후인 2009년에 추악한 가두시위로 분출되었다. 이런 기류가 점점 더 강해지고 있다고 와타나베는 말한다. "최근에는 오버스테이 자격을 판단하는 재판에, 본인을 부르지도 않고 판결을 내리는 일이 일상화되고 있죠." 법원의 상식이 '불법체류자의 이의제기 따위 들을 필요 없다'는 발상에 물들어 가고 있다는 우려다.

　이 해에 간토지역 재특회는 이른바 위안부문제를 다룬 전시회 개최 장소에 항의한 다음 실제로 가두시위를 벌여 관람객들이 입장하려는 것을 실력으로 방해했거나(8월), 아키하바라에서는 혐오시위 반대 피켓을 든 시민에게 집단폭행을 가하는 한편(9월), 11월에는 조선대학교(도쿄 고다이라 시)로 몰려가 혐오발언 시위(차별선동)를 벌였다.

과격함을 경쟁이라도 하듯 간사이지역 회원들도 활발한 행동에 나섰다. 특히 교토는 그들에게 가장 큰 활동근거지가 되어갔다. 6월에는 '외국인 참정권 결사반대'를 주장하며, 교토시청 앞에서 노상집회를 열고, 교토 시 최대 번화가인 가와라마치河原町通 거리를 200명 가까운 사람들이 데모행진—간사이지역 재특회 시위로는 최대 규모—하는 한편, 제1초급 습격을 예고한 11월 21일 가두시위 등 재일조선인총연합회(이하 조선총련)에 대한 공격을 활발히 벌여왔다.

일선을 넘어서자 그 다음은 한계가 없었다. 제1초급 습격사건이 있은 후, 이 사건의 주범이 중심이 되어 도쿠시마 현 교직원조합 습격(2010.4), *ROHTO제약 습격(2012.3_한국 여배우 김태희를 광고모델로 기용한 것에 항의하기 위해 본사를 찾아간 재특회 간사이팀 간부 4명이 직원들을 협박한 사건_역주)등 형사사건으로 발전한 차별 가두시위를 벌였고, 이는 2013년에 들어와 오사카 쓰루하시 역 앞에서 수차례 반복된 혐오시위로 이어졌다. 이 정도로까지 일본사회가 축적해온 레이시즘(인종차별주의)의 독소는, 이러한 병리현상을 보고도 못 본 척하는 사회 구석구석까지 퍼져 분출직전으로 팽창되어 있었다.

제1초급 습격사건은 이런 과격화의 효시였다. 그 때문에 피해자들의 충격은 상상을 초월했다. 습격자들의 민낯을 추적해온 야스다 고이치의 논픽션 「거리로 나온 넷우익」(원제 ネットと愛国—在特会の闇を追いかけて 2012, 講談社)이 출간된 것은 습격사건으로부터 2년

반이 지난 후다. 사건직후에는 그들이 어떤 이들인지조차 알 수 없었다. 자발적 의사인가? 누군가에게 대가를 받은 영업행위인가? 도무지 정체를 알 수 없는 집단에게서 출처도 원인도 불분명한 증오가 퍼부어진다. 무슨 짓을 저지를지 알 수 없는 집단의, 이유도 찾을 수 없는 증오, 그리고 무슨 일을 당해도 자신들은 '보호받지 못한다'는 불안과 공포는 충분히 헤아리고도 남는다.

일본의 법제도로는 보호할 수 없다. 이것이 형법학자이기도 한 김상균에게 한층 더 심각한 문제였다. 습격예고를 듣고 김상균은 가까이 지내는 변호사에게 무엇을 할 수 있을지 묻고 다녔다. 하지만 대답은 하나같이 '무슨 일이 벌어지지 않으면, 대응은 불가능하다' '실제로 일이 벌어지면 연락 달라'였다. 사건당일 달려와 준 이는 같은 대학 동료이기도 한 이시즈카 신이치 변호사뿐이었다. 게다가 당일 경찰의 대응은 철저한 방치다. '이거 해결방법이 없나?' '이게 법적으로 문제없어?' ─ 교문 안쪽에서 쏟아지는 온갖 욕설을 들으며 몇몇 동포들이 던진 물음이 김상균에게는 매섭게 와 닿았다. 학부모인 김상균이 아니라, 형법학자로서 그에게 던진 질문이기 때문이다. "이론은 알고 있었지만, 일본에는 그걸 규제할 법률이 없다는 겁니다. 일본에서는 그런 발언이 어쩌면 '표현의 자유' 속에 포함되어 버릴지도 모른다는 걸 그때 실감했습니다." 이것이 김상균을 법적투쟁에 나서게 한 출발점이었다.

2. 제1초급학교의 역사, 달라지는 상황

흔히 조선학교는 교사 가까이 있는 랜드 마크를 애칭으로 쓴다. 교토 같으면, 우쿄구右京区에 있는 교토 조선제2초급은 인근에 있는 신사 마쓰오 다이샤松尾大社 이름을 빌어 '마쓰오', 사쿄구左京区에 있는 교토 조선중고급학교는 은각사銀閣寺가 가까워 '긴카쿠지'로 부른다. 이것은 공동성을 확인하는 은어인 동시에, 일본인이 다수를 점하고 있는 공간에서 '조선학교'라 말하는 일로 생겨나는 '번거로움'을 피하는 한 가지 지혜이다. 구제1초급학교는 가까이에 있는 '칸진바시勸進橋'를 애칭으로 불렀다.

배기가스와 소음을 흩뿌리며 대형트럭이 잇달아 지나간다. 간선도로변의 살풍경 속에 남겨진 작은 학교건물은, 도로변에 한글로 쓴 '가슴에는 민족의 넋을! 눈은 세계에로!'라는 현수막이 없다면 지나치기 쉬울 정도였다. 교사 옆 창고지붕 보다 높이 솟아있는 거대한 침엽수도 잿빛으로 시들어 있다. 크림색 교사를 따라 칸진바시 공원 쪽으로 돌아들자 시야에 거대한 고속도로가 들어온다. 사건당시 연장공사가 이뤄지던 한신고속도로 8호선이다. 학교건물 남측에 멈춰 서자 거대한 교각 세 개가 공원에 우뚝 꽂아놓은 듯 서있는 심상치 않은 광경이 펼쳐진다.

학교와 공원사이에는 서로 양보하면 승용차가 마주 지날 만큼 좁은 도로가 있다. 습격자들이 배회하며 마음껏 온갖 욕설을 쏟아낸 장소다. '사건당시'처럼 하늘색 교문은 닫혀있었다. 달라진 점은 현재 아무도 없다는 것이다. 사건으로부터 약 2년 후인 2012년, 제1초급은 교토 시 기타구北区에 있는 교토 조선제3초급학교와 병합

공원 안에 우뚝 세워진 교각 뒤로 제1초급학교가 보인다(2013.04.10.)

됐고, 그로부터 1년 후에 교토 조선초급학교가 되어 후시미구伏見区
로 이전했다. 이전개교 후 정확히 1년이 되는 2013년 봄, 나는 구제
1초급학교를 찾아갔다. 학교 안을 살펴보니 배수구와 아스팔트가
갈라진 곳에 잡초가 무성히 자라있다. 교사는 놀랄 정도로 도로와
가깝고 채광을 위한 창문이 많았다. 커튼과 음악소리만으로 그 고
함소리를 차단한다는 것은 도저히 불가능했을 것이다. 당시 저학
년이 사용했던 교실 창을 들여다보니 한글로 쓴 시간표가 벽에 그
대로 붙어있었다. 습격자들이 말을 걸었던 아이가 이 닦기를 하고
있던 안마당 수도 옆에는 흙이 묻어있지 않은 외발자전거와 세발
자전거가 방치되어 있고, 공원에서 잘 보이도록 교문 정면에 놓인,
어쩌면 누군가 기증했을 시계는 아직도 시각을 새기고 있었다.
　이전에 운동장으로 쓴 공원은 달라진 모습이다. 학교가 수업으로

사용했던 북측에는 녹지와 언덕이 만들어져 있고, 미끄럼틀과 철봉이 설치되어 있다. 남측 교각 아래는 그대로 평지인 채로 물기에 젖은 황토색 지면이 드러나 있었다. 나는 몇 년 전 늘 그래왔듯이 공원에서 열린 학교운동회에 온 일을 떠올렸다. 중앙의 경기트랙을 둘러싸듯 가족단위로 돗자리를 깔고, 음식을 중심으로 둥글게 모여 앉는다. 보호자가 참가하는 경기도 적지 않다. 트랙과 돗자리를 오가며 참가자 전체가 하나가 된다. 사람들은 각자 나름대로 1년에 한 번뿐인 축제를 즐겼다—.

환호소리로 가득 찼던 공원은 이후 혐오시위 장소가 되어 아이들과 학부모, 교원들의 희로애락이 깃든 지면에다 일본사회의 토사물 같은 혐오발언을 쏟아냈다. 공원은 그 후 그 모든 흔적을 지우듯 정비된 것이다.

조선인 교육운동의 원점

교토 역에서 남동쪽으로 펼쳐진 미나미구南区 '히가시쿠조'東九条. 식민지시기에는 주로 일일 노동자들의 토목공사가 많았고, '패전 후'에는 빽빽이 들어선 유젠조메友禅染 염색공장에서 조선인노동자를 흡수해 형성된 교토 부 최대의 재일조선인집주지역이다. 히가시쿠조를 남북으로 달리는 가라스마 도오리烏丸通 거리를, 교토 역에서부터 남쪽으로 내려오면 서쪽으로 연결되는 쿠제바시 도오리久世橋通 거리에 맞닿는다. 좌회전하면 바로 칸진바시다. 히가시쿠조를 조금 벗어나 있지만, 말 그대로 집주지역의 남단에 달라붙은 듯 세워진 학교입지는 수많은 탄압 속에서 민족교육을 이어온 대를 이은 투쟁의 궤적 그 자체다.

조선인이 조선인으로 살아갈 '이화異化'의 권리를 주장해온 곳이 조선학교다. 그 존재는 조선인이 항상 '동화同化'를 강요당해온 것의 반전이다. 타자가 없는 세계에서 안녕을 찾는, 지금도 변함없는 이 사회의 병리는 식민지시대에 가장 폭력적인 형태로 표출되었다. 종주국으로 건너와서도 말과 문화를 지키려고 만들었던 '서당'은, 1930년대부터 잇달아 탄압·폐쇄를 강요당했다. 신사참배 강제가 실시되고, 1934년에는 <조선인을 지도 교화시켜, 내지로 동화시켜야 한다>는 '조선인 이주대책의 건'이 내각에서 결정되었다. 전체적인 강제조치 속에서 조선인에게 성씨제도(일본의 가족제)를 강요해 일본식 이름으로 바꿔나간 '창씨개명'은 그로부터 6년 후 일이다.

1945년 8월 15일, 일본의 패전으로 조선은 식민지배에서 해방되었다. 그 후 잇따라 탄생한 것이 조선인에 의한 자주학교 '국어강습소'다. 일본각지에 탄생한 이 국어강습소는 같은 해 10월에 결성된 범민족조직 '재일본조선인연맹(조련)'에 의해 정리, 통합되어 일본의 새 학제인 6·3·3·4학제를 따른 교육제도로 정비되었다. 정확히 1년 후 제3회 조련전국대회 보고에 의하면, 1946년 10월 시점에 초등학교 525개교(42,182명), 중등학교 7개교(1,180명), 그리고 '청년 및 부녀자학교', 즉 성인학교가 12개교(724명)에 달했다. 성인학교의 존재는 얼마나 그들이 배움의 기회를 허황되게 빼앗겼는지, 또 일본에 영주하는 것은 그들의 선택지에는 없고, 장차 실현되는 '조국'으로의 귀환이 학습의 전제였다는 것을 보여준다. 하지만 교육운동의 고양은 동서냉전의 격화를 배경으로 암전되어 간다. 당시 일본공산당 지도아래 활동하는 조련에 대한 경계감이 커져갔던 연합국총사령부(GHQ≒미국)와, 식민지배라는 일본의 근현대 범죄사의 산증인인 재일조선인을 일본사회에서 추방해 '망각'하고픈 일본정부의 의지가 합치한 것이다. 1948년 1월 24일, 문부성 학교교육국장의 「조선인 설립학교의 취급에 관하여」통달이 각 *도도부현(일본의 행정구역을 나누는 큰 틀로 도쿄도, 홋카이도, 교토부, 오사카부 외 43개 현_역주)에 내려졌다. 통달의 내용은 학령기 조선인아이들은 일본인과 마찬가지로 공, 사립의 소·중학교에 취학시킬 것과 조선인학교는 학교교육법에 근거한 사립학교로서 관할지역지사의 인가를 받아야 된다는 것이다. 이는 조선인에게 일본인과 똑같은 내용의 교육을 받도록 의무화시키는 조치였다. 그리고 법령에 얽매이지 않고, 독자적 교육을 실시할 수 있는 각종학교에 대해서는 학교설치를 '인정하지 않는다'고 했다. 조선인교육을 부정한 것이다.

이른바 「1·24 통달」을 근거로 3월에 야마구치, 그리고 오카야마, 효고, 오사카와 각 도도부현은 조선인학교에 교육활동을 중지하고 학교를 비우도록 명령하고, 각지에서 무장경관을 동원한 강제폐쇄가 잇달아 강행되었다. 간신히 손에 쥐었다고 여긴 권리가 부정된 것이다. 조선인 측의 반발도 격심했다. 효고 현에서는 항의하는 조선인들이 현청을 에워싸고 현 지사의 집무실까지 들어가 직접 담판을 짓고 1948년 4월 24일, 폐쇄령을 철회시켰다. 이른바 <4·24 한신교육투쟁>으로, 지금도 재일조선인교육운동의 원점으로 일컬어지는 투쟁이다.

당황한 GHQ는 조선인의 저항을 '일본공산당에게 선동된 폭동'

으로 여기고, GHQ통치시대 중 유일한 계엄령을 발포하고, 철저한 통제에 나섰다. 오사카에서도 같은 시기 부 청사에 매일같이 항의운동이 거듭되자, 경찰이 시위대를 향해 물대포를 쏘는 등 폭력으로 대응했고, 26일에는 경찰관의 수평사격으로 당시 16세 소년이 사살되었다. 합계 100만 명이 참가했고, 약 2,900명이 체포되었다. 군사법정에서 유죄판결을 받은 이들의 형기를 합하면 116년에 달한다는 이 실력투쟁의 결과, 사태가 더욱 악화될 것을 우려한 문부성 당국은 이른바 「5·5각서」를 조련 측과 교환한다. 조련 또한 <한신교육투쟁>을 예상 밖의 사태로 본 것 같다. 종주국 의식을 그대로 드러내며 '광복'을 짓밟은 교육운동 탄압에 대한 조선인들의 분노는 조직적인 상의하달로 제어할 수 있는 일이 아니었다.

　각서의 내용은 아래와 같다.

1. 조선인의 교육에 관해서는 교육기본법 및 학교교육법에 따를 것
2. 조선인학교문제에 관해서는 사립학교로서 자주성이 인정되는 범위 내에서 조선인이 독자적 교육을 실시함을 전제로 사립학교 인가신청을 할 것

　이를 받아들인 문부성은 '조선인 독자적 교육'을 인정하는 범위를 <사립 소·중학교에서> <선택교과, 자유연구 및 정규수업 외 시간> <의무교육을 시키는 한편으로 방과 후 또는 휴일 등에 조선어 등의 교육을 실시하는 것을 목적으로 설치된 각종학교>로 명시했으나, 실제로 '자유연구'는 소학교 4학년부터 6학년까지 주2~4시간뿐이다. 선택교과는 중학교만의 과목이었다. 즉 '일본의 법규'에

따르는 학교가 되어 조선인교육을 그만두라는 것에 지나지 않았다. 현재에 이르기까지 조선학교가 학교교육법 1조가 규정한 학교(1조교)가 아닌 각종학교의 지위에 머물고 있는 이유는 민족학교로서 정체성을 지키기 위함이기도 하다. 1조교가 되기만 하면 사학조성금 요구가 받아들여지지만, 그것은 교육내용의 대폭적인 제약을 의미한다. 바꿔 말하면 정부는 조성금과 맞바꿔 조선학교를 '조선학교'가 아닌 학교로 만들려 해왔다. 하지만 이것을 구체화하는 형태로 각지에서도 도도부현 당국과 각서가 교환되었고, 오사카에서는 '민족학급'(「각서」를 근거로 재일조선인이 운동을 벌인 결과 오사카 등의 공립학교에 설치된 민족교육 학급. 일본의 공립학교에 다니는 재일조선인, 한국인 아동 및 학생을 주 대상으로, 주 몇 시간씩 과외학급으로서 한반도의 언어와 문화, 역사를 배운다)이 만들어진다. 행정문서를 바탕으로 지역에서 해방직후 조선인학교 정책에 대해 연구하는 마쓰시타 요시히로松下佳弘에 따르면 '자주학교가 아닌, 일본학교 내부로 들어가는 선택을 한 배경에는 당시 운동을 지휘한 일본공산당의 지도측면도 컸던 것 같다'고 한다. 일본 공산당(의 일본인)에게 우선순위는 재일조선인의 민족적인 정체성 함양보다도 일본사회의 '변혁'이었을 것이다. 조선인은 그 과정에서 '요원'이자 '전위대'였다.

  1948년이라 하면 고향에서는 38도선을 경계로 서로를 섬멸대상으로 본 국가가 탄생한 시기이다. 남측에서는 미국의 영향아래 반공국가 대한민국을 세우려 했다. 분단의 고정화를 의미하는 남한 단독선거에 대한 반발이 격심했던 제주도에서는 미군정이 육지에서 불러들인 경찰과 우익청년들의 횡포에 주민들의 불만이 거세졌

고, 단독선거실시에 반대하는 수백 명이 무장봉기한 제주4·3사건
이 발발한다. 육지에서 몰려든 군경과 우익, 더욱이 공산주의를 혐
오해 남측으로 도망 온 우익까지 투입되어 살육과 방화, 강간, 약
탈이 일상화 된 현실 지옥이 눈앞에 있었다. 어렵게 실현한 광복이
강대국의 의사로 무참히 짓밟히는 부당함에 목숨을 건 저항이라는
문맥에서 <제주4·3사건>과 <4·24한신교육투쟁>은 통해있다. 이
른바 한신교육투쟁으로 대표되는 교육투쟁은 타향에서 조국을 지
향하는 투쟁이었다.

강제폐쇄에 대한 저항

이처럼 1948년 이후 학교폐쇄령에 저항한 싸움은 격렬한 권리투
쟁의 대명사로 회자된다. 특히 고베, 오사카가 있는 간사이지역은
그런 이미지가 강한데, 한편으로 교토는 적어도 당초에는 양상이
달랐다. 앞서 얘기한 마쓰시타에 의하면 교토 조선제1초급학교의
전신인 조련 시치조七条국민학원이 설립된 것은 1946년 4월 21일.
조련과 교토 시 간 교섭으로 교토 시립 도오카陶化소학교 교실 4개
와 직원실을 우선 1년간 차용한 형태로 출발해 이듬해 교토 조련
제1초등학원으로 개명되었다.

이후 교토 부 지역에 연달아 조선인학교가 설립되었다. 1948년 9
월 시점에 아침부터 수업을 하는 학교가 8개교, 소학교 교사를 빌
려 방과 후와 야간에 조선인교사가 수업을 한 학교가 14개교, 교회
의 야간학교 1개교, 합계 23개교가 확인된다고 한다. 규모가 큰 곳
은 니시진西陣에 위치한 교토 조련 니시진소학교와 교토 부내 최대

재일조선인 집주지역인 히가시쿠조에 있던 교토 조련 제1초등학원이었다.

학교설립 경위를 보면 두 지역 모두 당시 재일조선인의 사정을 알 수 있어 흥미롭다. 최전성기일 때 300명이나 되는 아이들이 다녔던 니시진소학교는, 조련 니시진지부 관내에 있던 13개나 되는 학원을 통합하기 위해 1948년 2월에 학원신설위원회를 설립, 400만 엔을 목표로 기부금을 모아 부지매입과 비품을 구입해 설립되었다고 한다. 이는 교토를 대표하는 전통산업인 니시진 견직산업의 적지 않은 부분을 재일조선인이 도맡아 한 사실을 보여준다. 니시진 견직산업은 기술만 있으면 차별이 있어도 먹고 살 수 있는 '자이니치산업'의 측면이 있었다.

여기서 유의해야만 할 것은 1948년 7월이라는 개교시기이다. '공산주의자의 둥지'로서 GHQ가 적시하던 조련의 학교이다. 이보다 3개월 앞서 같은 긴끼지역에 계엄령이 발령되어 후술하는 바와 같이 이미 강제폐쇄가 진행된 시기이다. 니시진 견직업자였던 김태성의 논술 「니시진견직과 유젠염색업의 한국·조선인업자에 대해」(西陣織と友禅染業の韓国·朝鮮人業者について)에 따르면, '다른 부府나 현県처럼 검거나 탄압 없이 평온하고 무사히 개교할 수 있었던 것은, (조선인 니시진 견직물공업협동조합)이사장의 요청에 (교토 주둔) 군 행정장관이 흔쾌히 응해주었기 때문'이라고 한다. 이 시기의 관보에는 조련 직함으로 44명의 조선인교원이 적격심사에 합격한 일과 조련 니시진소학교 등 조선인학교 7개교에 학교설치가 인가된 내용 등이 게재되어있다.

한편 교토 조련 제1초등학원 개교에 관해서도 마쓰시타는 다음과 같이 지적한다. '도오카소학교를 빌릴 수 있던 것도, 당시 해방민족인 조선인과 점령군과의 관계가 지극히 양호했던 까닭이라 생각한다.' 당시의 도오카소학교 교문에는 <도오카소학교>와 <교토 조련 제1초등학원> 간판이 나란히 걸려있었다. 한편으로 새 학제의 중학교를 잇달아 건설해 가던 시기이다. 학교도 부족했을 것이다. 이른바 지역보스 중에는 조선인학교가 있는 것을 탐탁지 않게 여기는 이도 있었던 것 같다. <4·24한신교육투쟁> 직후인 4월 28일에는 지역 시의원이 교토 시의회에서, '사용기한이 끝났고, 또 일본의 새 학제 중학교도 만들어야 되니 조련의 초등학원을 쫓아내면 된다' '만약 (학교 측이)나가지 않겠다면 고베처럼 해버리면 된다'는 등의 발언을 한 후, 조련 측의 규탄을 받아 의사록에서 발언을 삭제하는 사태가 벌어졌다.

도오카소학교 시절, 조련학원측은 운동장 사용허가를 받지 못했던 것 같다. 당시 이 학교에 다녔던 박도제朴道濟는 2008년 5월 교토 시내의 한 강연에서 이렇게 말했다. "운동장은 전혀 기억나지 않습니다. 쓰지 않았다는 말이죠. 조선인학교에 다녔던 아이들은 운동장에 나갈 수 없었던 것 같아요. 마찰이 생긴다는 뜻이었겠죠." "공원에서 돌에다 천을 감아서 축구를 하기도 했어요."(「교토·시가의 민족교육~4·24교육투쟁 60주년을 맞으며~연극과 패널·토론 보고집」20-26p)

이런 가운데 1948년 강제폐쇄의 흐름이 서에서 동으로 진행되어 온다. 교토는 이 단계에서 효고와 오사카처럼 강경수단을 취하지는 않았으나, 선수를 치는 형태로 행정기관과 조선인단체 사이에 교섭이 시작되었다. 마쓰시타에 의하면 <한신교육투쟁>이 한창이던 4월 26일, 교토 부 비서과장은 일본공산당에 '교토에서는 적어도 당분간은 폐쇄령을 내리는 일은 없을 것이다. 만약 무슨 조치를 할 경우에는 조선인 측 대표를 불러 납득할 수 있는 방법을 강구한 다음에 대처하겠다'고 답변을 보냈다. 공산당으로 회답이 온 것은 당시 조련이 공산당 지도아래 있었기 때문이다.

4월 30일에는 교토 군 행정부(GHQ)의 대표자가 출석해 협의를 가졌다. 군 행정부와 교토 부는 사립학교 인가를 받을 것과 일본교육법에 따를 것, 즉 조선인으로서의 교육을 '정규교과 이외課外'로 할 것을 요구했는데, 조련측이 거부했다. 최종적으로는 조련이 '교토에서는 모든 것을 평화적, 민주적으로 해결하고 싶다'고 하는 한편, 민족교육의 존속을 간절히 희망했다. 어떤 의미에서 상당히 솔직한 요구가 가능한 관계였을 것이다.

그 후 다섯 차례의 협의가 열렸고, 교토 부 교육부장과 조련 및 조선인교육회(민단계) 사이에 「조선인 아동·학생의 교육에 관한 각서」가 교환된다. 각서는 다음과 같은 11개 항목이었다.

(1) 조선인의 교육에 관해서는 교육기본법 및 학교교육법에 따른다.
(2) 사립조선인소학교 및 중학교는 의무교육으로서 최소한도의 요건을 갖춘 다음, 선택 교과, 자유연구시간에 조선의 국어, 역사, 지리, 문학, 문화 등 조선인 독자적 교육을 실시할 수 있다.
(3) (2)의 경우에는 연합군총사령부 민간정보교육부의 검열을 받은 교과서를 쓰고, 조선어에 의한 교육을 할 수 있다.
(4) 사립조선인소학교 및 중학교교원은 조선인교육회가 자주적으로 심사하고, 또한 교직원적격심사위원회에서 적격판정을 받

은 자에 대해 협의해서 결정한다.

(5) 사립조선인소학교 및 중학교의 설치주체는 재단법인이어야만 하지만, 법인설립인가신청서를 1개월 내(특별한 사정이 있을 경우 2개월 내)에 제출하는 것을 조건으로 학교설치의 인가를 할 수 있다.

(6) 일반 소학교 및 중학교에서 의무교육을 받고 있는 조선인 아동, 학생만으로 학급을 편성하고, (2)에서 서술한 방법으로 조선인 독자의 교육을 할 수 있다. (3)과 (4)는 이 경우에도 적용된다.

(7) 일반 소학교 및 중학교에서는 의무교육을 시키는 한편 방과후, 휴일 등에는 조선인 독자의 교육을 실시하는 것을 목적으로 설치된 각종학교에 재학시킬 수 있다.

(8) 일반 소학교 및 중학교에 재학 중이거나 사립조선인소학교 및 중학교 재학을 따지지 않고, 조선인 아동·학생은 일본아동·학생과 모두 평등한 취급을 받는다.

(9) 교사(校舍) 문제에 관해서는 실제사정에 맞추어 가능한 호의 있는 조치를 강구한다.

(10) 조선인 아동·학생의 전학에 관해서는 특별히 편의를 제공한다.

(11) 이후의 조선인교육문제에 관해 교토 부는 조선인교육회 및 조선인연맹과 충분히 협의한 다음 해결한다.

이 각서의 요점을 마쓰시타는 3가지로 정리한다. '첫 번째는 문부성과 교환한 각서를 바탕으로 교원의 적격심사를 받는다는 것. 두 번째는 재단법인설립을 학교설립인가의 조건으로 하는 한편,

조선인 각종학교에 대해서도 일반학교에서 의무교육을 시키는 동시에 방과 후와 휴일에 조선인 독자적으로 교육을 실시하는 것. 모두다 문부성과 교환한 각서의 선을 따른 것이지만, 교토의 경우 세 번째가 있었다. 일반 소·중학교에서는 '특별학급'을 두어 선택교과, 자유연구시간에 조선어를 가르치는 등 독자의 교육이 가능하다는 것이었다.'

이런 까닭에 교토 조련 제1초등학원의 행정상 호칭은 '도오카소학교 내 특별학급' '일본 공립 도오카소학교 내 조선인 특별학급'이었다. 어찌되었든 임의의 클럽활동 등과 같이 '과외활동'이 아닌 '과내활동'으로서 '조선인 독자의 교육'을 인정하게 만든 것은 성과였다. 이것은 도오카소학교의 일부를 빌려 쓰고 있는 교토 조련 제1초등학원의 존속이 담보되었다는 것을 의미한다. '토지도 건물도 직접 마련한 것은 아니지만, 인원수는 많다. 교토 부로서도 이를 어떻게 해야 좋을지 갈피를 잡지 못한 것 같다.'(마쓰시타)

실제로 당시 교토 부 교육부장 아마노 토시타케天野利武는 '문부성의 선과는 조금 다른 각서를 교환해서 문제가 생기지 않은 것이다'라고 회상했고, '교토 부 지사도, 케이즈(E.H.Cades 군 행정부 교육과장)도 이를 조용히 처리하고 싶은 뜻이 있었기 때문에 인정했다'고 한다. 교토라서 가능했던 '타협안'이었지만, 마음만 먹으면 쉽게 번복할 수 있는 '재량'이 뒷받침 된 조치였다. 나중에 이것이 당국의 입장에서는 큰 '구실'이 된다.

사실 이 약속은 군 행정부 방침으로 1년도 가지 않아 파기된다. 1949년 2월, 교토 군 행정부 보고서에는 <이 학교는 도오카소학교의 교실 4개를 점거하고 있다. 건물사용과 교수방법은 명확하게

교육(기본)법 위반>이라며 교토 시에 '주의'를 주었다고 한다. 근거가 되는 법은 헌법89조(국가의 지배), 교육기본법3조 등이다. 교육현장 수준에서는 당연히 용인되었을 각서를 '법률'을 근거로 번복하려 한 것이다. 군 행정부는 해당지역 행정에도 압력을 가했다.

이처럼 압력이 들어오자 4월 26일, 교토 부 교육위원회 임시위원회에서 「조선인 아동·학생의 특별학급편성의 건」으로 의제가 상정되었다. 모두에 나온 아마노 교육부장은 '표기에 관해 당국(군 행정부)으로부터 호출을 받았다'며, 교토 부와 교토 시의 교육장과 군행정부 교육관과 협의한 결과 '(외국인에 대한)우선적인 취급은 있을 수 없다'는 등 특별학급의 존재를 인정하지 않는 방향으로 의견이 일치됐다고 보고했다. 메모 마지막에는 특별학급은 '인종차별을 금지하는 신헌법에 저촉되는 문제를 항간에 일으킨다'고 기록되어 있다. 아마노는 '군 행정부의 지시로 각서의 내용은 폐지한다'고 했고, 각서6조 <특별학급을 인정한다>는 조항은 삭제되었다.

일본의 국책에 의해 민족성을 부정당해온 조선인이, 행정당국과 교섭한 끝에 일본학교 교사를 빌려 민족성을 회복하는 교육을 하고 있던 것을 마치 '특권'처럼 열을 올리며, 극히 무리한 법해석을 구사해 '위법'을 연발한다. 재특회의 논법과 흡사하다. 애초에 부정이 있었던 것이다.

군 행정부는 조련 측의 항의를 철저히 내쳤고, 1949년 9월 17일, 교토시교육위원회가 교토 조련 제1초등학원을 폐쇄하고 건물을 넘겨줄 것과 재적하는 아이들을 일본소학교로 전교시킬 것을 통지했다. 부모들은 반대운동을 펼쳤으나, 교토 시는 10월 1일 강제폐쇄에 나섰다. 교문에 교사를 세워놓고 초등학원으로 등교하려는 아이들을 배제시켰고, 황급히 보호자들이 달려와 항의하자 무장경관까지 동원해 철저히 등교를 막았다.

그 광경은 앞서 말한 박제도의 강연에도 나온다. "어느 날, 평소처럼 학교에 가니 교문 앞에서 일본선생이 조선인과 일본인을 구별해 너는 돌아가, 너는 들어가라며 지시하기 시작했다. 심상치 않은 사태에 일터에서 달려온 부모들이 항의하자, 헬멧을 쓴 무장경관들이 와서 고함소리가 오가는 가운데 한 명이 구타당했다. 그러자 우리도 돌을 던지게 되었고, 애들은 뒤에서 돌을 주워 모아 앞에 있는 부모들에게 건네주며 싸웠다." "억지로 학교 안으로 들어간 적도 있었다. 그랬더니 무장경관이 통나무로 문을 부수고 들어왔고, 우린 밖으로 쫓겨나고 말았다." 박제도의 말에 의하면 항의운동은 2개월 동안 이어졌다고 한다.

교토 연락조정사무국(GHQ와의 절충, 조정을 담당하는 정부기관)이 외무성에 보낸 정기보고에도 조선인들의 저항은 기록되어 있다. 보고에 따르면 10월 3일까지는 아이들과 보호자, 활동가들이 교내에서 선동연설을 반복했다. 그 가운데에는 방어막을 재빨리 빠져나가 직원실에서 진을 치고 앉은 이도 있었다고 한다. 무장경관을 동원한 관리, 감시로 진압하려했지만, 일본소학교로 전교를 거부한 아이들이 '우리들이 갈 학교는 어디냐' 외치며 실시한 시위행진은 그 후에도 이어졌다고 기록되어 있다. 권력자가 처지가 딱한 이들의 '권리'를 짓밟는 도구로써 법률이 채용된 것이다. 군 행정부 문서에 따르면 '이는 작년 고베에서 있었던 사태에 필적하는 큰 문제이며, 다른 지방에서 비슷한 방향으로 발전되지 않도록 사태를 방치할 수 없다' '만약 최종교섭이 성공하지 못해 좌익이 운동의 호기로 이용한다면, 제2의 고베사건을 일으킬 것이므로 주의가 필요하다'고 경계심을 노골적으로 드러냈는데, '그토록 위기감을 느낀 근거를 모르겠다'고 마쓰시타는 말한다.

이보다 앞선 9월 8일 「단체 등 규정령」(후에 '파괴활동방지법') 적용으로 조련 강제해산과 재산몰수, 간부가 공직추방 되고, 다음 달 10월 중순부터 11월 초순에 걸쳐 전국의 조선학교는 일제히 폐쇄되었다. 교토에서는 10월 19일 모두 14개교에 폐쇄령이 내려졌다. 이때 교토 부 지사는 재단법인을 통한 사립학교설립을 제안해, 북측을 지지하는 구조련계, 남측을 지지하는 민단계 단체가 각각 신청했는데, 교토 부는 양쪽이 합병한 신청서 제출을 인가 조건으로 내놓았다. 가능할 리가 없다. 애초에 무리한 조건을 내놓은 것이다. 한 달 뒤 개별로 신청한 신청서는 기각되었고, 또 하나의 대규모 학교였던 니시진소학교는 당시 6학년이 졸업하는 이듬해까지는 수업을 계속했지만, 1950년 3월 23일, 결국 짧은 역사의 종지부를 찍었다. 덧붙이면 니시진소학교가 있던 곳에는 3년 후 지역유지들의 힘으로 교토 조선인중학교가 설립되어 교토에서 조선학교 재건운동의 거점이 되어간다.(이상은 마쓰시타 요시히로를 취재한 내용과 그의 논문 「점령기 교토 시에서의 조선인학교정책의 전개」에 의거한다.)

제1초급의 탄생

또 하나의 메머드급 학교인 구교토조련제1초등학원은 1949년 11월말, 히가시쿠조에 있는 2층 목조공동주택 1층을 빌려 '교토 조선인소학교'로 수업을 재개했다. 그러나 국가와 지자체의 '(일본학교로)전교 장려에 의해 아동 수는 3분의 1정도로 감소하고 말았다'고 한다.(박제도) 교사로 쓴 곳은 공동주택뿐만이 아니었다. 아이들은 조련 지부의 분회사무소와 동포 집에서 공부를 계속했다. 그렇지만 적시정책의 소용돌이 속에 파괴된 학교의 역사를 계승하는 '자주 학교'가 당국에서 보기엔 '불법학교'이다. 다른 현의 행정자료에는 군 행정부의 뜻을 받아들인 당국이 학교를 없애려 한 기록도 남아있다. 교토에서는 이 같은 사실은 확인되지 않았으나, 소소한 배움의 장에도 공권력에 의한 방해는 자주 있었던 것 같다. "이 근방(히가시쿠조)의 공동주택을 빌려 공부하고 있으면 경찰이 와서 그만 두라고 했다. 그럼 장소를 바꿔 다른 곳에서 숨어서 공부했다. 그렇게 얼마가 지나면 그곳에도 경찰관이 와서 '그만두라'했고. 그런 일이 계속 반복됐다." 국적을 이유로 사회보장제도에서 배제된 영향 때문에 많은 재일 고령자와 '장애인'이 무연금 상태로 방치되는 현상을 다룬 <재일 무연금 소송>(2010년 2월, 대법원에서 패소확정)의 원고였던 재일 1세 정재임(鄭在任 1921년생)을 일찍이 직접 인터뷰했을 때의 증언이다.

도오카소학교에서 추방당해 공동주택과 지부사무소, 동포들의 집을 전전하면서도 1세들은 민족교육을 지켜왔다. 그러다 구한 곳이 히가시쿠조 남쪽 끝에 있었던 칸진바시의 토지였다. 빼앗긴 말과 문화를 되찾는 노력은 대국의 손익과 일본정부의 일관된 적시에 의해 수없이 탄압당하고, 그럼에도 이어온 등불을 밝히려 자신들의 힘으로 지은 학교부지는, 교토 부 최대 조선인집주지역 남단에 그야말로 간신히 달라붙은 듯 얻은 땅이었다. 정식개교는 1960

년 1월이다. 교토 시로부터 도오카소학교에서 쫓겨난 11년 후이다. 이후 교토의 민족교육 거점으로서 습격사건 이후 폐교(2012.3)될 때까지 반세기 이상에 걸쳐 수많은 졸업생을 배출해왔다. 2009년 교토 제1초급 습격사건 당시의 교장 고병기도 1963년 입학생이다.

"주위는 온통 밭이었고, 제방에서 자주 놀았던 기억이 있어요. 공원은 당시 아무것도 없는 공터 같은 곳이었지만, 차츰 정비되어 갔어요. 교사도 내가 입학했을 때 목조를 철골로 바꿔 새로 지어졌죠." 개교직후의 풍경은 1961년 당시 항공사진에도 기록되어 있다. 가옥은 드물고 한적한 간선도로 양 옆에는 밭이 펼쳐져 있다. 교토 특산채소의 대표 격인 쿠조 네기(대파) 밭이다. 남측 강가를 따라 하모니카 같은 우사가 보인다. 예전에는 젖소가 10마리쯤 있어서 학교에서 우유를 구입하는 일도 있었다고 한다. 당시 공터 같았던 공원은 드물게 심어진 나무들 때문에 바깥 둘레를 겨우 알 수 있다. 좁은 길을 사이에 두고 북측으로 새로 지은 교사가 사진에 찍혀있다. 이 교사에서 아이들은 마음껏 공부하고 뛰어놀았던 것이다.

"내가 다니던 때도 3학년까지는 학교버스를 탔어요. 4학년부터는 개인별로 통학하고 제각각 집에 돌아갔어요. 집이 카모가와鴨川 강 바로 건너편이었는데, 길가엔 친구들 집뿐이어서 한눈을 팔기 일쑤였죠. 그렇게 멀지도 않은데, 집에 오면 밤이 되곤 했죠.(웃음) 무슨 일이 생기면 학교에 갔고, 일요일에 놀러 갈 때도 약속장소는 학교였죠. 학교가 생활의 중심이었어요. 아이들뿐만이 아니에요. 동포들도 무슨 일이 생기면 학교로 왔고, 운동회가 열리면 아이들의 운동회가 웬일인지 동포운동회가 돼요.(웃음) 술을 마시거나 고기를 굽기도 하고. 학교관계자뿐만 아니라, 지역동포들이 모이는 곳이었어요."

솔직하고 소박한 인상의 고병기 교장은 막힘없이 술술 이야기를 풀었다. 동포들의 집주지역다운 유대이다. 제1초급의 졸업생 가운데는 사회에 나갈 때까지 혹은 습격사건이 있기 전까지 '자신이 마이너리티라고 생각지 않았다'고 말하는 이도 적지 않다. 자신이 그곳에 존재하고 살아가는, 그 근거를 물을 필요조차 없는 공간이기도 했던 것이다. 1970년대에 초급학교에 다녔던 한 어머니는 말한다. "내가 아주 어렸을 때는 오히려 '일본인이 뭐지?' 했죠, 아주 당당히 학교에 다녔어요. 어릴 때는 내가 주류라고 생각했어요.(웃음) 동포들도 많았고, 조직도 튼튼했잖아요. '우물 안 개구리'였죠." 다수자와 소수자가 반전된 상황에서 어린시기를 보낸 것이다. 그 중핵이 되는 곳이 조선학교였다.

습격사건 당시의 보호자들은 다수가 조선학교 출신들이다. 그, 그녀들의 부모는 생활에 쫓겨 말과 문화를 배우지 못하고, 먹고살기 위해 일본식 통명을 쓰며 살아왔기 때문에 '내 아이에게는 그런 경험을 시키고 싶지 않다'는 심정으로 자식을 조선학교에 보낸 사람이 적지 않다.

박정임도 그런 부모의 심정을 잘 아는 한 사람이다. "어머니도 아버지도 일본학교를 나와서 동포들과 유대관계도 없고, 차별을 당하니까 조선인인 것을 괴롭게 여기셨죠. 일본학교에서 조선인으로서 당당하게 살아가라고 가르쳐 주지도 않았고, 김치를 먹는 것도 친구들에게 말하지 못했어요. 그런 괴로움을 겪게 하고 싶지 않아서 자식을 조선학교에 보내신 거죠." 자연스럽게 *조선어(朝鮮語 일제 강점기에 우리말과 글을 이르던 말. 자이니치 가운데 일부는 우리민족의 말을 이렇게 부른다)를 익히고, 본명을 쓰는 박정임의 모습에 흐뭇해하는 부모의 모습이 연상된다. 반면에 박정임이 술회한 것은 부모님이 흥분하던 모습이다. "그때는 글자를 읽고 쓰지도 못하셨고, 조선인 친구도 없었지만, 운동회나 수업참관이나 학예회 같은 때가 되면 '물 만난 고기'처럼 흥분하셨어요.(웃음) '네가 즐겁게 지내니까, 우리도… 고맙다'고 말해주시는 거예요, 저한테. 학교를 통해 동포 사회로 녹아들어 갔어요. 부모님이, 엄청나게 열심히 공부해서 우리말로 얘기할 수 있게 되셨으니까."

  조선학교의 흡인력은 김수환도 말한다. "아버지는 우리를 조선학교에 보내는데 난색을 표했지만, 조선학교 출신인 어머니가 '안 보낸다고 하면 이혼하겠다'고 하셨대요. 그래서 우리 형이 입학하게 됐어요. 즐거워하는 형의 모습을 봤기에 저는 입학 전부터 가방을 메고 다녔죠. 처음엔 아버지가 싫어하셨지만, 학교행사에 다니면서 부쩍 좋아하게 되다가…나중엔 무턱대고 학교에 오고 싶어 했어요." 습격사건 당시의 여학생이 했던 말이 떠오른다. 일본학교와 교류체험이 늘어난 시기에 학교에 다닌 그녀에게 '그 안에서 느꼈던 조선학교의 특색, 매력'을 묻자 그녀는 말했다. "운동회나 학예회가 되면 우리들보다도 부모님들이 더 즐거워해요. 완전히 자기들을 위한 행사라고 생각하죠.(웃음)"

  뒤에 자세히 적은 바와 같이 조선학교의 교육내용은 조선(북)의 정치상황이나 남북관계의 변화, 그리고 자식을 학교에 보내는 부모들의 기대를 반영하는 형태로 변화되어 왔다. 그러나 영화 「우리학교(김명준 감독, 2007)」에 나오듯 많은 이들에게 조선학교는 조선인이 조선인임을 자명하는 공간이자, 민족적 소수자로서 겪는

'번거로움'과는 무관한 피난처로서의 기능을 해왔다. 동시에 우리 학교는 '조선말'이라는 '고향'을 얻을 수 있는 곳이었다.

민족교육을 받을 기회를 놓친 이에게는 자녀가 조선학교에 다니는 것이 스스로의 민족교육이기도 했다. 그것은 마이너리티로서 살아가는 동기부여기도 한 것이다. 교토 부 북부의 동포가 없는 지역에서 집주지역으로 옮겨와 조선학교에 아이를 보낸 어머니(1975년생)는 말한다. "처음에는 '어째서 다들 이렇게 뭐든 나눠주는 걸까' 생각했어요.(웃음)" 끈끈한 인간관계에 곤혹스러울 때도 있었지만, 학교에서 열리는 요리교실과 문화교실에 참여하다 지금은 어머니회의 중심이 되었다. 김상균도 그의 배우자도 조선학교 졸업생이 아니다. "사실, 아이에게 민족교육을 시킨다는 생각은 절반정도였고, 나머지는 저에 대한 동기부여였어요."

고병기 교장이 술회한 것과 졸업생들이 한 얘기는 운동회도, 바자회도, 여름축제도, 학교와 인연이 있건 없건 지역동포들이 한데 모이는 '마당'으로서의 역할이다. 사람이 많다는 것이 문턱을 낮춘다. 지금도 본명사용비율이 20%이하라는 자이니치사회에서 자신이 자신으로 있을 수 있는 공간이 가까이에 있다는 의미가 충분히 헤아려진다. 조선말도, 일본말도, 읽고 쓰지 못하는 1세 할머니도 걸어서 학교에 올 수 있다. 행정기관에서 통지 같은 것이 오면 학교로 가져와 읽어달라고도 할 수 있다. 관공서에서 젊은 일본인직원에게 고압적인 태도로 '할머니, 글자도 못 읽어요!' 따위의 조소를 당할 염려도 없다.

'우리학교'의 이러한 기능을 자각하고 있었기 때문에 1세들은 남녀노소가 한데 모일 수 있는 집주지역에 학교가 있어야 됨을 고집했다. 재력이 있는 사람은 재산을 내놓고, 없는 이는 땀을 흘렸다. 그런 노력의 결과로 간신히 집주지역인 히가시쿠조 남단에 제1초급학교가 탄생했다. 이 학교에는 나무 한 그루 한 그루까지 1세의 마음이 스며들어 있다. 그곳을 습격한 사건이 바로 가두시위였다.

민족교육의 상징으로

제1초급과 제3초급이 통합·이전됨에 따라 교토 시내 초급학교는 2개가 되었는데, 교토와 인근 시가 현 지역의 초급학교 졸업생이 진학하는 교토 조선중고급학교에서 오랫동안 교편을 잡아온 시성지는, 제1초급 출신들에게는 집주지역다운 기질이 있다고 한다. "제1초급은 동포들이 가장 모이기 쉬운 곳이에요. 옛날에는 제1초급, 제2초급, 제3초급이 같은 날 운동회를 했기 때문에, 저는 이날 세 학교를 차례로 다녔죠. 그러면 각 학교 분위기 차이를 알 수 있어요." 30년의 교원경력에서 나오는 시성지의 단적인 표현이다. "제1초급은 동포들이 모이는 민족적인 장소이고, 제2초급은 굉장히 교육적이죠, 일본학교와 다름없을 정도로. 제3초급은 가족단위라 좀 더 아담한 느낌이어서 세 학교가 다 달라요. 독특한 분위기를 지닌 학교는 역시 남겨두는 것이 좋다고 생각했어요."

인터뷰의 주제는 습격사건의 상세한 내용에 관해서였다. 그중에서도 화제가 학교로 옮겨가면 저절로 미소가 번지고 얘기가 샛길로 빠져서 끝날 줄 몰랐다. 진심으로 교사라는 일을 좋아하는 것이다.

"대체로 우리들의 운동회나 학예회는 학교행사인 동시에 동포행

사이지요. 동창회 등을 하는 것은 당연했고, 그중에는 거기서 선을 보는 사람도 있고.(웃음) 운동회에 가는 건 가는 거고, 아침부터 술 한 잔 걸치고 제 홍에 겨운 사람도 있고. 학교행사를 중심으로 한 독특한 생활패턴이랄까, 서로 어울리는 끈끈함도 진하게 남아있죠. 제3초급 같으면 가족단위라 굉장히 흐뭇한 모습이고, 제2초급은 그 중간쯤이죠. 그래도 일본학교와는 전혀 다른 민족성이 있는데, 그 농도를 따지자면 제1초급이 최고였죠. 아이들도 말이죠, 중학교에 올라오면 학교에 따라 달라요. 제일 배짱이 두둑한 녀석을 보면 틀림없이 제1초급 출신입니다. 초급시절부터 밤늦도록 아무렇지 않게 친구들과 어울려서 목욕탕에 간다든가, 야무지고, 말썽꾸러기인 녀석도 있는가 하면 나쁜 짓을 하는 녀석도 많았어요. 뭐, 당시에는 다들 힘이 넘쳤죠. 교실에서 선생님이 뛰쳐나와 순식간에 은각사로 올라가는 언덕 쪽으로 쫓아가는 걸 보면서 '또 어떤 녀석이 잘못을 저질렀나?'하죠. 목가적이랄까, 태평스럽다고 할까. 요즘 아이들은 연약하다랄까, 얌전하다는 생각은 들지만, 옛날 아이들이 억척스럽고, 너무 진국이었죠.(웃음)"

영화「박치기!」(이즈츠 카즈유키 감독, 2004)에 나오는 통쾌하기 그지없는 에피소드 몇 가지는 1960년대부터 70년대에 걸친 초급학교학생의 무용담(혹은 다수의 '불량한 행동')이 섞여있다고 한다. 그들의 상대는 같은 또래의 일본소학교 학생뿐만 아니라 중학생, 때로는 고교생이었다. 소학생이 중학생들과 싸움 삼매경의 일상을 보낸다. 그런 좌충우돌의 모습을 상상해 보시라.

"제1초급은 교토에서 민족교육의 상징이었어요. 그런 곳이 공격당한 겁니다." 시성지는 거듭 말한다. 지금도 거리에서 재특회 일당이 데모를 하면 자기도 모르게 그들에게 다가가게 돼 경찰관에게 저지당한다고 했다. "'시성지씨는 얼굴이 알려져 있으니까, 가까이 가지 마십시오.' 하더군요. 하지만 지금도 너무 화가 납니다. 우리에게는 가장 소중한 보물이자 미래인 아이들에게 그들이 손을 댄 겁니다. 절대로 용서할 수 없어요." 시성지가 가장 분노한 말은 "이게 무슨 학교야!"였다. 그렇기 때문에 더더욱 *고교무상화 배제 문제에 매달린다.

* 고교무상화 : 2010년 민주당정권의 주요공약이었던 '고교수업료 무상화·취학지원금 지급제도'의 약칭. 모든 국공립고교, 사립 및 외국인학교 고교생이 이 혜택을 받고 있지만, 정치적 이유로 유일하게 조선학교 고교생만 혜택을 받지 못한다. 2018년 현재 일본 5개(도쿄, 오사카, 히로시마, 아이치, 규슈) 지역에서 248명의 재학생 및 졸업생들이 원고가 되어 일본정부를 상대로 재판이 진행 중이다.

"연간 11만 엔이 물론 큰돈이지만, 그 돈을 받느냐 마느냐 문제가 아닙니다. 일본정부가 조선학교를 학교로 인정하는가 안 하는가 문제죠. 정부가 인정하지 않는다는 것이 그 말에는 응축되어 있어요."

시성지는 조선인 아버지와 일본인 어머니 사이에 도쿄에서 태어나 일본학교에만 다녔다. 자이니치라는 것도 부모에게 듣지 못했다. 그것을 처음으로 의식한 것이 고교에 들어갈 때였다. "저만 다른 애들과 다르게 '폐를 끼치지 않겠습니다' 같은 선언서를 써야했어요. 그때 아버지가 처음으로 '넌 조선 사람이다'라고 하셨죠. 저는 고교 3학년까지 의사가 되려고 했는데, 선생님이 '조선인은 될 수 없다'고 했어요. 그래서 마음을 바꿔 체육대학에 진학한 겁니다."

그때 만난 곳이 조선총련계 학생조직인 「재일본조선유학생동맹

(유학동)」이었다. "민족적인 것에 접하게 되자 단순하게도 쉽게 젖어들었고, 그래서 학교선생님이 되어야겠다고 결심했죠." 처음엔 도쿄 조선중고급학교에서 교편을 잡았다. 하지만 조선말은 겨우 대학 때 배운 수준이었다. 지금으로선 상상도 못할 만큼 짓궂은 학생이 많았던 시대다. 주위에서는 '1년 버티면 다행'이라고 수군댔다.

"일단은 말을 알아들을 수 없는 겁니다. 그러니까 혼자 교무실에 있을 때 전화가 오면 곧바로 도망쳤죠(웃음). 말 때문에 일어난 실패담은 헤아릴 수 없어요. 조선말의 '우'와 '좌'를 잘못 외워서 '우향우'를 하면 학생들이 왼쪽으로 돌았죠. 몇 번을 해도 똑같이 하니까 일부러 그러는가 싶어서 '나를 놀리는 거냐!'고 고함을 친 적도 있어요. 그렇게 어처구니없는 선생님에게 더 이상 창피를 주면 안 되겠다고 학생들이 생각했나 봐요. 내 지시에 따라 좌우를 반대로 돌아줬어요.(웃음) 나중에 선배 교원이 '자네가 틀린 거야'라고 슬쩍 말해주더라고요. 어찌나 창피하던지. 실제로 우리말을 모른다는 것 때문에 학생들이 놀려서 울었던 적도 있었지요."

그렇게 열심히 교원생활을 했다. 아이가 태어나자 아이를 데리고 학교에 나가 교무실을 탁아소 삼아 수업을 했다. 그것은 민족교육을 받지 못했던 시성지 자신의 민족교육이었다.

'(부모의 속성상)나는, 어느 쪽도 될 수 없다. 애매한 건 못 견디는 성질이라 어느 시점부터 조선인으로 살아가기로 정했다'고 한다. 사람들 앞에서는 결코 풀지 않는 둥글게 쪽진 머리는 조선인으로서 살아가기로 한 결의의 증거일 것이다. 제자들이 동창회자리에 불러 줄때마다 '자신이 살아온 삶을 어떻게 생각해 줄까 긴장하

게 된다'고 한다. 그렇게 시성지는 'half'인 자신, 더구나 한쪽 부모
가 일본인이라는 것이 지금으로선 상상할 수 없을 정도로 동포사
회에서 부정적으로 받아들여지고, 때로는 '인간으로서 미흡'한 것
처럼 말하던 시대를 살아왔다.

그렇게 자기 억제적 삶을 관철해 온 그녀에게도 '동포들 속으로
깊이 들어갈 수 없는 자신을 느낄 때가 있다'고 한다. 50년 이상이
나 민족교육에 종사해 온 지금까지도 '마음 둘 곳 없음'은 어딘가
에 남아있다. 때문에 제1초급의 '독특한 분위기'에 압도되는 부분
이 적지 않았다. "말로 표현할 순 없지만, '뭉클하게' 다가오는 아
이가 있답니다. 이 땅에 발을 디디고 그 속에서 투박하고 당당히
살아가죠. 지역의 동포사회에서 배어나는 공기를 땀구멍으로 흡수
하며 살아온 사람이 가진, 뭐랄까 넉살좋음이랄까, 마음이 넓다고
해야 할까, 조선말로 '통이 크다'라 할까, 저한테는 없는 것이기에
한 발짝 뒤로 움찔할 때도 있었지요. 그것이 남아있기 때문에 학교
가 달라져도(통합, 이전해도) 그 역사를 이어가야만 한다고 생각합
니다."

시성지가 '독특한 분위기'에 연연하는 것은 간절히 원해도 얻을
수 없는 것에 대한 '동경'이라 생각한다. 조선인이길 선택하고 노
력해온 시성지와, 경계선에서 살아가고 싶어 성은 일본어로, 이름
은 한글발음으로 쓰는 나와는 처지도 모두 다르겠지만, 대화를 하
면서 나는 조선학교 학생들의 천진난만한 모습을 봤을 때나, 졸업
생들에게서 일관된 민족교육에서 배양된 유대를 느꼈을 때, 혹은
자식을 학교에 보내는 부모나 그, 그녀들과 교원들 간의 끈끈한 연
을 눈앞에서 마주했을 때에 느끼는 '압도당하는 기분'을 떠올렸다.

그것은 어린시기에 자신이 누구인가를 확인하는 '장소'를 획득한, 바꿔 말하면 어떤 의미에서 '고향'을 가진 이들을 마주했을 때에 느끼는 선망이자, 소외감이며, 질투였다.

'그들은 우리들의 커뮤니티, 유대를 질투하는 부분이 있다고 생각한다.' 제1초급에 맨 처음 습격이 있던 날, 그날이 생일이었던 여자아이의 아버지 김의광(1970년생)에게 물었을 때, 그는 습격자들의 '범행동기'를 질투라고 추측했다. 이런 지적이 정곡을 찌르는지 아닌지는 차치하더라도 내게도 그런 부분이 있다. 그런 유대를 가진 이들을 동경하는 부분이. 마이너리티에게는 '살기 위해 불가결'한 안전망이기도 한 유대감에, 이 사회에서 시민권을 가진 인간이 '질투'하는 도착을 자각하면서, 그럼에도 불구하고.

'공원 사용' 문제

동포들의 거점으로서 집주지역에 개교한 제1초급이지만 그 때문에 문제가 있었다. 운동장이 없었다. 도오카소학교 시절부터 현안이었던 문제가 해결되지 않았다. 도로 너머에 당시 누가 관리하는지 알 수 없는 공터나 다름없는 공원이 있어서 학교가 그곳을 운동장 대신으로 사용하기 시작했다. 교토시가 공원 정비를 시작한 1963년 무렵에 학교 측과 근린자치회연합회, 관리를 맡은 교토 시 3자가 공원사용에 대한 협의를 시작했다고 한다. 몇 차례에 걸친 교섭은 12월 3일에 정리되었다. 학교에는 그 당시 메모가 남아있다. 3자 대표 명의로 기록된 메모에는 공원의 <서남 측 출입문을 중심으로 철망을 두르고, 남측에 아동용 놀이기구를 만들고, 현재

사용 중인 부분은 학교 측에서 계속 사용해도 문제가 없다>는 내용으로 3자간 협정이 성립됐다고 적혀있다. 교토 시는 이 협정에 관해 '기록이 남아있지 않아 확인할 수 없다'고 설명했지만, 실제로는 이 협정이 맺어지기 약 5개월 전에 울타리를 경계로 공원을 남북으로 나눈 도면을 다른 곳도 아닌 교토시가 작성했다. 나중에 한신고속도로 연장공사 때 철거된 울타리도 교토시가 설치한 것이다. 애초에 <남북 분리사용 안>은 교토시가 '타결안'으로 제안했을 것이다.

습격사건이 일어난 이후 교토 시는 전국에서 들어온 민원에 대해 '허가한 일이 없다'는 말을 반복했지만, 이 학교 60주년기념식이 다름 아닌 이 공원에서 열렸고, 교토 시와 시교육위 대표자도 참석했다. 대략 패전 이후부터 경제성장기까지, 교정이 없는 공립학교가 지역의 공원을 운동장으로 사용하는 것이 드문 일도 아니었다. 반복하지만 원고 집필단계(2013년 11월)에도 교토시내 중학교 4개교와 소학교 1개교가 근접한 공원을 학교운동장으로 사용한다. 3자 합의가 이뤄진 1963년 사회상황, 특히 교토의 상황도 고려해봐야 될지 모른다. 교토 시에서는 1951년, 교토 시 직원이 이른바 대중잡지인 「올 로맨스(all romance)」에 기고한 풍속소설 「특수부락特殊部落」의 내용이 '부락차별'이라며—실제로는 등장인물 대부분은 재일조선인이다—나중에 부락해방동맹이 결성된 후 교토 시에 거듭 항의했다. 이른바 <올 로맨스 사건>이 일어났다. 이 항의운동에 등 떠밀린 형태로 교토시가 어느 지역보다 먼저 나서서 피차별부락의 주거환경 개선을 진행해 시내 각지에는 잇달아 개량주택이 건설되었다. 히가시쿠조에서 북측으로 널리 펼쳐진 스진지구崇仁地

⊠와 그 주변에도 새 개량주택이 연달아 세워졌다. 3자 합의로부터 6년 후에는 피차별 부락민의 생활개선을 내세웠던 '동화대책사업'이 본격적으로 시작된다. 33년 동안 15조엔 이상이 투입되는 어퍼머티브 액션(affirmative action 적극적 차별 시정조치)이 '인권'이라는 이름 아래 시작되기 직전이었다. 이 시절의 분위기를 생각하면 도오카소학교에서 추방된 것을 한 기점으로 자비로 만든 운동장을 갖지 못한 채 개교한 제1초급이, 인접한 공원을 썼던 것도 특이한 일은 아니었을 것이다. 말할 것도 없이 조선총련과 같은 운동단체도 지금과는 비교되지 않을 만큼 강했다.

그 후 반세기에 걸쳐 학교가 아무런 문제도 없이 공원을 사용해왔다. '귀화'라는 제도 때문에 일본 이름을 강요당한 후, 재판을 통

지역주민들과 전통악기 연주를 하는 제1초급 학생과 교직원들. 공원은 교류의 장이기도 했다(2004.11.07.)

해 본명과 '귀화'할 때 무리하게 채집당한 열손가락 지문을 되찾은 음악가 박실(1944년생)은 1970년대에 약 5년간, 공원과 가까운 공동주택에 살았다. 나중에 재특회 일당들이 표적으로 삼은 지역축제인 <히가시쿠조 마당>이 시작되었을 때(1994년)부터 중심인물이기도 한 그도 말한다. '공원에서 우리학교 아이들이 수업하는 일은 지역에서는 흔한 광경이었다.'

학교 측은 스피커와 축구골대, 조회대 같은 최소한의 학교사물을 공원에 설치했다. 축구골대는 이 지역 어린이들도 이용했다. 한편으로 바자회 같은 행사에서 얻은 수익으로 학교 측은 공원에 철봉과 그네를 기증했고, 1991년에는 시에서 감사장도 보내왔다. '공원 사용을 요청해 주어서' 감사의 뜻을 표한 것인데, 그만큼 지역과의 관계에 유의하며 사용하고 있었다. 바꿔 말하면 다수자와의 '관계'를 의식하지 않으면 살아갈 수 없는 것이다.

'지역 아이들이 학교에 가 있는 동안에 우리는 공원을 사용한다. 바자회에는 지역사람들도 찾아왔다. 주민의 이해를 바탕으로 공원을 쓰고 있다고 생각했다.' 자신 또한 제1초급 출신으로 당시 교무주임이었던 김지성(1968년생)의 체감이다. 교내에서 공부하고 체육수업은 공원을 사용하고, 쉬는 시간과 방과 후에는 공원에서 마음껏 몸을 움직인다. 이것이 제1초급의 '일상'이었다.

그곳에 풍파가 일기 시작했다. 한신고속도로의 연장공사이다. 교토 시와 공단이 처음으로 공사내용을 설명한 것은 2000년 4월이었다. 후에 공단에서 연장공사를 앞두고 공원에 교각을 설치하기 위한 시굴조사를 하고 싶다고 학교로 연락이 왔다. 예상치 못한 통보였고, 예정된 수업도 있었다. 최선책을 협의하고 싶다는 회신을 보냈으나, 답변은 없이 그 후로 구체적인 연락은 오지 않았다.

그런데 2008년 8월에 들어와 지역주민을 대상으로 한 공사설명회 전단지를 집집마다 보내왔다고 학부모가 알려왔다. 공사계획이 세워진 이후 학교 측은 대책위원회를 설치하고, 휴면 상태이긴했지만 시와 공단에 정기적인 문의는 하고 있었다고 한다. 같은 해 봄에 교토 시와 공단에 문의했을 때는 '구체적인 일정은 결정되지 않았다'는 회답을 받았지만, 학교를 제외하고 주민설명회 개최가예정되어 있었다. 일단 지역주민회의 양해를 얻어내고, '불만을 말하는 곳은 조선학교 뿐'이라는 상황을 만들려고 한 것인가.

지역주민설명회가 끝나고 약 한 달 반이 지난 10월 14일, 교토 시와 공단은 그때서야 학교 측에 설명을 한다며 찾아와 11월 착공방침을 알렸다. 이미 수업커리큘럼이 짜여있었고, 예정된 행사도 있었다. 학교 측의 사정은 아랑곳하지 않은 통보였다. 학교 측은 즉시 긴급회의를 열고 착공 연기를 요구하는 동시에 최선책을 모색하기 시작했다. 교토 부와 교토 시에 민원을 넣고, 지역 선출의원과 소관당국인 국토교통부 장관의 비서, 지역주민회 관계자와 면담도 했다. 그 횟수가 이 해에만 약 30차례에 이른다. 얼마나 갑작스런 통보였는지, 얼마나 위기감을 느끼고 대처했는지 알 수 있다. 이듬해 어머니회 회장에 취임한 이가 박정임이다. '가장 큰 문제가 고속도로 공사였어요. 아이들 교육환경을 지킬 수 없게 될지도 모르니까.'

연장공사 기간에는 공원 남측을 자재 보관소로 사용한다. 공사가진행되는 동안에는 덤프트럭과 중장비 같은 대형차량과 공사차량등이 쉴 새 없이 드나든다. 아이들의 안심·안전 대책이 필요하지만, 이것마저도 (일본 학교교육법 제1조에서 정한)「1조교」가 아닌 조선학교에서는 교원들의 부담이 늘어나거나, 학부모의 무상노동에 의존해야 된다. 게다가 공원 남측 3곳에 고속도로 교각이 세워져 공원자체의 크기가 축소된다. 위험과 소음을 감수하며 공사가 끝난다 해도 종전대로 공원에서 수업을 할 수 있다는 보장은 없었다. 미안한 표현이지만, 박정임은 말 그대로 '불 속에 든 밤을 꺼내야 될' 타이밍에 어머니회 회장에 취임한 것이다.

학교 측은 교토 시 및 공단과 지속적으로 협의를 거듭했지만, 착공을 위한 준비는 점점 진전되어갔다. 아닌 밤중에 홍두깨처럼 통보하고, 혼란을 틈타 공사를 시작하려는 의도가 뻔히 보였다. 박정임이 어머니회 회장에 취임한 1월, 교토 시와 공단이 학교 학부모들을 대상으로 개최한 설명회는 소란스러웠다. '이렇게 중대한 일을 갑자기 결정 하는가' '수업은 어떻게 되는가' '아이들의 안전은 어떻게 할 것인가' 학교설립 때부터 관여해 온 어르신들의 질타는 교장에게도 향했다. '어째서 공사를 중지시키지 못 하나' '저런 방식을 승낙하는 것이냐' '이제 그만 교정도 없는 이곳에서 빨리 이전해라' '그렇다면 교토 시에 대신할 부지를 포함해 보상을 요구해라'— 문구만 떼놓고 보면 턱없는 이야기다. 하지만 학교가 설립된 노고를 직접, 간접적으로 아는 이들에게 진실은 달랐다. 1949년에 도오카소학교에서 추방한 것은 조선인이 일본에 빼앗긴 민족성을 되찾는 노력을 부정하는 것과 다름없었다. 그 과정을 거쳐 드디어 거점을 확보하고 교토 시, 지역주민과의 3자 합의로 공원을 사용해 온 사실은 재일조선인으로서 자신들의 역사성에 직결되어 있었다. 아이들 사이에서조차 무슨 실랑이라도 생기면 '너희

나라로 돌아가라'는 말이 날아드는 사회에서 살아온 이들에게 공원사용의 권리는 자신들이 이 나라, 이 사회에 살 정당성의 증명이기도 했다.

행정당국과 학부모들, 세대가 다른 동포들 틈에서 고병기 교장에게는 몹시도 괴로운 나날이 이어졌다. 당시 교장은 교토 시 측에 아이들의 안전 확보에 관한 각서를 요구했으나 거부당했다. 앞서 말한 것처럼 학교가 공원을 사용하는 것에 대해서도 교토 시에는 합의문서가 없다고 주장했다. 형식적으로는 도시공원관리법에 저촉될 가능성을 인식하고 있던 것일까. 소수자의 권리를 재량으로 처리하는(바꿔 말하면 '엄격적용'해서 언제라도 잘라낼 수 있는 상태로 두는) 관공서의 간사한 지혜이다. 이 일을 계기로 나중에 교토 시는 전적으로 조선학교가 멋대로 공원을 사용해 왔다는 태도

고속도로 공사가 시작되었을 당시 공원 모습(2009.06.27)

로 일관했지만, 앞서 말한바와 같이 학교설립 역사를 축하하는 기념식은 교토 시와 시교육위의 후원으로 공원에서 개최되었다. 그때도 교토 시는 학교 측에 사용허가신청을 요구하지 않았다.

교토시의 대응에 반발하는 의견도 있어서 나중에 교장은 공원에 설치한 학교사물 철거에 관한 서약서 작성을 거부한다. 재특회 일당의 고발로 학교 측에 도시공원법 위반 책임을 물었을 때 그 일이 '허점'이 되었는데, 이것은 한참 후 이야기여서 당시는 그럴 상황이 아니었다. "우리가 인정하지 않아도 공사는 시작되죠. 할 수 있는 건 운동장을 대신할 부지를 찾는 것이었습니다." 고병기 교장의 말이다. 2월에는 임시 차단막이 설치됐고, 3월에는 공사가 시작되었다. 설명회에서 교토 시는 '대부분 원상복구'라 답했지만, 상황은 예측 불능이었다.

신 주민들의 반발

교원과 학부모들은 몰랐지만, 거의 동시 진행으로 분출한 것이 신 주민들의 반발이었다. 개교 이래 반세기 가까이 흘러 당초에는 파밭뿐이었던 주변에도 대형아파트가 여럿 들어서서 그간의 사정을 알지 못하는 신 주민들이 늘어난 것이다. 학교 측의 요구를 무시하고 도로 연장공사 착공이 시작되어 공원의 남쪽 절반에 공사용 가림막이 설치된 2009년 봄, 교토 시에서 학교 측에 연락이 왔다. 인근주민에게 들어온 민원 때문이었다. 내용은 '조선학교 학생이 공원에서 축구를 하고 있어서 아이가 놀지 못한다.' '공원에 왜 학교의 축구골대가 놓여있는가?' 골대를 철거할 수 없겠느냐고 교토시가 타진해왔다.

그 전까지도 간혹 인근주민에게서 민원이 들어온 일은 있었다고 하는데, '특별히 대응하지 않아도 될 민원'이었다. 학교 측에 주의를 줘야할 수준은 아니었다는 의미다. 하지만 2009년 봄에 시작된 문제의 아파트주민 항의는 여러 차례 반복되었다. 시에 항의하는 이들이 같은 아파트주민 여러 명으로 확대되고, 그중에는 시청에 항의방문을 하는 이도 있었다. 당황한 시는 학교 측에 그때까지는 언급한적 없는 학교사물의 철거를 요구한 것이었다.

말이 그렇지, 커다란 축구골대다. 애초에 교정이 없는 학교다. 운동장을 대신할 부지도 결정되지 않은 단계에서 즉시 철거하겠다는 말은 하지 못한다. 그 후에도 시에서는 학교로 전화를 걸어와 사물철거를 요구했고, 7월에는 직접 찾아왔다. 공원사용을 둘러싼 협의가 한창일 때 불거진 새로운 문제였다. 시가 중간에 나서 대체 부지를 찾았고, '1월말까지 사물철거'를 약속했다. 그러나 지역주민

공원은 운동회 장소이기도 했다. 결과적으로 이 해가 마지막이 된다(2009.10.04)

으로부터 학교가 공원을 사용하는 것에 대한 항의는 그 후로도 계속되었다. 연중행사인 여름축제가 열리자 '공원에서 화기를 사용한다' '주류 판매를 해도 되는 것이냐'며 민원을 넣었다. 그때마다 시는 학교 측에 '이런 식의 사용은 곤란하다'고 반복했다. 예전부터 해 온(≒묵인되어 온) 것이 별안간 학교의 횡포인 듯 비난했다. 고병기 교장은 '못마땅' 했지만 강하게 대처하지는 않았다. 연중행사인 운동회와 바자회를 앞두고 있었기 때문이다. 운동회 때는 학부모들이 길가에 주차 한 것을 아파트주민이 경찰에 신고해 순찰차가 출동하는 소동이 벌어졌다. 그리고 어머니회 연중행사인 바자회 때도 시청에 민원이 들어왔다.

교토 시 담당자가 학교로 찾아온 것은 바자회 3일 전인 10월 29일이었다. 이미 불고기와 야키소바를 만들 재료도 구입해 놓은 상황이었다. 시청담당자는 "운동회 때도 '불법주차가 많았다'는 민원이 들어왔다."며 학교 측에 대책을 요구했다. 바자회 전단지 내용에 대해 항의하는 민원도 있었다. 인근의 김치가게에 붙여놓은 안내 전단지에 바자회장소를 '칸진바시 공원'이 아닌 '운동장'으로 쓴 것을 문제 삼은 것이었다.

"지적을 받은 결례는 진심으로 면목 없는 일이라고 생각했어요." 박정임은 말한다. "행사 전 인사와 초대알림도, '작년에도 했으니까 올해도' 이런 기분으로 준비했을 거예요. 선배 어머니들의 노력으로 얻은 지역주민들의 '이해'를, 무심코 늘 그래왔던 '당연한' 것으로 받아들인 안이함이 있었다고 생각해요."

박정임은 곧바로 어머니회 회의를 열어 대책을 의논했다. 이제까지 해왔던 방식으로는 통하지 않는 현실을 인지하고, 관계개선을 목표로 노력해나가자고 의견이 모아졌다. '지역에서 인정하는 학교가 되어야 한다.' 인근주민들에게 일부 결례를 한 것을 사과하고, 바자회 행사 안내와 '꼭 놀러와 주시기 바랍니다'란 문구를 넣어 전단지를 만들었다.

'직접 지역사람들을 만나서 우리마음을 전달'하고 싶어서 이 지역에서 선출된 시의원과 함께 마을자치회 임원들과의 면담을 희망했다. 자치회회장과의 만남은 성사되지 않았지만, 시청과 경찰에 반복해서 민원을 넣은 인물이 사는 아파트관리인(자치회 부회장)과 만났다. "그 사람을 만나기 전에는 애들한테 '앞으로 그 아파트 앞은 지나다니면 안된다'고 말해야 되는 것 아닌가 싶었다."고 한 박정임이었지만, 부회장은 달랐다. 어른들의 결례를 지적하면서 이렇게 말했다. '이 아파트는 카모가와 강을 끼고 있어서 경관도 좋고, 환경이 좋다며 입주한다. 신흥주택가로 들어온다고 생각하는 신 주민들은, 자이니치가 많은 지역이라거나, 역사적인 경위라던가, 아무런 사전지식도 없다. 그러니까 이 공원과 학교의 모습을 보고 깜짝 놀라 반응을 하는 것도 어쩔 수 없는 부분이 있다. 오해와 편견 때문에 악감정을 품게 되는 경우도 있다.' 그리고 한 마디 덧붙였다. "노력하지 않으면 힘들어요."

공원에서 불고기(불을 사용) 금지, 흡연과 음주금지, 물품판매나 음식은 어디까지나 교내에서 한다. 노상주차는 절대불가. 학교 측도 공원사용 매너를 엄수하고, 바자회 수익의 일부를 공원재정비에 기부한다고 적은 전단을 해당 아파트에도 돌리고 무사히 바자회를 마쳤다.

매너에 대해 꼬투리를 잡힐만한 부분이 없었던 것은 아파트주민들에게 바자회에 대한 불만이 들어오지 않았음에서도 알 수 있다. 바자회가 끝난 뒤 지역에 인사를 다녔다. "가도 괜찮은 건지, 안 되는 건지 알 수 없었지만, '그래도 인사를 해야 된다'고 생각해 두세 명씩 조를 짜서 한 조가 두세 집을 돌았어요." 그러자 지역주민 몇 명은 바자회에도 오고, 물품 구입도 했다고 말했다. 어느 중년여성에게는 이런 말을 들었다. "이런 행사라면 무슨 문제가 있겠어요. 여러분 같은 어른들이 잘 처신해야 되요. 애들은 꼬박꼬박 인사 잘 하고, 착한 애들뿐이니까." 함께 있던 어머니 몇 명이 저도 모르게 소리 내어 울었다. "뭔지 모를 벽이 있었나 봐요. '떳떳하지 못함'이 아니라, '폐쇄감'이랄까. 반세기 이상이나 여기 살았는데, 지역주민으로 보지 않는 것 같아서 허무했어요. 우리가 공원을 쓰는 불만도,

항의가 계속되는 중에 열린 바자회는 대성공이었다. 그로부터 한 달 후 가두시위가 벌어졌다.(2009.11.01)

바로 옆인데 교토시를 통해 들어오잖아요. 바자회 전에 인근주민들과 만나는 것도 마치 시의원을 만나듯 절차를 밟아야 됐어요. 바짝 긴장했었다고 할까. 그래도 만나보니 그저 우리랑 같은 사람들이었죠. 같은 인간으로, 똑같은 눈높이에서, 연장자로서 우리를 나무라는 것이 기뻐서. 우리가, 어딘가 스스로를 한 단계 아래로 생각했던 것 아닌가. 학교문제뿐만이 아니예요. 자니이치들이 어딘가 부평초 신세 같다고 여기는 부분이 있으니까. 다 끝난 후에는 눈물이 났어요."

　앞으로의 목표가 보인 한 가지 사례였다. 지역사회는 타자들끼리 모여 사는 장소에 지나지 않는다. 작은 트러블이 있는 것은 당연하고, 그때마다 서로 대화해서, 서로에게 이해를 구해가는 것이 '공생'이자 인간관계, 사회의 '발전'이 아니겠나? 그런데 유독 조선학교에 대해서는 사소한 트러블이 학교존재에 대한 반감으로 팽창해 가는 것은 왜일까? '사람으로서 당연히 할 일을 하고, 서로를 받아들이는 과정을 축적해간다. 평범한 일상을 거듭하며 좀 더 지역으로 이해를 넓히고, 지역의 풍경에 녹아들어 지역과 공생하는 학교를 지향하자' 어머니들의 확인사항이었다. 이런 심정을 학부모와 학교관계자들에게 전하고, 인근주민과의 관계개선을 위해 결의를 새롭게 다지고 있던 차에 바로 그 혐오데모가 벌어졌다. 차별선동을 즐기는 습격자들을 이 지역으로 불러들인 사람은, 학교에 대한 항의를 반복하던 아파트주민 가운데 하나였다. 시청과 경찰에는 여러 차례나 민원을 넣는 한편으로 가까운 조선학교와의 대화는 거부했던 그 주민은 학교의 '공원점유'에 대해 재특회에 '항의활동'을 의뢰한 것이다.

습격의 주범은 이 협력자로부터 메일을 받은 일주일 후인 11월 19일, 공원과 학교를 답사한다. 축구골대와 조회대, 스피커를 확인하자 그 길로 교토 시 담당부서에도 찾아갔다. 그러나 실무담당자는 자리를 비운 상태였다. 그 자리에 있던 다른 직원이 24일에는 담당자가 나온다는 것과 공원사용에 대해서는 시와 학교 측이 협의 중이라는 것을 알렸다. 하지만 주범은 돌아오는 길에 습격일시를 정하고, 24일에는 '한 시민'이란 이름으로 시 담당자에게 학교의 공원사용에 관해 물었다. 그때 주범은 담당자로부터 학교 측이 이듬해 1월이나 2월에 철거를 약속한 것도 들었다. 쌍방이 협의를 하고 있다는 것을 확인했으면서, 예고영상대로 그들은 습격계획을 진행해 행동으로 옮겼다. 흔들리던 지역과의 관계를 다시 쌓고, 앞으로의 규칙에 대해 논의해 나가려고 다짐하자마자 '지역주민의 불만'을 명분으로 인종차별주의자들이 이 지역에 난입해 원하는 만큼 실컷 행패를 부린 것이다.

3. 습격직후의 혼란

"결국, 우리는 '바깥사람'이라는 거지."

"지금까지 쌓아왔던 것이 모두 무너져 내리는 느낌이었죠."

"그저 상실감이 들 뿐이었습니다."

"무력감이었죠."

"뭐라 해야 할까, 과거로 되돌아오고 말았어요."

 2009년 12월 4일, '재특회'와 '주권회' 멤버들의 최초 혐오데모가 완수된 그때로부터, 이후 며칠간을 어떻게 보냈는지 듣는 동안, 학부모들의 입을 통해 나온 말의 단편이다. 학교로 달려가 일방적인 욕설과 고함을 그저 듣고만 있어야 했던 이도 있는가 하면, 습격예고를 모른 채 집에 돌아온 아이에게 얘기를 듣거나, 울음을 멈추지 못하는 아이의 평소와 다른 모습에서 사건을 알게 된 이도 있다. 이런 분노와 어떻게 마주하고, 불안과 공포에 어떻게 대처했는지도 각양각색이다. 놓인 상황은 달랐어도 학부모와 교직원들에게 공통의 인식이 있었다. 결국 자신들은 외국인이고, 마이너리티라는 것. 소수자인 자신들이 더불어 살려는 노력을 해도 이 사회에서는 자신들을 같은 인간으로조차 보지 않는 이들이 분명히 존재한다는 것. 이 사회에서 그런 차별데모가 허가되고 경찰도 허용한다는 사실. 이 나라의 법 제도로는 그 추악한 차별데모를 막을 수 없을지도 모른다는 인식이었다.

 1952년 4월 28일, 샌프란시스코강화조약 발효(=일본의 주권회복)와 동시에 일본정부는 식민지시대에 조선인에게 강요했던 일본국적을 상실시켰다. 본인의 동의도, 국적 선택권도 무시한 조치였다. 그런 '이유'로 재일조선인은 전후 보상에서도, 대부분의 사회보장에서도 배제되었다. 그야말로 '과세는 있지만, 권리는 없음'이었다. 국제인권조약 비준에 떠밀려 재일조선인에 대한 사회보장 배제가 서서히 '철폐'되기 시작한 것은 1970년대 후반 이후의 일이다. 사회일반의 차별의식도 지금보다 훨씬 노골적이던 시대에 부모, 조부모가 당한 부조리를 여전히 보고 듣는 그, 그녀들은, 그럼에도 불구하고 이 사회에서 조선인으로 살아갈 동기부여를, 바꿔 말하면 자신과 사회에 대한 신뢰를 아이들에게 계승하려 했다. 이러한 사정, 이런 노력을 차별데모가 유린한 것이다.

어머니들의 심정

'그날'이 생일이었던 여자아이가 있다. 아이의 어머니 배귀자(1969년생)는 집에 돌아온 딸에게 얘기를 듣고 그때서야 사건에 대해 알게 되었다. "학교에서 전혀 연락이 없었기에 딸에게 듣고 학교로 문의했더니, 우리 딸 반 아이가 그들과 마주했고, 심상치 않은 상태라는 말을 들었어요."

그날의 차별데모는 21세기의 일본에서는 분명히 '뜻밖의 사건'이었다. 어떤 대응이 가능했을까는 결과론이라 할 수 있다. 하지만 부모입장에서 '아무런 안내가 없었다'는 것은 학교에 대한 불신이 깊어지기에 충분했다. 집에 돌아온 후에도 딸은 울음을 멈추지 않았고, '공원에 가는 것이 무섭다'는 말을 반복했다.

늦은 밤까지 딸을 달랬다던 배귀자의 이야기다. "어지간히 무서웠던 거죠. 우리 때도 애들 중에는 '조선으로 돌아가!'라고 하거나,

돌을 던지는 일은 있었지만, 상대가 같은 또래 아이들이었고, 되갚아주기도 했죠. 당시엔 가까이에 동포들이 많이 있었으니까. 지금은 드문드문 떨어져 사는데다, 상대가 어른들이잖아요. 애들을 상대로 그런 음험한 짓을 한 거니까요."

당시의 어머니들에게 얘기를 들은 것은 2013년 봄부터 여름에 걸쳐서이다. 사건으로부터 3년 반이 지난 시점에도 어머니회 중심인 한 어머니는 당시 학교의 대응에 분노를 감추지 않았다. "평소처럼 집에 돌아왔는데, 아이의 얘길 들어보니 '조선인'이 나쁘다고 말하는 이상한 사람들이 왔었다고. 학교에 연락해 보니 그런 사건이 있었다는 거예요. 도무지 이해할 수 없었죠. 그랬다면 왜 혼자서 집으로 돌아오게 했냐구요. 적어도 집단하교를 시키거나, '데리러 와 달라'고 했으면 좋았을 것을, 왜 그랬냐고 항의했죠. 나중에 동영상을 보니까 재특회가 돌아간 길과 통학로가 같았단 말이에요. 왜 연락을 안했느냐고요!"

그녀뿐만이 아니다. 고병기 교장에게 '부모들에게 왜 연락하지 않았느냐'고 항의한 어머니도 있었다. 경찰이 둘러싼 가운데 그렇게까지 가두시위가 벌어지리라고는 솔직히 학교 측으로서도 예상하지 못했을 것이다. 습격예고 통보만으로는 실제로 오지 않을 가능성도 있을 수 있다. 학부모들 사이에 불필요한 불안을 불러일으킬 일은 피하고 싶다는 생각이었다. 사건으로부터 3년 반이 지난 취재당시 대부분의 학부모들은, 학교 측의 대처가 옳고 그름을 떠나 학교 측의 판단은 취할 수 있는 선택지 가운데 하나였다고 인식했지만, 발생 직후에는 그런 얘기를 듣고 그냥 있었을 리 만무하다. 게다가 많은 학부모들이 1970년대부터 80년대에 걸쳐 조선학교, 특히 구제1초급에서 공부하고 놀았던 경험이 있다. 직접적이나 간접적으로 아이들이 느낀 공포를 구체적으로 상상할 수 있는 원체험을 갖고 있는 것이다.

그들 중에는 통학도중에 자신의 치마저고리 교복을 찢긴 경험을 떠올렸다고 말하는 어머니(1968년생)도 있었다. "중학교시절, 무슨 사건이 일어난 때였나, 통학전차에서 내렸는데, 어찌된 일인지 이 부분(허리 뒤쪽)이 펄럭펄럭 거린다 싶었죠. 살펴보니까 쭉욱 찢겨 있었어요. 겁이 나긴 했지만, 그때는 부모님이 '비싼 저고리가 왜 그리 쉽게 찢어지는 거야!'며 오히려 화를 내셨죠." 부모의 격한 반응은 일종의 위로이자, 저고리를 핑게 삼은 세심한 배려일 것이다.

음습한 폭력은 오래전부터 있었다. 하지만 '저지르는 쪽'도 아이를 겨냥한 행위에 뒤가 켕겼는지, 익명으로 몰래 저지른 범행이었다. 희희낙락거리며 차별을 즐기는 지금의 차별데모 참가자들과는 질이 다르다. 게다가 당시에는 학생들도 당하고만 있지는 않았다.

한 어머니(1969년생)는 이런 경험을 말했다. "버스통학 때 취객 같은 사람이 갑자기 손에 들고 있던 우산으로 동급생을 때린 적이 있어요. 그때도 버스기사와 주변에 있던 어른들이 본체만체했어요. 모르는 사람한테 별안간 폭력을 당하는 현실은 충격이었지만, 그래도 그때는 다들 가만있지 않았거든요. 같은 버스에 타고 있던 중고(교토 조선중고급학교)학생들이 그 남자를 붙잡고 다음 정류장에서 버스에서 끌어내 파출소로 끌고 갔죠."

통쾌한 이야기다. 더구나 학생들에게 그 '보고'를 들은 교사는 교토 시에 엄중 항의했다고 한다. 대의명분이 있다면 다소간의 실력행사에는 관대했던 시절의 이야기다. 지금 같으면 지체 없이 좋든 싫든 경찰이 개입하는데다, 동포커뮤니티에도 이제는 그럴만한 힘이 없을 것이다.

입을 열자마자 "우리 애가 재특회 일당의 접수창구였다니까요." 라며 웃었던 어머니(1967년생)도 있다. 범인이 자신의 아이한테 '이리 오라'는 말을 건 것을 그녀 나름의 농담으로 표현한 것이다. 자녀가 불특정 다수에게 여전히 적의의 대상이 되고 있는 불안감은, 농담으로 포장하지 않으면 말할 수 없는 것인지도 모른다. 그녀도 동영상을 처음으로 봤을 때는 자신도 모르게 눈물이 났다고 한다. "남편은 '보지 말라'고 했는데, 그 순간 더 이상 학교에 보내고 싶지 않았어요. 그때, '결국 객지살이다' '우린 일본에 살고 있는 조선인일 뿐'이라고, 그때가 처음일 정도로 그런 생각이 들었죠."

사건당일 교류수업을 위해 이 학교에 왔던 제2초급, 제3초급, 시가초급에서 온 각 학교 초급학생들은 올 때와 마찬가지로 인솔교사와 함께 돌아갔지만, 상상을 초월하는 차별데모가 가져온 혼란 때문에, 제1초급은 아이들의 하교까지 신경 쓰지 못했을 것이다. 아이들은 잠시 대기한 후에 평소대로 하교했다. 그러나 학부모들이 이 일을 납득할 리가 없다. 조선학교에 자녀를 보내는 일로 애초에 '위험'에 관한 반사 신경이 이미 연마되어 있는 것이다.

저녁 무렵, 학교에는 학부모들의 문의전화가 빗발쳤다. 학부모회 임원들에게도 전화가 걸려왔다. 어머니회 회장 박정임은 연달아 걸려오는 전화를 받으며 엄청난 사태가 벌어지고 말았다는 것을 실감하고, 자신의 대처를 끝없이 책망했다. 거기 밖에는 화를 표현할 곳이 없었던 것이다.

그녀가 떠올린 것은 자신의 어린 시절 경험이었다. 이사를 거듭했지만 대부분은 동포들이 비교적 많은 지역이었다. 유치원부터 조선학교에 다녔고, 생활의 대부분을 동포 속에서 보내온 박정임이지만, 학교와 집을 오가는 사이 인근에 사는 짓궂은 아이들의 표적이 되었다. 가장 선명한 기억은 초급 4학년부터 6학년까지 2년간 살았던 카미가모^{上賀茂}(교토 시 북부)에서의 체험이라고 했다. 그곳은 카모가와^{賀茂川} 강의 모래채취산업이 조선인 노동자를 흡수하고 있던 지역이다. 교토 시에서 도시형성과 조선인과의 관계를 연구하는 다카노 아키오^{高野昭雄}의 설명에 의하면, 카미가모 지역에 식민지출신자가 늘어났던 큰 원인은 그 밖에도 있었다. 그중 하나는 절임장아찌의 재료가 되는 교토 특산채소 '스구키나^{すぐき菜}'이다. 카미가모 지역은 스구키나의 대규모 재배지였는데, 대량으로 쓴 퇴비원료인 분뇨운반에 조선인들이 종사했다.

"밖에서 놀 때는 주변에 사는 (일본)애들과 함께 놀았는데, 싸움이 나면 '조-센, 조-센(조선인을 얕잡아 부른 표현)'이란 말을 들었고, 언제나 그 이유로 따돌림 당하고, 그걸로 관계가 끝나 버렸죠."

사실 그녀를 '조-센'이라 놀려댄 아이들 중에는 그렇게 함으로써 자신의 민족성을 부정하고 일본인에 가까워지려한 동포아이도 있었다. "그땐 너무 화가 나서 일본아이와 맞붙어 싸웠는데, 이후로는 전혀 놀지 않게 됐죠. 그런데 어느 날, 여동생과 둘이서 조선학교 교복을 입고 걸어가는데, 그 남자애들이 뒤따라 와서 '조-센!' 하고 말하기가 무섭게 가방을 움켜잡고 뒤로 넘어뜨렸어요, 나동그라진 여동생 얼굴에 침을 퉤 뱉었죠. 난 그 애를 뒤쫓아 가서 타고 있던 자전거 채로 넘어뜨린 다음 마구 때려줬어요(웃음)." 자신의 피차별 체험을 웃으면서 재미난 얘기처럼 말한다. 사건을 취재하는 동안 스스로의 피차별 체험을 해학까지 곁들여 얘기하는 이들을 여러 차례 만났다. 거기에는 원래는 떠올리고 싶지도 않은 이런 체험을 대상화할 수 있는 스스로를 확인하고 싶은 심정도 있을지 모른다.

당하면 되갚아 주었던 박정임이었다. 그것이 그 아이들 눈에는 '괴롭히는 보람'이 있는 '여자아이'로 비춰졌던 것 같다. 괴롭힘은 집요했다. '조-센, 저리 꺼져'란 말은 일상다반사였다. 어느 날은 가방에 넣어 둔 주판을 등 뒤에서 끄집어내더니, '조-센'이라는 욕설과 함께 머리를 맞은 적도 있다. "그런 기억이 있어서, 지금까지도 계속, 뭐랄까, 소외감이라 할까. 하여튼 괴롭힘을 당하는 내용이 그런 것들이라……조선인을 싫어하는 사람도 있구나, 그런 생각을 했었죠." 약간 허스키에 울림 좋은 목소리로 호쾌하게 웃으며 얘기하는 박정임이 이때는 애서 억누른 목소리로 들릴 듯 말 듯 말했다.

그런 그녀가 '조선'으로 점철된 차별의식, 혹은 부정적인 이미지를 조금씩 도려내 갔던 곳이 조선학교였다. "칠판에 선생님이 '조선'을 히라가나와 한글과 한자로 쓰고, '아침이 아름다운 나라'라고 설명하셨어요. 그리고 풍금을 치며 노래를 불러주셨죠. 조선이라는 글자가 빛나 보였어요." 나중에 교토 조선가무단에 들어가 가수로 활약하게 되는 박정임의 원점은 어쩌면 그때의 감동이었는지도 모른다.

'이지메'가 아닌 형태로 일본인과 인연을 맺은 것은 결혼과 출산이후였다. 짧은 기간이었지만, 두 아이를 일본보육원에 맡겼을 때일이다. 자신의 아이에게 일본인 보육사가 이유식을 먹이는 광경을 보고는 문득 깨달았다. "'함께 살아가는 것'이란 생각이 들었어요. 집주지역에서 자랐고, 조선학교 출신이잖아요. 어릴 적 경험 탓에 일본인을 경계한 부분이 있었는데, '꽤나 좋은 사람들이 많지 않은가' 싶어서.(웃음) 그때 처음으로, 내가 '자이니치'의 부모가 되었다는 생각이 들었어요." 지금도 그 당시 보육원의 보육사들과 가깝게 지낸다. 때문에 사건 후에도 자신의 아이에게는 '일본사람은' 이 아니라, '어디까지나 사람으로서 대하라'고 타일러왔다.

'자이니치'로서, 즉 단순히 타향에 살고 있는 조선인이 아닌, 일본에서 태어나고, 일본에서 자라, 일본사회에 뿌리내린 조선인으로 지역사회에서 살아가는 가운데, 일본인과 일본사회에 대한 경계심이 마음 깊은 곳에 잠재해 있었다. '번거로운 일'을 여러 차례 경험하면서, 그래도 노력하며 자신과 일본사회에 대한 신뢰를 쌓아왔다. 그것을 뿌리 채 파괴하려한 것이 습격사건이었다. 아이가 다니는 학교를, 조선학교라는 소중한 보물을 공격당한 분노와 억울함, 슬픔, 그리고 무력감. 하지만 그것들을 어디에 표출해야 좋은가? 이런 생각들이 끝없이 반복되었고, 그 화살은 '자신의 안이함'으로 향했다. 법도, 양식도, 이런 상황을 대처할 수 없었다고 한다면, 자신을 책망하는 일 밖에 남아있지 않았다.

상실감

가두시위가 있은 후 이시즈카 신이치 변호사와 함께 습격자들의 행위를 일본 법률에 비춰 범죄임을 설명했던 이는 학부모 중 한 사람인 형법학자 김상균이었다. 오랜 시간에 걸쳐 쏟아지는 욕설을 들으며, 김상균 스스로도 아무 말조차 할 수 없었다. 그럼에도 그때 학교 1층을 가득 메우고 있던 침묵을 깨뜨려야겠다고 스스로를 북돋운 것이다.

집에 돌아온 후 김상균이 느낀 것은 '상실감'이었다. 35년 전의 피차별경험이 떠올랐다. "소학교 2학년이 되었을 때였나, 1층 복도에서 바깥으로 잠깐 나갔을 때 5명 정도 되는 애들에게 둘러싸였죠. 저는 그 당시 통명으로 가네시로金城 라는 성을 썼어요. '가네시로, 너 총코 맞지? 총코는 대나무를 먹는다며? 넌 총코니까 알 거 아냐.' 하더군요. 소학교 2학년이라도 금방 알죠. '가네시로'라 불렀지만 성씨에 '金'자가 붙어있으면 그것만으로도 조선인이란 걸 아는 거죠. 아마도 집에서 어른들이 하는 얘길 들었겠지만."

대나무는 아마도 김치를 말하는 것이다. 아이들 얘기는 어쩌면 김치는 인간이 먹는 것이 아니라는 의미였다. 김치를 먹는 자는 같은 인간이 아니다. 대등한 인간이 아니다. 조선인은 한 단계나 두 단계는 열등한 존재다.— 유소년기에 수없이 들었던 말이, 그날 낮에 고통스럽게 들었던 온갖 욕설로 링크되었다. 과거로 끌려간 것이다.

"그 당시 나는 내 이름이 몹시 나쁜 것이고, 내 출신이 굉장히 부끄러운 것이라고 생각했어요. 뭐랄까, 긍정적으로 봐줄 수 없는 존재라는 식으로 믿게 돼버렸죠. 그땐 맞붙어 싸우기도 했는데, 그건 그런 소릴 듣고 공격을 당했으니까 싸움이 난 것이고, 딱히 자신의 출신을 지키기 위해서라든가, 이름을 지키려고 싸운다고는 도무지 생각할 수 없어서. 그 뒤로도 긍정적으로 생각할 수 있는 실제체험은 없었어요. 한국, 조선의 이야기가 학교 사회교과서에 나오면 어린 마음에 상당히 겁을 먹고 말았죠. 어쩐지 '들켜버리는 게 아닌가' 하고."

김상균은 1967년생으로는 흔치않은 자이니치 2세다. 부모님은 제주도 출신이어서 집안에서 두 분이 대화할 때는 조선말을 썼다. 자연히 조선의 문화에 접할 기회도 많았다. "지금도 성인이 될 때까지 자기가 조선인이란 걸 모르는 아이가 있기도 하지만, 그런 의미에선 내가 조선인이란 걸 숨길 도리가 없었던 데다, 부모님도 그렇다고 하셨죠." 민족학교에 다닐 기회는 없었지만, 조선학교 학생들이 긴 방학 동안에 자신의 동네에서 여는 우리말교실인 '어린이 서당'에 참가하기도 했다. 하지만 자기긍정감과는 거리가 먼 일상이었다고 한다. "밖에서는 조선인이란 것을 숨기는 것이 당연했어요." 그러는 동안 처음으로 외국인등록도 했다. 기억에 남아있는 것은 '잠재적 범죄자' 취급을 호도하는 것 같았던 공무원의 정중함이었다. "구두약 같은 것을 손가락에 칠하더니 꾹 눌러 찍더군요. 그게 참, 재밌는 게, 이렇게(날인) 한 다음에 관공서 사람이 깨끗하게 손을 닦아주는 겁니다. '이 사람, 왜 이렇게 친절하게 손을 닦아주나' 했어요, 뭔가 이상한 기분이었죠."

한 동네 아이들이 다음 학년으로 그대로 올라간다. 사립이라고는 하지만, 고등학교에서도 출신은 '드러나' 있었고, 민족차별이 그림자처럼 따라다녔다. 출신을 조롱당해 여러 차례 치고받는 싸움을 했다. 복싱을 시작한 것도 고교시절이다. '복싱으로 먹고살고 싶다'고 말할 정도로 열심히 했다. 지금도 주먹 곳곳에 꽹이가 굳어져 두툼하다. 지금은 대학교수지만, 젊은 시절엔 상당히 공격적인 시기도 있었다고 한다.

"그러다가, 이렇게 사는 것이 참 싫어졌죠. 만약 대학에 들어간다면, 이건(통명 사용) 그만두어야겠다고 생각했어요." 대학입학 때, 마침내 통명으로 쓴 '가네시로'를 버렸다. "처음 대학에 갔을 때, '김상균'이 되었는데, 익숙지가 않은 거예요. 어쩐지 이상한 느낌이었지만, 확실히 후련했어요. 본명으로 입학했으니까, 이제는 숨기던 것을 들킬 이유도 없고. 그것 때문에 무슨 일이 생기더라도 '나중 일은 내 알 게 뭐냐, 될 대로 되라'고 생각했죠."

대학시절은 유학동(재일본조선유학생동맹)에 들어갔다. 거기서 조선의 말과 역사, 그리고 문화를 배웠다. 같은 세대 동포들과 때로는 밤을 새워 얘기를 주고받으면서, 앞으로도 조선인으로서 살아갈 각오와 동기를 조금씩 축적해왔다. '이제는 자기 긍정감이 생겼느냐?'고 물으니 잠깐 사이를 두고 답했다. "'네, 그렇습니다'라곤 말 못해요. 오래전 배양된 부정적인 생각은, 어떤 계기가 생기면 다시 나타나요. 완벽한 자기 긍정감 같은 건 가질 수 없는 거죠. 아니, 어쩌면 '불가능'한 것 아닐는지."

유소년기의 피차별 경험, 통명으로 살아온 경험의 영향은 크다. '동화냐 배제냐'를 언제나 강요하는 일본사회는 마이너리티에게는 그만큼 억압적이다.

김상균도 그의 배우자도 조선학교에서 공부한 경험이 없다. 그럼에도 아이들을 조선학교에 보낸 것도 '불필요한 것'을 의식하지 않고 살길 바라는 마음이다. 조선인이란 것을 부정적으로 받아들이지 않고 자라는 것. 아직도 굴절을 껴안은 자신과는 다른 어린 시절을 아이들에게 안겨주고 싶은 심정이었다. "우리한텐 '실험'입니다."라고 말하는 김상균. 네 명의 자녀는 모두 조선학교에 다닌다.

"당연한 일처럼 조선학교에 다니고, 조선인이란 것에 아무 갈등도 없이 쑥쑥 자라는 것이 약간 불만이긴 하지요. '이렇게 해도 괜찮은 건가' 싶기도 하고." 그렇게 말하면서도 눈은 웃고 있다.

그것은 김상균 자신에게는 민족교육이기도 하다. "저 같은 경우는, 절반은 나를 위해서입니다. 늘 의식을 북돋워 동기부여를 하고 싶은 마음이죠." 아버지회 임원으로 학교운영과 행사지원에 열심인 것도 그에게는 어떤 의미로 '다시 사는' 것이었다. 그렇기 때문에 그 궤적을 뿌리째 뽑아내려 한 혐오데모의 피해는 컸다.

"일본사회의 구성원으로 우리도 지금까지 다양한 형태로 노력해 왔다고 생각해요. 일본사회도 1990년대부터 '다문화공생'이란 말도 나오기 시작했고, 조선학교에 대한 차별조치도 느리긴 하지만 개선돼 갔죠. 그런데 그 가두시위는 내가 이 사회에 대해 갖고 있는, 갖고 있다기보다는 축적해 온 감각, 인식을 뿌리째 뽑고 말았어요. 소학교 시절에 들어야했던 차별어가 되살아나서 그때 경험으로 되돌아갔죠. 노력해서 쌓아온 것을, 그 시위가 '와르르' 무너뜨리고 말았어요. '너흰, 구석으로 다녀' 라거나 '약속은 인간들끼리 하는 거야, 조선인하곤 약속이 성립되지 않아'라는, 같은 인간이 아니라는 말을 들은 겁니다. 머릿속이 새하얘졌죠. 말 그대로 '상실감'이었어요."

흔들리는 신뢰

습격사건이 있은 날, 제1초급에는 교류수업을 위해 제2초급, 제3초급, 그리고 시가초급 학생들도 와 있었다. 차별 가두시위를 직접 눈으로 본 아이들은 거의 없었지만, 대부분은 학교에서 일어난 이변, 혹은 사태의 일말을 당연히 감지하고 있었다.

예정보다 조금 늦게 학교를 출발한 시가초급의 스쿨버스 안에서 이 학교 교사 정상근은 아이들에게 말했다. "이미 알고 있는 사람도 있을지 모르겠는데, 이상한 사람들이 학교에 찾아왔지만 함께 학교를 지켜냈습니다. 앞으로도 학교를 지킬 거예요." 그리고 아이들에게 물었다.

"다들 주위에 있는 일본인 가운데 그런 사람이 있습니까?"

"없어요."

"그렇지요. 그런 사람은 일부예요. 앞으로도 일본사람들과 사이 좋게 지내기로 해요."

"네~!"

밝은 목소리에 안심이 되었다. '주눅들지 않고, 더욱 당당하고 긍정적으로 자기주장을 하는 아이들로 키워나가자. 그러기 위해서는 지역에 뿌리내리고 깊은 교류를 통해 차별문제가 발생하면 그때마다 서로 대화해서 해결해 나가자' 정상근의 신념이었다. 그의 이런 도전에 오물을 끼없은 것이 그 차별 가두시위였다.

정상근은 지금의 시가 현 다카시마시高島市에서 태어나 중학교까지는 일본학교에 다니고, 고교부터 교토 조선중고급학교 고급부에 진학했다. 애초부터 장래선택지에 조선학교의 교사는 없었다. "요즘 교원이 되려고 하는 젊은이들과 얘기해보면, 나는 전혀 의지가 없었다는 생각이 들지요. 저는 수준이 낮았어요.(웃음)"

고교에서 조선대학교로 진학한 후 학교교원을 양성하는 사범교육학부에 들어갔다. "어쩌면 수급균형의 문제였을 겁니다, 이따금씩 교원이 되라는 추천을 받았지만, 솔직히 내키지 않았습니다. 교직에 안 좋은 감정을 가졌던 것은 아닙니다. 그 반대지요. 적어도 내가 접한 교사들은 인간적으로 훌륭하신 분들이었어요. 나와는 동떨어진 존재라고 생각한 거죠. 그래서 나한테는 교사가 무리라고, 맞지 않는다고 생각한 겁니다."

교육실습은 니가타에서 했는데, 중급1학년 반에 배정되었다. 담임은 30대 중반의 중견급 여성교원이었다. "실습이긴 했지만, 담임이 이래라 저래라 시키기보다, 원하는 대로 해 보라고 하셨죠." 라며 당시를 떠올렸다. 그러던 어느 날, "오늘은 가정방문을 나간다고 해서 따라 나섰어요." 중1 남학생이 아래로 두 동생을 둔 삼형제인데, 어떤 사정이 있는지 부자가정이었고, 아버지는 돈을 벌기 위해 집을 떠나 있어서 장남이 밑에 동생 둘을 보살피고 있는 집이었다.

집안으로 들어갔다. 최근의 집안상황 같은 걸 묻겠거니 생각했는데, 그 담임은 갑자기 앞치마를 걸치고 머리를 뒤로 묶었다. 쌓여 있던 빨랫감을 세탁해서 널고, 간단히 방청소를 하고 나자, 사들고 온 야채와 고기를 들고 부엌으로 들어가 재료들을 썰어서 냄비에 넣고 볶기 시작했다. 카레를 만드는 것이었다. 실습생인 정상근에게는 어떤 상황인지 이해가 되지 않았다. "저 사람이 대체 뭘 하고 있는 건가 싶었어요. 그리고는 카레가 완성되자 앉은뱅이 상에 둘러앉아 함께 먹었죠. 식사가 끝나자 설거지를 했고, 뒷정리가 끝나자 곧바로 '이제, 갑시다.' 하는 거예요. 가정방문인데 그게 다였죠. 아무 얘기도 하지 않았어요. 그 모습이 너무 자연스러웠죠, 아무런 위화감도 없었어요. 저는요, 정말 너무 단순하게, 이런 사람이 되고 싶다, 교사가 되기 이전에, 그냥 이런 사람이 되어야겠다고 다짐했어요." 그 이후 줄곧 조선학교 교사로 근무해 왔다.

교토에서 시가로 돌아오는 버스에서 뿐만 아니라, 다음날도 학생들에게 습격사건에 관한 비슷한 설명을 한 뒤 교사들과 모임을 갖고 마음가짐을 서로 확인했다. "공포감에서는 아이들을 지켰다고 생각합니다. 오히려 아이들에게는 '그런 사건이 있었지만, 어른들이 지켜주었다'는 안도감이 생기지 않았을까 생각해요." 그러면서도 이렇게 말했다. "이번 교류수업에 참가했던 고학년 아이들은 2년 전 '그 사건'을 경험했습니다. 안타까운 일이지만, 아이들도 우리와 마찬가지로 '소동'에 대한 면역이 생겼는지도 모릅니다."

'그 사건'이란 앞서 말한 2007년에 오사카 부. 경찰이 시가초급에 대규모수색을 벌인 사건이다. "당시 우리학교는 중급부가 없어지고, 초급부 하나로 축소된 뒤였어요. 웬일인지 이 시기의 부모들은 모두 3세들만 있었는데, 이러나 저러나 매일반 인 듯 학교역사에 고집스럽지 않았죠. (중급부 폐지의)무력감을 계속 느끼면서 새로운 시스템을 도입해 아버지회나 어머니회를 활성화 시키려 했어요."

그 와중에 벌어진 강제수사였다. 직접적인 피의자가 아닌 학교를 기동대원들이 둘러쌌고, 흙발로 '가택수색'에 들어왔다. '정치적 목적이 의심되는' 인권침해라며 나중에 일본변호사연합회가 오사카부경에 우쓰노미야 겐지宇都宮健児 회장 명의로 경고장을 보냈을 만큼 무리한 수사였다. 시민들의 비판이 쏟아졌고, 3일후 학교 맨위층 강당에서 열린 집회에는 600명이나 되는 참가자—이 가운데 약 30%는 조선학교와는 직접적인 관계가 없는 일본인이었다—들로 넘쳤다. 어머니들은 연일 오사카 부 경찰청에 항의행동을 펼쳤고, 이 지역의 역 앞에서도 전단지를 배포했다.

"그러는 동안에 '조선학교에 아이를 보낸다는 것은 어떤 의미일까' '이 일본 땅에서 조선인으로 살아간다는 것은 어떤 의미일까'를 깊이 고민하게 된 거죠. 그 사건이 확고한 투쟁의 실천경험이 돼서 '학교를 지키겠다'는 마음이 다져진 겁니다. 그 당시 졸업생 6명이 올봄 조선고교를 졸업했는데, 그 가운데 두 명이 '법치국가에서 싸우기 위해서는 지식과 권리로서 법률을 이용할 필요가 있다'며 법과에 들어갔어요." 정상근은 덧붙여 말했다. "하지만요, 난 개인적으로 이렇게 생각해요. 1세, 2세, 그리고 우리세대는 결국 일본사회에서 차별을 겪으며 민족적 자각이 생겨났어요. 저는요, 피차별 경험으로 정체성이 구축되는 것에는 절대 반대합니다. 비뚤어졌다고까지 생각해요. 부정적인 빛의 유산을 재생산해 나가는 시대는 우리시대에서 끝내야만 해요. 차별이 없는 곳에서 서로를 긍정하고, 인정하고, 거기서 정체성을 키우는 것이 이상적이라 생각해 노력해 왔죠."

정상근의 그런 신념은 2006년부터 매년 학교에서 열어온 축제 <우리학교 마당>에 잘 드러난다. '우리학교'는 말할 것도 없이 재일조선인이 빼앗겼던 말과 문화를 되찾기 위해 만들어진 교육기관이다. 그러나 시가초급에서는 지역의 브라질인 학교나 부락해방운동 멤버들도 축제 때 우리학교에 부스를 차리고 교류를 쌓아왔다. '우리'를 조선인 동포들뿐 아니라 지역 사람들의 '우리'로 확대해 간다. 특정의 속성을 넘어 우리가 사는 마을에 있는 '우리학교'를 목표로 한 것이다. '다양한 사람들과 만나고, 친해지고, 즐기자' 너무 심플하다 싶을 정도의 축제테마는, 누구보다도 그 소중함과 어려움을 잘 알고 있기 때문이다. 당초에는 학부모들 사이에 의견을 달리하는 이도 있었지만, 비슷한 처지의 사람들끼리 서로의 발전을 위해서라도 지역에 완전 개방된 존재이고 싶다는 정상근의 생각을 알아주는 사람들이 늘어나 축제가 정착되었다. 정상근에게 그 방향성에 대한 망설임은 없다. 하지만 때때로 추한 현실에 맞닥뜨린다.

"2007년에 그 사건을 겪은 이후, 2009년의 습격사건도 포함한 흐름은, 결과적으로 제가 해왔던 것과 반대가 되어버린 거죠…제 생각이 짧았을까요…."

학교에서는 어디까지나 함께 사회를 만드는 파트너로서 일본인의 존재를 가르치며, 교류를 진행하고 있다. 이런 교육실천은 시

창립60주년 공개수업에는 일반참가자도 다수 방문했다. 공개도가 높다는 것은 주위의 시선을 의식할 수밖에 없는 처지가 배경에 있다(제1초급 당시). (2006.10.07.)

가 현 전체적으로 인권교육의 선진 예로서 높이 평가하고 있다. 물론 교류를 하다보면 무심코 튀어나오는 행동도 보게 된다. 그런 사람조차도 느끼지 못했던 차별의식에 아이들이 직면하는 경우도 있다. 소통을 하다보면 트러블이 생길 때도 있는 반면, 교류를 통해 얻은 사회에 대한 신뢰감이 학교 밖에서 만나는 차별사건으로 흔들릴 때도 있었다. 그런 괴리는 구체적인 사건이 일어날 때마다 대화하고, 서로 납득과 이해를 바탕으로 해결해 왔다. 그것이 정상근의 인간에 대한 신뢰감이었다. 그런 상황에서 그 가두시위가 발생했다. 몇 번이나 들어야 했던 '불령선인'이란 단어에, 식민지시대 선조들의 기억을 나눠 가지게 된 것은 앞서 말한 대로다. 그것은 100년이 지나도 변하지 않은 이 사회의 본성을 직면하는 경험이기도 했다. 세대를 넘어 '과거로 되돌려진 것'이다.

정상근의 이야기를 들었던 곳은 시가초급학교 교장실이었다. 대화 중 북받쳐 오르는 울분에 몇 번이나 말을 잇지 못했던 정상근의 마음속에는, 사건 직후의 '상실감'과 '무력감'이 아직도 통증을 일으키는 것 같았다. 그럼에도 정상근은 명쾌하게 단언했다. "그건 일본사회의 극히 일부예요. 우리는 그것과는 다른 또 하나의 지원이 확산되어 갈 것을 믿고 갈 수밖에 없어요. 오히려 지금(2013년 여름)으로선 '그까짓 것!' '따끔한 맛을 보여 주겠다'는 심정입니다."

아이들이 입은 마음의 상처

'상실감' '무력감' '절망감' '과거로 끌려간 느낌'―. 증오데모가 도려낸 마음의 상처 때문에 어른들이 괴로워하는 한편으로, 언제

터질지 모를 상처를 입은 이들이 바로 조선학교에 다니는 아이들이었다. 이날을 기점으로 이미 증상이 끝나 있을법한 *소아 야제증(밤이 되면 불안해하며 발작적으로 우는 증상)이나 야뇨증이 다시 시작된 아이도 있었다. '공원에 가고 싶지 않다'며 울음을 터뜨리는 아이도 있다. 습격자들을 연상시키는 작업복 차림의 성인을 두려워하고, 파지회수나 폐품회수 확성기 소리에 '재특회가 왔다'며 패닉증상을 보이는 아이도 있었다. 혼자서는 집에 있지 못하게 된 아이도 있다. '괜찮아' '별 거 아냐'라며 일부러 다부지게 행동하는 아이도 있었지만, 거기에 일종의 '현실 부정'이 없다고 단언할 수 있을까. 일본학교라면 틀림없이 심리상담사가 배치되는 경우일 것이다. 하

습격이 있기 약 1개월 전 수업참관. 공격당한 것은 이런 일상이었다(제1초급 당시 2009. 11.01)

지만 평소에는 '다문화공생' '국제이해교육'을 말하는 교토 시와 시교육위원회로부터 심리상담 전문가파견에 관한 문의는 일절 없었다. 조선학교만 고교무상화 정책에서 배제되고, 잇따른 지자체들의 교육보조금이 정지·폐지되는 움직임에 탄력을 받은 듯, 최근에는 *어린이방범부저 배포를 일시 취소(도쿄 마치다町田 시 교육위원회가 2004년부터 지역 내 소학교 신입생들의 안전을 위해 무료 배포해 왔는데, 2013년 2월 니시도쿄 조선제2유초중급 신입생 45명의 방범부저 신청을 북한과의 긴장상태를 이유로 거부, 2개월 후 재개_역주)했을 정도로 첨예화된 조선학교 차별이 여기에서도 드러난다. 특별조치가 필요한 비상사태일수록, 외국인학교이자 조선학교라서 감내해야 하는 공적지원 없음이 노골화 된다. 이런 빈 곳을 메꾸는 것이 교사의 과중노동과 학부모들의 무상노동이다.

습격사건이 있은 며칠 후 박정임은 인터넷에 올라온 동영상을 보았다. 차창 밖으로 들려왔던 그때 소음은 무엇이었을까? 그날 무슨 일이 벌어졌는지 알고 싶었다. 화면에 나온 장면은 믿기 힘든 광경이었다. 차별용어와 고함소리, 귀를 찢을 듯 울리는 금속성 하울링—. 이내 맥박이 요동치기 시작했다. 자궁을 비틀어 짜는 통증과 함께 토할 것 같았다고 한다. 자신과 자신의 부모, 조부모가 들어왔던 더러운 욕설이, 자신들의 미래인 4세, 5세 아이들에게 퍼부어지고 있었다. 습격자들을 방치하고만 있는 경찰관들. 말없이 그저 참고 있을 수밖에 없는 교사나 학부모, 그리고 졸업생들. 낯익은 얼굴들도 보였다. 가슴이 미어지는 심정이었다. 몇 번이나 화면을 향해 '이제 그만해, 제발 그만하라고…'라는 말을 반복했다.

그 순간 딸이 방안으로 들어왔다. 당시 3층 강당에 있던 딸은 이 사태를 자세히는 알지 못했다. 박정임은 그날 벌어진 일을 설명해주고, 일부러 습격영상을 딸과 함께 보았다. 안전과 고통을 동시에 저울에 올려놓고 생각해보자는 판단이었다. "보여주고 싶지 않았지만, 이것이 현실이라고. 사실, 조선인이라는 것이 위험으로 연결된다는 말 따위 하고 싶지 않았죠. 그렇지만, 그 얘기를 안 해줬던 것도 '안이함'이었을지 모른다는 생각이 들었어요. 내 생각만큼 이 사회가 조선인을 받아들이지 않고 있음은 물론이거니와, 일본인은 그리 다정한 사람들이 아니라고 생각했으니까⋯."

딸한테서 질문이 쏟아졌다. '조선 사람이 나쁜 거야?' '왜 그 사람들이 화를 내?' '어디로 돌아가라는 거야?' '또 오는 거야?'—.

"일본에는 조선 사람을 안 좋아하는 사람도 있어. 그 사람들은 바로 그런 사람들이야." 솔직하고, 신중하게 답해줬지만 마지막 질문에는 대답할 수 없었다. '또 다시 오는가, 그 물음만큼은, 알 수 없다'고 말할 수밖에 없었다. 나중에 어머니회에서 아이들에게 일어난 변화를 들었을 때도 정확한 문구는 달랐지만, 아이들이 어머니들에게 던진 질문은 똑같은 것들뿐이었다. 그 중에도 많았던 질문이 '조선 사람이 나쁜 거야?'였다.

"조선학교에서 배우고 있는, 특히 자이니치 4세, 5세 어린아이들은 '조선'이란 단어에 차별적 악의를 담아 '조—센'이라 말하는 쓰임이 있다는 걸 전혀 알지 못해요. 어머니들은 뭐라고 설명해야 좋을지 괴로워했어요. '조센징'이라는 말을 차별적인 의미로 쓰는 사람이 있다는 걸 설명해줘야 되는 것 아니냐고. 실제론 그런 걸 가르쳐주고 싶지 않죠. 그렇기 때문에 통학 길도 멀고, 수업료도 비싸고, 설비도 일본학교에 비해 좋지 않고, 무슨 일이 생길 때마다 안심과 안전에 대한 불안이 따라다녀도, 그래서 더욱 부모들이 아이들을 조선학교에 보내는 겁니다. 조선 사람으로서, 쓸데없는 것들을 의식할 필요 없이, 무럭무럭 자라주었으면 좋겠다고 생각하니까."

실제로 이런 심정으로 아이에게 조선학교에서 배울 수 있는 기회를 준 한 사람인 박정임도 사건직후에는 동네슈퍼에서 딸이 큰소리로 "엄마"하고 불렀을 때 등줄기가 서늘해졌다. 무심코 딸의 입을 막고 싶어졌다고 한다. "내 나라의 말을 일본사회 안에서 자연스럽게 쓰는 것. 이건 조선학교에 아이를 보냈을 때 바랐던 한 가지인데, 기쁨보다 먼저 공포가 생겼어요. 그 정도로 위축되어 있던 거죠. 그렇다고 밖에서는 '오까상(어머니)'이나 '마마(유아가 엄마를 부르는 애칭)'라 부르라고 할 수는 없죠. 제가 흔들리면 아이의 마음도 흔들린다고 생각하니까, 늘 갈등이 생겼죠."

'사건 당시'의 고통을 얘기하는 박정임(2013.10.07)

하룻밤이 지나고

학교는 다음날도 평상시대로 수업이 진행되었다. 고병기 교장은 사건 다음날 아침에 들어간 이과(과학)수업에서 느꼈던, 무어라 표현할 수 없이 경직된 분위기를 기억한다. "'어제는 좋지 않은 일이 있었지만, 함께 학교를 지켰어요. 다들 별 일 없나요?'하고 물었어요. 내 말에 얼마만큼의 힐링 효과가 있을지는 모르겠지만, 그래도 아무 일 없었던 것처럼 수업을 시작할 수는 없었으니까요."

교무주임이었던 김지성은 아이들에게 미칠 영향을 염려하고 있었다. "'조선 사람이라는 것이 잘못이 아니다. 당당하게 살아가라'고 늘 말해왔는데, 전부 뒤엎어버리는 말들을 그저 듣고만 있었던 상황이 벌어진 거니까. 말이라서 괜찮은 게 아닙니다. 말이기 때문에 상처가 남는 거죠. 다음날부터 기회가 있을 때마다 '너희들은 잘못이 없다' '학교에서 배우는 건 틀리지 않다'고 강조했습니다만, 앞으로 드러날 영향이 걱정입니다. 이 아이들이 어른이 되고, 부모가 됐을 때, 아무런 망설임 없이 자녀를 보낼 수 있는 우리학교인지 아닌지…."

원래는 고속도로 건설공사 때문에 교원 하나가 교문에서 경비를 서기로 되어 있었다. 그것만으로도 부담이 컸지만, 다음날부터는 아예 교원 한 사람을 순찰에 배치했다. 어머니회도 순찰을 도는 일에 참여했다. 첫 번째로 나선 이는 배귀자였다. '저야 뭐, 한가하니까'라며 본인은 웃었지만, 주위 사람들의 말은 달랐다. "'이제 더는 못 참아!' 하면서 굉장히 정신적으로 한계에 달해 있었죠."

학부모들의 불안에 박차를 가한 것이 동영상이었다. 듣기만 한 습격상황을 동영상이 구체적으로 보여주며 학부모들을 파고들었다. 하지만 영상을 본 것은 학부모들만이 아니었다. 박정임처럼 스스로 판단해 아이에게 보여준 이도 있으나, 아이들 대부분은 부모 손이 닿지 않는 곳에서 동영상을 보고 있었다. 어른들의 노력은 소용이 없었다.

공개된 영상이 부추긴 것일까, 일본인 시민들로부터 학교로 전화가 빗발쳤다. 격려하는 전화도 있었지만, 대부분은 말없이 전화를 끊거나, 다짜고짜 온갖 욕설을 퍼부었다. 욕을 퍼붓는 상대에게 반론해봐야 상황은 악화될 뿐이다. 그렇다고 상대가 누구인지도 알 수 없다. 그냥 전화를 끊어버려 화를 돋우었다가는 아이들에게 위해가 가해질지도 몰랐다. 하지만 대응에 신경을 쓰다보면 정작 아이들을 챙기지 못하게 된다. 한 때는 학교 전화선을 뽑고 모든 연락을 휴대전화로만 취할 정도였다. 그런데다 김지성을 비롯한 교원들을 괴롭힌 것은 학교주변에 찾아오는 재특회 관계자와 그 지지자들이었다. 반세기이상 '불법점거지'에 '진군'의 무대가 된 제1초급은 이미 재특회와 지원자들 사이에서는 '성지'가 되어 있었다. 학교주변에는 디지털비디오와 카메라를 든 수상한 이들이 빈번하게 배회했다. "마스크를 했거나 혹은 카메라를 학교로 향하고 있는 사람들은 가슴에 일장기 배지를 달고 있는 겁니다. 처음에는 인근주민들도 그들에게 주의를 주기도 했는데, 아이들에게 카메라를 향하지 말아달라고 하면 '찍기만 할 거야'라고 대꾸하니까 언쟁이 벌어지기도 했죠." 수상한 이들은 김지성이 메모한 것만으로도 12월 한 달 동안 7명이나 된다.

혼란 속에 열린 학부모 설명회

12월 8일, 고학년 학생들에게 정식으로 설명회가 열렸고, 같은 날 학부모들에게도 설명하는 자리를 만들었다. 고학년들의 설명회는 김지성이 담당했다. "공원을 운동장으로 사용해 온 경위와 인근지역과의 우호적인 역사를 얘기하고, 우리는 잘못이 없다고 설명했어요. 하지만 일방적으로 욕설을 듣고만 있었으니까. 아이들은 그 상황을 어떻게 생각했을지. 지금까지 배워온 것이 모두 부정당하는 꼴이 된 셈이었으니까요."

학부모들에 대한 설명회에서는 질타의 목소리가 이어졌다. 그렇지 않아도 조선학교에 보내는 일은 늘 '위험'이 따라다닌다. 대한항공기 폭파사건, 핵 의혹, 대포동미사일, 그리고 일본인납치문제…. 한반도를 둘러싼 문제가 보도될 때마다 여기에 편승한 불특정다수로부터 악의적인 피해를 당하는 것은 아이들이다. 그렇기 때문에 '학부모와 아이들에게 쓸데없는 심려를 끼쳐서는 안 된다'는 학교 측의 '배려'였으나, 생각지 못한 결과를 초래했다.

"예고를 했다면서!" "미리 알았다면 아버지, 어머니들이 번갈아 경비를 섰을 거 아냐!" "결국, 부모가 애들을 지킬 수밖에 없잖아!" 학부모들의 분노는 진정되지 않았다. "그들이 처음 말을 건 남자애가 우리 아들이라구요!" 아이 어머니는 울며 항의했다.

교사 정유희의 말이다. "부모들에게 말하는 편이 좋지 않겠냐는 의견도 있었지만, 올지 안 올지도 모르는 단계에서 걱정을 끼칠 일은 아니라는 의견도 있어서…. 결과적으로 그 때문에 교사와 학부모 사이가 껄끄러웠던 시기도 있었어요."

향할 곳이 없었던 분노가 교사들에게 향했다. 이후 이런 상태는 해가 바뀔 때까지 이어진다. 학부모나 교사들의 정신적 피로가 얼마나 컸을까.

모두가 초조했던 이유 중 하나는 왜 그런 일까지 당해야했는지 알 수 없다는 것, 누구에게 책임을 물어야 좋을지 모른다는 데에 있었다. 그중에는 학교와 학교에 속한 자신들의 대응에 책임이 있다는 사람도 있었다. '애초에 형식적이라고는 해도 불법점거였던 것은 사실' '오래 전부터 공원이었으니까, 임대료를 지불해야 했다' '고속도로 건설계획이 나왔던 단계에 운동장을 대체할 부지를 찾아두었어야 했다' '지체 없이 사물을 치웠더라면 좋았을 텐데'―. 분명 그랬다면 전개가 달라졌을지도 모른다. 하지만 '원초적 논리'로 따지면 학교에 운동장이 없었던 것은 GHQ 군행정부의 지시를 받은 교토시가 이 학교를 도오카소학교에서 추방했던 데에 있다. 게다가 습격은 이미 대체 부지를 구하고, 시 측에 사물철거를 약속한 후에 실행된 것이다.

스스로에게 책임을 돌리는 이는 그 자리에 없었던 사람, 특히 남성들에게 많았다. 내게는 그만한 불합리에 시달렸던 이들의 정신적인 방어기제로 여겨졌다. 백주대낮에 당당하게도 아이들이 공부하는 곳에 몰려와 도저히 듣고 있을 수 없는 온갖 욕설을 경찰들이 '지켜보는' 가운데 퍼부었다. 비품을 부숴도 경찰은 체포조차 하지 않는다. 운동장(공원)에 학교의 사물을 놓아두었든 안 두었든 상관없이, 행정 처리의 미흡함이(예를 들면 교토 시에 허가를 받지 않았던 점 등) 있었지만, 그것이 한 시간에 달하는 온갖 욕설과 같은 무게가 될 수는 없다. 이토록 불합리한 상태로, 앞으로 이 사회에서 살아가기 위해서는 무언가 '합리적'인 이유를 찾아 '납득'할 수밖에 없었던 것은 아닐까.

관계자 가운데는 습격당시 현장대응을 '소극적'이라 비판하는 목소리도 있었다. 학부모와 졸업생 가운데에는 '힘이 없으니까 당한다' '두 배로 많은 사람을 모아 실력행사를 해야 마땅하다'는 의견도 있었다. 경찰이 보호해주지 않는다면 자력구제를 할 수밖에 없다는 주장이다. 아이들의 신변을 염려하는 심정의 강도를 생각하면, 나올법 한 의견이기도 하고, 실제로 습격직후 관계자들이 경찰에 항의했을 때에도 경찰담당자는 '자신들의 대응태도에 잘못은 없었다'고 단언했다.

가해자가 되풀이하는 중상비방에 대해 피해자도 온갖 욕설로 되갚고, 경우에 따라서는 폭력에 호소한다―. 혐오발언(차별 선동)은 때로 피해자를 가해자와 같은 수준으로 떼밀고 만다. 혐오발언 최악의 해악 가운데 하나다. 그런데 장소가 학교이다. 아이들이 공부하는 곳이다. 대화가 성립되지 않는 상대라 해서 습격자들의 온갖 욕설에 악다구니로 응하는 것은 말할 것도 없고, 힘으로 입을 다물게 한다는 건 될 리도 없었다. 그 자체가 어떤 의미로는 '차별선동'에 편승하고 마는 것이었다. '주전론'을 주장하는 이가 학부모나 학교관계자라면 그때마다 대화가 가능했겠지만, 문제는 제1초급과는 직접적인 관계가 없는, 동영상만 본 동포들의 비판이었다. '왜 가만히 있었냐' '본떼를 보여줘야 했다' …. 이러한 비판들을 들어야 했던 이들 몇 명이 '실은 가장 괴로웠던 것 중 하나'로 털어놓은 것이 그 현장에서 끝까지 참아낸 각오에 대한 일부동포들의 몰이해였다.

증오범죄

특정 민족, 속성에 대한 증오를 바탕으로 한 범죄행위. 분명히 이 사건은 증오범죄(헤이트 크라임)였다. 그러나 관동대지진 때 '조선인이 우물에 독을 넣었다'는 등의 차별선동(혐오발언)에 의해 수천 명의 조선인이 군과 자경단 등의 손에 학살당했던 분명한 역사가 있는 일본에는 지금도 증오범죄를 규제 할 법제도가 없다. 이것은 증오범죄가 타자의 이익을 침해하는 심각한 행위는 아니라는 메타메시지를 각 분야에 발신하고 만다. 앞서 말한 학부모와 교원, 피해 아이들의 심적외상을 염두하고 축적된 연구도 거의 없다. 피해자뿐만이 아니다. 유럽이나 미국처럼 증오범죄를 저질러 수감된 자에게, 자신이 저지른 행위의 근원에 있는 인종차별에 대해 비디오를 시청하게 할 뿐인 교정교육 조차도 당연히 이뤄지지 않는다.

미국의 사회심리학자 캐리나 크레이그 헨더슨(Kellina M. Craig-Henderson)에 따르면, 일반적으로 증오범죄 피해자는 사회생활을 하는 가운데 세 가지 전제를 파괴당한다.

첫째, 자신은 무모하게 공격당하지 않고, 상처받지 않는다는 신념. 둘째는 세상은(살아갈만한 가치가 있는) 의미있는 곳이라는 것. 셋째는 자신에 대한 긍정감이다.

또한 크레이그 헨더슨은 피해자한테 반드시 발견된다 해도 과언이 아닌 심리적 피해의 5가지 패턴이 있다고 한다.

1. 지속되는 감정적 고통
2. 분쇄되는 전제
3. 일탈감정

4. 귀책의 오류

5. 피해자집단에 속한 이들에게 미치는 영향

수없이 습격현장으로 되돌아가고, 그저 듣고 있어야만 했던 온갖 욕설을 끊임없이 반추하는 '지속되는 감정적 고통' 그리고 "조선인이 나쁜 거야?" "조선학교라서 나쁜 거야?"라고 묻는 아이의 '일탈감정', 나아가서는 사건의 책임을 가해자가 아닌 자신, 또는 학교에 물어서 '납득'하려고 하는 '귀책의 오류'—. 피해실태로 비추어 봐도 이 사건은 증오범죄임에 틀림없다.

일상을 되찾는 노력

'일상이 파괴되었다'고 박정임은 말한다. 12월 4일의 습격이후 박정임을 비롯한 어머니들의 생활은 '아이들의 안심·안전대책' 일색으로 점철되었다. "어머니들이 매일 학교에 모여 '대책을 세우지 않으면 안 된다'고 말했지만, 무엇을 어떻게 해야 좋은지도 모르잖아요. 모두의 의견을 일단 다 모아서 연락망을 만들고, 거기다 아이들 지킴이도 하자며 교대일정표를 짰어요." 역 앞에서 지키고, 주변 편의점에도 무슨 일이 발생하면 보호해 달라 부탁까지 하고 —. "어린이긴급피난소로 등록된 곳도 두 세 곳 찾아갔는데, '아, 그런가요, 쾅' 그런 느낌이었죠. 참, 서글프다고 할까, 결국은 우리 스스로 지킬 수밖에 없구나 하고."

지혜를 모을 수밖에 없었다. "보다 신속하게 정보를 알릴 수 있는 메일링 리스트와 전화 연락망은 곧바로 만들어졌어요. 통학로와 학교주변에서 순찰을 돌고, 주택가에서부터 편의점, 주유소까지, 인근주민들에게 무슨 일이 생겼을 때 협조해 달라는 부탁도 하고. 학교주위에 철조망을 두르자는 의견까지 나왔어요. 도저히 그것까지는 교육현장에 어울리지 않은데다, 무엇보다 비용이 너무 많이 드는 점도 있어서 채택되진 않았지만, 할 수 있는 것은 뭐든지 했어요." 박정임의 말이다.

불안과 불신, 그리고 자책감. 혼란이 극에 달한 어머니들이었지만, 학교행사 몇 가지를 앞두고 있었다. 그중에 하나가 5일 후 지역에 개방해 열리는 '떡메치기' 행사였다.

"그 사건 직후였으니까, '주위에 있는 일본인은 아무도 신용할 수 없다'는 의심이 팽배했죠. 교문을 개방할지 안할지도 포함해서 불안한 일 투성이었어요. 하지만 애들이 너무 기대하고 있기도 해서 '하자'고 결정됐죠." 파괴당한 일상을 아이들에게 되돌려 주고 싶다는 마음에서였다. 그것은 표출할 곳 없는 분노와 슬픔을 안은 어머니들에게 있어서도 큰 도전이었다.

뜻밖의 사고도 대비해야 되었기에 아버지들도 대거 참가했다. 학교 안마당에서 떡메를 치고, 약밥을 만들어 방문객들에게도 나누어주었다. 많은 어른들이 지켜보는 가운데 공원에서 아이들도 마음껏 몸을 움직였다. 이미 각지에서 메일과 팩스로 격려와 연대의 메시지가 와 있었다. 그 숫자는 연내 100통을 넘었다. 이날도 몇 명인가 일본인이 찾아왔다. 그중에 꽃다발을 들고 온 3명의 일본인 남녀가 있었다.

"눈물이 그렁그렁 맺혀서는, '여러분, 마음 아파하지 마세요. 이건 일본인의 문제예요, 정말 부끄럽습니다.' 사건이 일어난 후 계속해서 너무 힘들었어요. 일본사회에서 거절당하고, 부정당한다는 생각에. 그것도 조선인이라서 어쩔 수 없는 것 아닌가 싶고. 하지만 아이들에겐 '조선인이라' 그렇다고는 절대 말하고 싶지 않고, 분한 마음도 털어놓을 곳이 없었는데…. 그걸 자신들의 문제라고 말해준 일본 사람들이 있어서, 아, 그거였구나. 그때서야 깨달았죠. 그 말에 어깨를 짓누르고 있던 것이 툭 떨어져 나갔어요. 다른 어머니들도 흐느껴 울었지요. 모두들 말은 안했지만 힘들었던 거예요."

떡메치기 대회는 갓 만든 떡을 인근주민들에게 나눠주는 것이 관례이다. '실제로는 사건 이후 가장 긴장했던 순간'이었다고 박정임

매년 12월에는 교직원과 가족들이 총출동해 떡메치기 행사가 열린다. 학교에서 하는 행사가 '회복'으로 가는 계기가 되었다.(2011.12.07)

은 말한다. "사건직후잖아요. 우리를 어떻게 생각하고 있는지 무서워서. 진짜 떡을 나눠줘도 괜찮을까 걱정되고."

호탕한 박정임이 '이날은 2인 1조로 다녔다'고 했으니까 긴장의 정도를 알 수 있다. "저절로 '일전에는 심려를 끼쳐드렸습니다' 라는 말이 나왔어요. 지금이야 왜 내가 사과를 했었나 싶지만.(웃음) 당시에는 정말 나도 모르게 그 말이 나왔죠. 그중에는 '고생많았지요~' '힘내세요~'하며 위로해주는 사람도 있었어요. 떡을 다 돌린 후에는 다같이 '해냈다~!'고 외쳤죠."

조선학교를 취재하다보면 일본의 공립, 사립학교(이른바 1조교)에서는 생각할 수 없는 '인근주민에 대한 배려'를 보게 된다. 고베 대지진 때에는 조선학교가 누구보다 발 빠르게 지역의 피해자들에게 학교를 개방하고 동포들로부터 구조 물자를 받아 나누었다. 그저 '어려움에 처했을 때는 서로 돕는다'는 말로 끝날 얘기가 아니다. 여기에는 항상 다수자의 '감정'을 의식할 수밖에 없는 역학관계가 있다. 2011년 동일본대지진 때도 마찬가지다.

파멸적 상황에 처한 피해지역에는 센다이와 후쿠시마에 조선학교가 있었다. 학교건물은 하나같이 부실하다. 여진을 견뎌낼 수 있을지도 불안하다. 무엇보다 방사성 물질로 인한 오염에 대한 공포가 있었다. 검토한 결과 후쿠시마의 초급학교는 니가타에 있는 초급학교로 '피난'을 가기로 결정했다. 그때 학교 측이 미디어 관계자에게 한 말은 어디까지 이것은 '합동수업'이며, '소개(피난)'라는 단어를 쓰지 말아달라는 것이었다. 또 하나는 인근에 대한 배려였다. 하지만 딱할 정도로 주위에 대한 배려를 해도, 다수자의 의향을 행동으로 구현하는 이 사회의 '선량(選良)'들은 당연하다는 듯

억압으로 응답한다. 동일본대지진 이후 미야기 현과 센다이 시는, 조선학교에 지급해온 보조금을 '(일본 국민의)이해를 얻지 못한다' 는 이유로 곧바로 중단했다. 같은 시기 미야기 현 의회도, 동결상 태였던 조선학교에 대한 고교무상화 적용심사를 재개한 민주당정 권의 조치를 '폭거'라 결의했다. 이것이 *'간바레, 닛폰'(がんばれニッポン힘내라 일본)' 그리고 *'키즈나(絆 사람사이 끈끈한 유대와 결속력을 뜻하는 말로 동일본대지진 이후 피해복구가 활발해지면서 그해 연말 '올해의 한자'로 선정되기도 했다)'의 내실이다. 이는 일본인만의 일본, 일본인만의 유대인 것이다. 동일본대지진의 폐허 속에서 구상되었음이 분명한 '새로운 세계'는 '차별'을 그 출발점에 두고 배태되었다.

여하튼 어머니들의 회복을 향한 여정은, 학교행사를 치러 낸 이 때에 시작되었다. 버팀목이 되어 준 것은 다름 아닌 공격을 참고 이겨낸 학교의 존재였다. "우울해하고만 있을 수는 없죠. 그래도 아이들은 여전히 학교를 좋아하고, 학교에 다니니까. 그러니까 우리는 아이들을 웃으며 학교에 보내줘야 되잖아요. 어른들뿐이었다면 갈팡질팡했을 테지만, 이미 벌어진 일을 되돌릴 수도 없는 노릇이고, 지금 흐르는 시간은 멈추지 않죠. 모두가 소중히 여기는 학교가 공격을 당해 너무 큰 상처를 받았지만, 오히려 학교가 있으니까 다시 일어나 회복을 위한 발걸음을 내디딜 수 있었어요." 박정임의 말이다.

사건 다음날부터 시작된 학교주변 순찰도 장기화됨에 따라 교대제로 바꿨다. 물론 학부모들의 심적 노고는 계속되었다. 경찰이 인근에서 일어난 범죄를 문자안내로 알려오면, 학부모와 학교는 '혹시 재특회가 아닐까!' 긴장했다. 어쩌다 취객이 던진 우산에 학교 아이가 맞은 일로 경찰이 출동한 적도 있었다. 이런 상황에서 '일상'을 되찾는다는 것, 그것 자체가 증오범죄와의 싸움이었다.

한편, 김상균은 함께 해줄만한 변호사에게 잇달아 메일을 보내고 있었다. '이거, 방법이 없겠나?'—. 그날의 혼란 속에서 동포들에게 여러 번 이 말을 들어야 했던 김상균은 어떤 법적대응이 가능한지를 모색 중이었다.

4. 법적대응으로

　JR칸조센環状線 신이마미야新今宮 역. 고가 역 계단을 내려와 서쪽 출구로 나오자 찌든 음식쓰레기 냄새가 코를 찌른다. 국도 맞은편에는 거대하고 예사롭지 않은 <아이린 노동 복지센터>(오사카시 니시나리구) 건물이 우뚝 서있다. 이곳에서 남동쪽 일대가 가마가사키鎌ヶ崎이다. 사회저변에서 일거리를 기다리는 모습을 심해어에 빗대 '앙코(アンコ아귀)'라는 비하어로 부르는 날품팔이 노동자들이 모이는 일본최대의 집합소이다. 하지만 버블경제 붕괴와 노동자의 고령화, 게다가 리만쇼크가 잇달아 터지며, 일일노동자들의 일자리는 전성기의 약 6분의 1에 지나지 않는다. 다시 말하면 이미 가마가사키 일대 '집합소' 기능은 거의 상실되었다. 이제는 휴대전화로 직접 일자리를 구하는 인력시장이 되었다. 매일 현장에서 필요한 노동자 숫자를 확보하는 알선업자의 역량은, 젊고 불평 없이 일하는 앙코의 휴대전화번호를 얼마나 많이 아느냐에 달려있다. 반면에 급격히 증가하고 있는 것이 생활보호 수급자와 그 돈으로 끼니를 해결하는 빈곤 비즈니스다.

　오후 2시 반. 이른 아침의 인력시장이 끝난 후 반나절 가까이 지났다. 센터 1층 천장이 뚫린 빈 공간에는 일자리를 구하지 못한 50여 명의 사내들이 따분한 얼굴로 하릴없이 시간을 보내고 있다. 내가 찾아간 때는 아직은 더운 2013년 9월이었다. 티셔츠 차림이 대부분이나 간혹 웃통을 벗은 사내도 있다. 정차해 있는 한 대의 다용도트럭 몸체에는 <후쿠시마 3개월/10,500엔_단체 방/식사 없음/65세 미만>이라고 큼지막하게 쓴 종이가 붙어있다. 이들 사이의 정보망으로 분명 작업내용이 잘 알려져 있을 것이다. 일거리를 구하지 못한 노동자들조차 누구하나 눈길도 주지 않는다. 사내들이 무리지어 있는 천장 뚫린 빈 공간의 커다란 기둥에는 '도박금지'라는 글자가 보인다. 선로 변에는 파란천막이 늘어서 있고, 건축현장에서 주어왔을 법한 색깔도 두께도 제각각인 전선을 다발에서 뽑아 고무를 벗기고 동을 빼내고 있는 사내와 묵묵히 빈 깡통을 찌그러뜨리고 있는 사내도 있다.

12월 4일 습격으로부터 7일이 지난 2009년 12월 11일 오후, 망연자실하고 있던 김상균이 이후 대처방법을 겨우 생각을 할 수 있게 되었을 때 찾아간 곳이 이곳 가마가사키였다. 형법연구자로서 그 날 사태에 대해 무엇을 할 수 있을까? 그 고민을 하던 중 맨 처음 이름이 떠오른 상담상대가 이 지역에 사무소를 차린 변호사이자 헌법연구자인 엔도 히로미치遠藤比呂通 (1960년생)였다.

엔도의 경력은 이색 그 자체다. 헌법학의 대가 아시베 노부요시芦部信喜의 애제자로 장래가 촉망되었고, 27세 때 도호쿠대학 조교수가 되었다. 헌법의 실천으로 인권문제해결에도 적극적으로 노력해 온 변호사이지만, 1995년 여름 오사카에서 열린 인권집회 후 부락해방운동의 대가들의 안내로 찾아간 가마가사키에서 사람이 구조적으로 사용되고 버려지는 현실에 충격을 받았다. "냄새를 잘 맡지 못해서 악취는 느끼지 못했지만, 몇 미터마다 사람이 드러누워 있었어요. 안내해 주신 분이 '헌데, 여긴 뭘 하러 왔냐?'고 물어서, '저는 대학에서 헌법을 가르칩니다!'하고 내 소개를 했는데, 내 얼굴을 빤히 보며 '이곳에 헌법 따위가 있는 줄 아나?' 하더군요. 그 후 가까운 식당에 갔는데, 제가… 너무 충격을 받아서 밥도 술도 목구멍으로 안 넘어가더라고요. 생선구이를 눈앞에 두고 멍하니 있으니, 앞에 있던 사람이 '그거 안 먹을 거면 나한테 주겠소?'하더군요. '네' 하고 대답하자마자 덥석 집어가더니 눈 깜짝 할 사이에 뼈만 남았어요.(웃음)"

그 후로도 학생들을 데리고 가마가사키를 찾았다. 세례를 받고 목사가 되기 위해 영국으로 유학을 다녀온 후 결국 퇴직하고 가마가사키로 들어왔다. 일일노동으로 철근을 나르고, 배식을 도우며 하루하루 보내다가 변호사가 되었다. "실은 간사이에서 도시샤대학에라도 다니다 목사가 되려고 했는데, 어느 날 지역 활동가가 '자넨 어떤 자격증이 있나?'하고 물었어요. 생각해 보니 저는 이미 대학원에서 5년 이상 가르쳤기 때문에 변호사 자격이 된다는 것을 깨달았죠. 그 얘길 하니까 '여긴 의사는 많이 있는데, 변호사가 없거든. 그러니까 자네가 해주게!' 하더군요." 활동가는 그 자리에서 가마가사키 지역을 오랫동안 맡아 온 변호사에게 연락을 취해 일자리가 정해졌다. 거기서 이른바 식객변호사로 1년을 보낸 후 독립해 신이마미야역 근처에 사무소를 차렸다.

이후 15년 동안, 가마가사키를 거점으로 계속 활동해 왔다. 오사카 변호사회에 등록되어 있는 4천명이 넘는 변호사 가운데, 이 지역에 사무소를 차린 이는 현재(2013.11 현재)까지도 엔도 변호사뿐이다. "독과점 금지법 위반이지요. 이제 곧 강력한 라이벌이 나타날 거라 생각합니다." 라며 웃었지만, 눈앞에 마주해 온 현실은 그동안 배워온 이념이나 이상과는 한없이 동떨어진 가혹하고 격렬한 것이었다. 우스갯소리처럼 이야기 할 수밖에 없을 만큼.

예를 들면 이 지역에서는 당연한 광경인 노숙생활을 둘러싼 문제다. 좋아서 길거리에서 먹고 자는 것이 아니다. 간이숙박소에서 잘 돈도 없기 때문이다. 이런 사람들의 집합소를 행정기관은 「도로교통법」을 내세워 강제철거 한다. 주민등록 문제도 심각했다. 정주를 전제로 하지 않은 간이숙박소로는 주거가 증명되지 않는다. 때문에 노동자들은 지구 내에 있는 <가마가사키 해방회관>에 주민등록을 해서, 자격시험이나 사회보장의 주소증명을 하는 것이 관례였다. 관할인 니시나리 구청도 최소한 창구수준에서는 이를 '용인'하고 있었음에도 배경사정을 무시한 언론의 '주민등록 허위신고' 캠페인 보도에 떠밀려 이조차 거부되었고, 이들의 주민등록은 「주민기본대장법(주민등록법)」에 근거해 말소되었다. 더구나 이렇게 선거권조차 박탈하는 행위에 항의한 이들 중 7명이 2011년 봄 '형법'을 근거로 체포되었다. 위력업무방해죄로 기소된 4명 가운데 엔도가 변호를 맡았던 한 명은 암 환자였으나, 법원이 두 차례의 보석청구를 기각했고, 제대로 된 치료를 받지 못한 채 100일 이상이나 장기구류 된 끝에 이듬해 사망했다.

'이곳에 헌법 따위가 있는 줄 아는가?'─. 헌법에 당연히 명기된 수많은 기본적인권이 '합법적'으로 짓밟히고 있다. 이곳에는 소수자가 권리를 보장받을 곳으로 법이 존재하는 것이 아니라, 처지가 딱한 사람들의 인권을 부정하는 도구로써 법이 존재했다. 때문에 김상균이 가마가사키로 간 것이다. 법률이란 본래 소수자의 존엄을 지키기 위해 있는 것 아니겠나? 김상균에게 이 사건은 법률을 가르치는 사람으로서 존재가 걸려있었다.

망설이는 형사고소

간이숙박소를 연상시키는 잡거빌딩 3층에 방 두개를 튼 30여 평 남짓한 사무소에서 원탁을 마주하고 엔도와 김상균이 앉았다. '상당히 걱정을 하더군요.' 엔도는 당시 김상균의 모습을 이렇게 말한다. '이거, 어떻게 좀 안 되겠어?' 김상균은 7일 전 가두시위 때 교문 안쪽에서 온갖 욕설을 들으며 보호자와 졸업생들에게서 몇 번씩 비명과도 같은 질문을 받아야 했다. 상식적으로는 먼저 형사고소다. 하지만 김상균은 고민을 거듭하고 있었다.

"아이를 학교에 보내는 부모이자, 법률로 밥을 먹는 인간이죠. 어디까지나 폭력이 아닌 법으로 싸워서 그 피해에 일정의 보상을 하게 만드는 수밖에 없다고 생각했어요. 하지만 솔직히 내게는 판단이 서지 않았죠. 확신이 서질 않더군요. 1심이 두려웠던 건 형사고소를 해도 불기소처리 될 가능성입니다. 그럴 가능성은 있었죠." 형법학자로서 여러 현장을 보아 온 김상균의 경험이다. 실제로 이듬해 3월 9일에는 제1초급을 습격한 멤버를 포함한 약20명이, 교토조선회관에 '시설이용신청'을 하겠다며 몰려와 세 차례에 걸쳐 돌아가 달라는 직원의 요청을 무시하고 건물 앞에 진을 쳤다. 경찰까지 출동하는 소동이 벌어졌고, 재특회 멤버들과 총련 직원들이 실랑이를 벌이는 가운데, 총련 측 2명이 부상하는 일이 발생했다. 총련은 경찰에 피해신고를 했지만, 교토지검은 '경미한 피해'라며 불기소처분 했다.

만약 습격자들이 체포돼 기소되었더라도 무죄가 될 우려도 있었다. 법적대응을 함으로써, 거꾸로 그들의 행동을 인정하게 될지도 모를 위험성이 있다. "불기소가 된 후에 학교내부나 지지운동권으로 영향이 미칠까 불안했어요. 그래서 엔도 씨가 어떻게 생각하는지 듣고 싶었습니다." 형사고소를 한다는 것은 상대가 유죄가 되느냐, 아니면 행위자체는 '합법'이라고 형사재판에서 인정하고 마느냐의 양자택일에 자신들을 몰아넣는 것도 의미했다.

깊은 고민에 빠진 김상균을 앞에 두고 엔도는 처음 그를 만났던 이 해 1월을 떠올렸다. 그날처럼 김상균이 사무소에 찾아와 같은 자리에 앉았다. 김상균이 교토에서 하고 있는 동포들의 법률상담에 한 달에 한 번 와줄 수 있겠냐는 의뢰였다. 하지만 엔도는 가마가사키와 인접한 구에 있는 피차별 부락에서 월1회, 혼자서 법률상담을 하고 있었다. "미안하지만 바로 거절했어요. 법률상담이라지만 그 자리에서 끝날 문제가 아니니까. 2개소에서 나 혼자 법률상담을 하는데다, 한 곳을 더 늘리면 어느 쪽도 충실하지 못하게 돼 버리니까."

모처럼 찾아온 김상균을 데리고 가까운 꼬치구이 집으로 가 술잔을 나누었다. 엔도 입장에서는 술을 핑계로 달랠 셈이었다. "딱 잘라 거절한데다, 술 한 잔 사주면 돌아가겠거니 했는데.(웃음) 헌데 김상균도 저도 어지간히 취해버렸어요. 제 아내가 서울태생의 한국인인데, 결혼할 때 집사람의 가족이 몹시 반대를 했어요. 그런데 가족에게 인사를 하러 갔더니, 꿈에서 봤던 여성이 집사람 언니와 너무 닮아서, 초면인데도 가족들에게 그 말을 하니까 언니가 눈물을 뚝뚝 흘렸고, 가족들의 반대가 단숨에 해결됐어요. 그 얘길 하니까 김상균이 '당신은 사기꾼이야' 하더라고요.(웃음) 그때 그가 말했지요. '그럼 말예요, 엔도 씨가 여기 법률상담 때문에 교토에

오지 못 한다면, 제가라도 이곳에 들어올 겁니다.' 라고."

실제로 김상균은 4월부터 가마가사키 법률상담에 참여했다. 이곳에는 무슨 이유에선지 고향을 떠나 실종신고가 된 사람이 적지 않다. 이 세상에서는 '사망'한 것으로 처리돼 호적에서 말소됐기에 주민등록증도 나오지 않고, 의료보험이나 생활보호도 받을 수 없는 이의 호적을 어떻게 복구할 것인가. 빚에 시달리다 가마가사키로 온 사람이 생활보호수급자로 구청에 주소를 신고한 탓에 가혹한 징수가 다시 시작되고 만다…. '집합소'라는 지역성이 만든 곤혹스러운 상담을 두 사람이 맡고 있었다. "그(김상균)는 사람얘기를 잘 들어줘요. 법률상담이 끝나면, '엔도 씨, 세 번째로 온 사람이 말하는 중간쯤부터 딴 생각 하고 있었죠.' 라고 지적을 당하기도 했어요. 둘이서 한다는 것이 그토록 부담을 덜어준다는 걸 정말로 실감했지요."

당시 엔도가 김상균에게 상담을 받은 것이 공원사용 문제였다. "'고속도로 건설공사로 지금까지 사용해 왔던 공원을 못 쓰게 될지도 몰라요. 앞으로 시와 교섭하지 않으면 힘들게 됐어요'라고 말했는데, 비교적 가볍게 생각했죠." 그러는 사이에 엔도는 김상균에게 새로운 걱정거리를 듣게 되었다. '재특회가 학교로 찾아올지도 모른다'고.

"저는 '그들이 찾아오면 알려주게, 당장 달려 갈 테니까.' 그렇게 말했죠." 엔도는 당시를 회상했다. '불법체류' 사안도 많이 다루는 그는 앞에서 말한 <와라비 시 사건>을 통해 재특회의 존재나 그들의 선을 넘은 데모가 얼마나 격심한지도 다소 인식하고 있었다. "하지만, 사안의 심각성을 전혀 받아들이지 못하고 있었죠, 제가!"

결의

12월 4일 김상균에게 전화가 걸려왔다. "(그들이) 왔다, 하길래 '당장 갈까?'했더니, '이미 가버렸어.'하더군요."

전화를 끊고 나니, 회한과 분노가 치밀어 올라왔다. 그 자리에 자신이 없었던 것에 대한 회한, 사태를 너무 가볍게 여긴 자신에 대한 분노였다.

"결국은, 그때, 그곳에, 난 가지 못했다기보다 가지 않았던 겁니다. 말하자면 심각성을 깨닫지 못한 거죠. 가볍게 생각했던 거예요." 그 심정은 지금도 생생히 남아있다. "이제와 이런 얘길 한들 이미 때늦은 지혜이겠지만, 사전에 상담을 받았단 말이죠. 진심으로 갈 생각이었다면 '언제, 언제, 어떤 예고?' 이것저것 묻고 대책을 세우면 좋았을 텐데. 결국 그렇게 못하고, 평소엔 뻐기듯 '정의파'이니 어쩌니, 가마가사키에서는 익숙한 일이라 현장에서 경찰관이나 기동대를 상대로 씩씩거리며 싸우거든요. 그런데 습격에 대한 제 생각이 진지하지 못했던 겁니다. 재특회에 대한 사안의 심각성을 느끼지 않았던 거죠. 만약 연락태세까지 포함해 대책을 세웠다면, 아무리 니시나리에서 교토까지 이동한다 해도 가두시위가 끝날 때쯤에는 도착했을 겁니다. 무슨 일이 생길 때마다 조선학교 아이들이 느끼는 공포심 같은 것을 조금이라도 이해했더라면 최소한 '그럼 대책을 세워 둘까?' 라고 했어야 되죠!"

점점 노골적으로 역정을 드러냈다. 차츰 말투가 거칠어지더니 이따금 목소리까지 뒤집힌다.

"그 자리에 변호사가 와 있다는 것이 얼마나 중요했던가. 나를 비롯해 사전에 사정을 미리 알고 있는 변호사가 몇 명이나 있었음에도, 평소엔 그토록 큰소릴 쳤으면서, 결국 이시즈카 신이치 변호사만 그곳에 간 거예요. 그런데도 그(김상균)는 나를 믿고 니시나리까지 상담을 하러 와준 겁니다…. 너무 미안하고, 스스로에게 화가 나고, 한심스러워서. 이 일은 반드시 끝까지 해결해야 한다고 생각했죠."

두 사람은 김수환이 짧게 편집한 영상을 보았다. 자신이 그 자리에 있지 못했다는 사실이 가슴을 도려냈다. "학교 안에서 촬영했으니까, 아이들은 찍히지 않았지만, 학교 안이라는 걸 확실히 알죠. 업무상 불법금융 징수사건 등도 자주 겪지만, 빚 독촉을 하러 온 것처럼 험악한 욕설이 쏟아지는 뒤편에 아이들이 있다고 생각하니까 가슴이 미어져서…인간의 추악함이 응축되어 있었죠. 인근식당 아주머니가 항의하는 것을 보고 그나마 다행이었지만."

어찌 해야만 좋은가? 망설이는 김상균을 엔도 변호사가 강하게 설득했다. "유야무야해서는 안 돼! 반드시 형사고소를 해야 된다구. 조선학교와 아이들을 지키기 위함은 물론이거니와, 이런 사건을 간과하고 있는 일본사회를 위해서라도 해야 해. 애초에 고소하지 않으면 경찰은 보호하지 않을 거야." 엔도 변호사에게 고소를 한다는 의미는, 90%가 '방어'를 위한 '공격'이었다. 다음 공격을 막기 위한 '공격'의 필요성을 스스로도 놀랄 만큼 열성적으로 끝없이 얘기했다. 정신을 차려보니 2시간이 지나있었고, 주위는 완전히 어두워져 있었다. 근처 꼬치구이 집으로 들어가 긴 카운터 자리에 앉은 뒤 먼저 엔도가 김상균에게 사과했다. "미안하네, 진심으로 미안해. 같은 일본인으로서 너무 창피해. 함께 싸워 봅시다." 두 사람은 맥주잔을 부딪치며 매운 된장소스에 아카센과 쓰라미를 찍어 먹었다. 아이를 학교에 보내는 부모로서의 불안, 쏟아지는 차별발언을 들어야 했던 상실감, 그리고 자신이 생업으로 하고 있는 형법으로는 그 만행에 대처할 수 없을지도 모른다는 무력감—. 괴로워하던 김상균의 마음에 길이 보이기 시작했다.

그 무렵 교토에서는 김수환이 직장에 혼자 남아있었다. 사태를 알리기 위해 곧바로 습격영상을 편집하던 그 또한 쏟아낼 곳 없는 분노를 안고 컴퓨터 앞에 앉아있었다. 앞날에 대한 조건도 희망도 없었다. 그저 '지긋지긋하다'는 심정으로 문장을 두드려나갔다.

지금까지 살아오면서 이토록 화가 나고 억울한 심정을 느낀 적이 없습니다.

학교 앞에서 아이들에게 들으라는 듯

"스파이의 자식들!" "조선학교를 일본에서 몰아내자!" 라는 등

도저히 인간이라고는 믿을 수 없는 폭언을 굉음 같은 확성기 소리로 퍼부어댔습니다.

아이들은 겁에 질렸고, 그중에는 울음을 터트린 아이들도 있었다고 합니다.

제가 억울하고 분했던 것은 꼭 그 단체에 대해 느꼈던 것만은 아닙니다.

조선말 속담에 '똥이 무서워서 피하는 게 아니라 더러우니까 피한다'는 말이 있습니다.

제가 진심으로 용서할 수 없는 건 이 같은 사태가 허용되는 '이 사회의 규율과 양식'입니다.

그날 경찰도 아이들이 겁에 질려 떨고 있음에도 불구하고, '자신들은 중재하는 입장'이라며 제어할 생각조차 하지 않았습니다. 교문 바로 앞에서 확성기에 대고 학교를 향해 떠들고 있음에도 불구하고 막지 않았습니다.

이것이 언론의 자유입니까? 법이나 경찰은 아이들을 지켜주지 않는다는 것이 허망하기 짝이 없었습니다.

(중략)

저는 이 문제가 일부 인종차별주의 집단의 문제가 아니라, 그것을 용인하는 일본사회의 '양식'에 있다는 걸 묻고 싶습니다.

분명 이런 집단은 일본인의 일부일지도 모릅니다.

'일본인은 나쁜 사람만 있지 않다. 믿어 달라' 말하고 싶은 분도 있겠지요.

그런 의미에서는 일본인 여러분도 피해자일지 모르겠습니다만, 이번 문제의 본질은 아닙니다.

명확히 말해 이러한 사태가 일어났다는 것은, 이것이 용인되었다는 것입니다.

지금이야말로 '일본사회의 양식'에 물어야 한다고 생각합니다.

지금까지 정말 억울한 일들을 많이 겪어왔지만, 이제 지긋지긋합니다.

앞으로 이런 사태가 벌어졌을 때, 또 우리 조선인은 문 앞에서 이를 악물고, 피눈물을 삼키며 참고 또 참기를 계속해야만 되는 겁니까?

소위 '육하원칙'이 어색한 부분도 다소 눈에 띄는 것은 김수환이 당시에 느낀 견딜 수 없었던 심정의 표현이다. 평소에는 침착하고 냉정하고 논리적이며 언변이 뛰어난 김수환이 얼마나 혼란스러웠는지 잘 알 수 있다. 그때를 떠올리면 지금도 감정제어가 되지 않는다. 사건 후 김수환은 여러 집회에서 학부모로서 발언을 해 달라는 요청을 받았는데, 이 부분에 이르면 말을 잇지 못했다. "그 전까지는 어떤 얘기를 할까 생각하고 있다가도 막상 마이크를 잡으면 목소리가 떨려서 말이 안 나와요. 우리들의 학교에 몰려와서 그들의 직성이 풀릴 때까지 욕설을 들어야했던 억울함이 남아 있죠. 마음속의 상처를 말로 설명하지 못하는 괴로움이에요." 실제로 나와 대화를 하는 도중에도 화제가 '그때'에 이르면 그때마다 말을 잇지 못하고 눈물을 글썽거렸다.

"경찰의 태도가 이 사회의 응축된 모습 같았죠. 아무것도 할 수 있는 게 없어요. 길거리나 집회에서 연설할 수도 없는 노릇이고, 뭐라도 쓰지 않고는 그대로 있을 수가 없었어요." 일본사회에 대한 절연 선언이라고도 하겠으나, 상반되는 심정도 있었다. "희망도, 낙관도, 없었어요. '일본인은 그런 사람들뿐이야'라는 말이 사방에서 들려오는 것 같아서… 그러면서도 마음 한 편으로 '아닐 거야'라고 믿고 싶었어요. 한 두 사람만이라도 이 글에 호응하는 사람이 있다면."

그때 휴대전화가 울렸다. 김상균이 꼬치구이 집에서 걸어온 전화였다. 울고 있었다. "지금 말야, 엔도 선생님과 얘기하고 있는데, 잠깐 바꿔줄게." 엔도도 울고 있었다. "엔도 선생님이 계속 사죄를 하시는 거예요. '미안합니다. 정말 미안합니다. 이 일은 절대 용서 못해요. 할 수 있는 건 뭐든지 할 테니, 잘 부탁합니다. 함께 싸웁시다!'라며. 어쩐지 그때 '부-웅' 뜨는 느낌이었어요. '아직은, 괜찮다' 싶은. 일본은 부모님이 태어나고, 우리가 태어나고, 우리 아이들도 태어난 곳이지만, '이 사회는 이제 끝났다'는 생각을 하던 참이었죠. 그래도, 이 사회에 아직 함께 할 사람이 있다, 함께 살아갈 수 있는 사람이 있구나 싶었습니다."

집결한 변호사들

그 다음 날, '제대로 싸워보자'며 김상균에게 전화를 걸어 온 사람은 외국인학교를 주제로 한 법률가들 사이의 메일링 리스트를 통해 사태를 알게 된 에가시라 세츠코江頭節子였다. 연락을 해 온 변호사들은 하나같이 '반드시 고소해야 된다'고 했다. 그 중 한 사람인 도요후쿠 세지豊福誠二 변호사 또한 '그 자리에 없었던 것'에 대한 마음의 빚이 있었다. "'재특회가 찾아올지도 모른다. 무슨 방법이 없겠느냐'고, 사전에 김상균씨에게 메일로 상담을 받았어요. 하지만 한 차례도 가두시위가 이뤄지지 않은 단계에서 제지하는 것은 불가능한데, '딱히 방법이 떠오르지 않네요, 찾아오면 일단 경찰에 연락해야죠.' 했는데, 그 사이에 와버렸죠." 당시 도요후쿠는 교토변호사회의 큰 행사를 맡고 있어서 움직일 수 없는 상태였다. 얼마 후 동영상을 보았다.

"기겁했습니다. '이거 보통일이 아니구나.' 싶었죠." 농담을 즐기고, 때로는 음담패설로 주위에서 질책을 받는 도요후쿠였지만, 사건 얘기가 나오면 바닥만 내려다보았고, 굵은 저음이 한 층 더 낮아졌다. "가장 놀랐던 것은, 경찰이 명예훼손으로는 현행범으로 체

118

포를 안 한다는 것. 그건 교과서에 안 나오니까요." 그리고 이 사건은 조선인이 피해자였다는 특수성을 지적한다. "'다른 학교'였더라면, 곧바로 중지명령을 내리고 체포하죠. 조선학교라서 (데모참가자를)방치한 채 원하는 대로 하게 놔둔 거라고 생각해요. 상대가 그저 조선인이라면 그 같은 짓을 당해도 경찰은 방치하는. 내 인식이 안이했어요. 너무 미안한 마음에 가슴이 아팠어요. 지금도 멍해질 때는요, 타임머신을 타고 그때로 돌아갈 수 있다면 어떤 수단이 가능했을지, 문득문득 생각하곤 합니다."

메일링 리스트를 통해서 이 사건을 알게 된 이가 나중에 변호인단 사무국장을 맡게 되는 도미마스 시키富増四季였다. "처음에 동영상을 보고, 이게 무슨 짓인가, 말이 안 나왔습니다. 이건 '반드시 해결해야 된다'고 생각했어요." 고교 2학년부터 학부졸업 때까지 미국에서 지내며 흑인해방운동에 관해 공부한 그가 변호사에 뜻을 둔 것은 '어학능력을 살려 마이너리티의 인권문제를 해결하고 싶다는 생각'에서였다. "제게는 기반이 있는 교토였고, 피해자는 마이너리티고, 게다가 이토록 중대한 인권문제잖아요. 난 이 사건을 맡기 위해 변호사가 되었구나 생각했어요." 여기에 마침 그달에 변호사등록을 한 조선학교 출신의 강선화가 가세해 변호단의 중핵이 형성되어 갔다. 최종적으로는 변호인단이 100명에 달했다.

변호사 5명이 맨 처음 모였을 당시의 광경을 김수환은 이렇게 말한다. "도요후쿠 선생님이, '이거 참~ 잠을 잘 수가 있어야지. 이렇게 부아가 치밀어서 변호사 일 해먹겠나!' 하며 엄청나게 화를 냈어요. 아아, 이 분들은 '불쌍한 조선인을 도와주는' 것이 아니라, 자신의 문제로 다루고 있는 거라고. 저는 그때 '해낼 수 있겠다' 생각했습니다."

 염려가 되는 것은 재정문제, 특히 변호사들에 대한 사례였다. 애초에 조선학교의 교직원 급여는 얼마 되지 않고, 그것도 지급이 늦는 일이 매달 반복될 정도로 재정상황이 좋지 않다. 나중에 민사소송에 들어갈 때 김상균과 둘이서 각 변호사에게 전화를 돌렸다. "에가시라 선생님에게 전화를 걸어서 '보수문제 말인데요, 늦더라도 반드시…' 했더니, 제 말을 끊으며 '무슨 얘깁니까? 바쁜데 별일 아니면 끊을게요.' 하더니 뚝. 그 말에 의지해서는 안 되겠지만, 그런 마음이 정말 기뻤습니다. 상균 씨는 '그렇다고 전화를 끊을 것까지야 없잖아!'하며 발끈 하긴 했지만요."

 대화가 이 단계에 이르자 김수환의 표정에 웃음이 보였다. 스스로의 부끄러움으로 모여든 변호사와 하나 둘씩 모여드는 지원의 목소리들—. 김수환에게는 회복을 향한 걸음이 이때 시작된 것이다. 적어도 사건직후 김수환에게 '일본인은 이런 사람들만 있는 건 아니다'란 말은 전해오지 않았다. 오히려 그것은 '말하는 쪽인 일본인이 자신과 재특회 사이에 선을 긋고, 방관자로 있고 싶을 뿐인 허언'으로 밖에 들리지 않았을 것이다. 김수환이 격한 감정으로 썼던 앞의 메일은, 어찌된 일인지 돌고 돌아 습격에 가담한 이들의 손에 들어갔고, '공원탈환 행동'의 '성과'로 선전되었다. '조선인을 이 정도로 괴롭혔다'는 증거로 사이버 공간에 전파된 것이다. 그 자체가 2차 피해의 견본이지만, 그 아픔을 나눌 수 있는 사람들과 만남을 거듭한 지금으로선 '이런 일에 갇혀서는 안 된다'고 생각하게 되었다. 지금도 사건에 대해 물으면 말을 잇지 못하지만, 거기엔 '그 당시'와는 다른 또 하나의 이유가 있다고 한다. "'함께 할 이들이 있다'는 마음이었죠. 엔도 변호사와 도요후쿠 변호사를 비롯한 변호사님들, 지원을 위해 모여 준 일본사람들. 사태가 반전되기 시작한 때의 감동과 그 후의 체험이 되살아나거든요."

사법에 대한 불신

하지만 고소를 한다는 것이 순조롭게 결정되지는 않았다.

변호사들이 피해자들의 진술확보와 현장답사를 한 이틀 후인 12월 16일, 제1회 대책위원회가 열렸다. 학부모회, 학교, 조선총련 측 대표자 십 수 명이 학교1층 도서실에 모였다. 회의가 시작되고 4가지 대책 안이 나왔다.

1. 아이들의 신변안전과 감정적 안정
2. 법적 조치
3. 유엔에 호소
4. 경찰에 경비요청과 여론 환기

방침에 따라 구체적으로 무엇을 해나갈 것인가? 통학로와 학교 주변 경비, 인근주민들에 대한 협조요청활동은 이미 며칠 전부터 시작했다. 경찰에 경비요청은 범행예고단계에서 시작했는데, 사건이 일어난 후에는 아무 조치도 하지 않은 경찰에 엄중 항의했다. 여론 환기도 이 단계에서 이미 복수의 시민집회에 박정임을 비롯한 어머니들이 나서서 호소도 하고 있었다. 그밖에 무엇을 하면 좋을까? 방향을 정하지 못한 채 그저 이리저리 뛰어다녀온 어머니들

사이에는 짜증도 쌓여갔다. '유엔에 호소한다'는 방침에 한 어머니가 불씨를 당겼다.

"지금까지도 여러 번 해왔잖습니까? 하지만 유엔에 호소한들 뭐가 달라졌습니까? 지금까지 해왔던 것이 실제로 어떻게 됐나요? 아이들을 지킬 수는 있는 겁니까?"

"그건, 권고서를 그쪽에서 받은 이후에…"

"아니, 그게 구체적으로 권고한다고 무슨 효과가 있냐구요? 그들을 막을 수나 있나요?"

사건이 일어난 지 12일째, 특히 이튿날부터 아이들의 등교와 경비에 분주했던 어머니들에게는 고단함도 짜증도 쌓여만 갔다.

"뭔가 구체적인 대책은 없는 겁니까?" 한 어머니가 다그치자 김상균이 입을 열었다.

"형사고소를 합시다. 이건 단순한 데모가 아닙니다. 범죄행위입니다. 고소할 수 있습니다."

박정임의 얘기다. "모두들 그 순간 어리둥절 하는 느낌이었어요."

— 물론 형사고소의 의미를 몰라서가 아니다. 다수자에게 있어 법적대응은 상식적인 대처라 할 수 있다. 하지만 재일조선인에게 그것은 너무나 뜻밖의 수단이다. 놀라서, 굳이 말하자면 '기가 막힌' 것이다.

그럴만한 이유는 있다. 하나는 사법에 대한 불신이었다. 법은 자신들의 권리를 지키는 것이 아니라 침해하는 것이었다. 예를 들어 재일조선인이 생겨난 한 가지 기원은 국제법상 상식도 무시했던 국적박탈에 따른 '권리의 무효화'이다. 국적을 이유로 생존권을 지키는 사회보장에서도 배제되어온 역사. '예외상태'를 일상적으로 강요당해온 이들의 실감이었다.

애초에 제1초급이 운동장도 없는 학교로 업무를 해온 원인은, 제2장에서 본 것처럼 1949년 10월 1일, 무장경관까지 동원해 도오카 소학교에서 추방한 것에 있었다. 공동주택과 민족단체의 지부로 분산되는 한편, 때로는 '비합법학교'로 경찰에 통보되고 쫓겨나면서 간신히 칸진바시 구석에 정착한 것이다. 점령자에 의한 폐쇄령을 근거로 무장경찰관과 GHQ가 탄압하고, 오사카에서는 사망자까지 나온 탄압사건은 학부모들에게 있어 자신들의 부모, 혹은 조부모가 '겪어온 이야기'다. 경찰권력은 자신들을 보호하는 존재가 아니라, 학교를 파괴하러 오는 존재였다.

그리고 현재 학부모세대가 실시간으로 경험한 것은 1994년 6월 6일, 조선민주주의인민공화국의 핵 비확산조약(NPT) 탈퇴문제와 얽혀 실시된 조선총련 교토 부 본부에 들어온 강제조사다. 학교부지로 구입한 교토 시 후시미구^{伏見区}와 야마시나구^{山科区}에 걸쳐있는 토지(현재의 교토 조선초급학교)의 거래를 둘러싸고, 국토이용계획법(당시)상 필요한 신고를 하지 않았다는 동법 위반혐의였다. '사실'이라고 해도 형식범이다. 이 정도의 경미한 죄가 기동대를 포함해 280명을 동원한 대규모수색의 '이유'였다.

수색당시 본부 안에 있던 이가 앞서 나온 시성지다. "아침조회를 하고 있는데, 밖이 소란스러워 나가보니 시커먼 기동대가 와 있는 겁니다." 경찰들이 건물 안을 4층까지 샅샅이 수색하고, 방에 있던 플로피디스크와 노트, 대회 전단지에서 공기관지 「조선신보」까지 압수했다. 당시 교토가무단에 있던 박정임에게도 '가택수색'의 기억은 선명하다. "갑자기 시커먼 옷을 입은 사람들이 들어와서 둘둘

말린 서류를 세로로 펼치듯 보여줬어요. 그게 수색영장이란 걸 그 당시엔 알 리가 없잖습니까. '왜 이 사람들이 멋대로 들어와 자기들 마음대로 이러는 건가' 했죠. 정말 무서웠어요."

그러나 강제수사의 혐의사실은 사실무근이었다. 교토부경은 교토 시에 토지거래 신고절차가 적절했는지 조회해 절차를 밟지 않았다는 답신을 얻었다고 했으나, 실제로는 적정한 절차가 진행되어 있었다. 후술하겠지만 제1초급 습격사건 때에도 교토부경의 한 간부는 이 당시의 '큰 실수'를 참고자료로 제시하며, 교토시의 대응에 대한 불신감을 노골적으로 드러냈다. 1994년 당시에 무슨 일이 있었는지는 불분명하지만, 이 당시 쿠니에다 히데오國枝英郎 교토부경본부장은 외사과, 내각정보조사실 출신이었다. '북조선 핵

1994년의 대규모 수색은 사실무근의 부당수사였다. 교토 부경으로 관계자들이 항의하기 위해 몰려갔다.(교토시 우쿄구의 교토부경본부에서. 1994.06.07)

의혹'이라는 정세에 일그러진 '사명감'을 불태우다 너무 나간 자세를 취했다는 것은 어렵지 않게 상상된다. 공을 세우기에 급급한 마음에 당연한 확인절차에 태만했던 것인가? 아니면 '부당한 수사'라 해도 상대가 총련이면 여론이 허용할 것으로 믿었던 것인가?

이른 아침부터 시작된 수색이 저녁까지 계속되었으나, 점심때가 지나서는 현장직원들 사이에서도 '수사 미스'라는 정보가 돌았던 것 같다. '부당한 수사'의 선두에 나선 이들의 '사기'도 떨어져갔다. 사무실 책장에서 끄집어낸 책을 탐독하는 수사관과 용변을 참지 못하고 마당에 서서 소변을 보다 직원에게 질책당한 기동대원도 있었다. "난, 너무 화가 나서 말이죠. 사무실 책상 위에다 부당수사라고 갈겨 쓴 종이를 근처에 있는 조선상공회로 들고 가 인쇄를 했어요. 무슨 일인가 싶어 몰려와있던 주변사람들이나 언론사 사람들에게 돌아다니며 나눠줬죠. 그랬더니 경찰관이 '총련본부에는 인쇄소까지 있다!' 하더군요. 그 장소를 특정해 수색하러 들어오려던 사람도 있었죠. 정말 어이가 없었어요." 교토부경은 다음날 '실수'를 인정하고 직접 수사종결을 선언했다. "그 후 며칠이 지나 압수물건을 돌려주러 왔는데, 내가 그걸 책상에 내동댕이쳤어요. '이런 게 필요하다면 얼마든지 줍니다! 뭘 노린 겁니까!' 고함을 쳤죠. 남자직원이 진정하라며 달래더라고요. 제가 그 일 때문에 TV에 나오니까, 동네사람이 '시성지 씨, 굉장하던데요.' 하더라고요.(웃음)"

이러한 과오는 국회에서도 지적했고, 부경본부장은 이후 인사이동 때 교토에서 규슈 관구경찰국으로 옮겨갔다. 사실상 좌천이었으나, 그것은 '조직에 누를 끼친' 책임을 물은 것에 지나지 않다. 결국 그는 끝까지 총련에 사죄는 하지 않았다. 게다가 당시 각종 매스컴은 교토부경의 부당수사를 비판적으로 보도했는데, 과연 지금처럼 '조선총련과 조선인에게는 어떤 짓을 해도 좋다'는 분위기 속에서 비슷한 부당탄압이 이뤄졌다면, 언론은 부당을 부당하다고 단언할까.

동시에 분명히 밝혀진 것은 평소에는 국제교류나 우호를 주장하는 한편으로 경찰이나 공안당국의 입맛대로 움직이는 교토시의 '습성'이다. 예를 들어 2001년 8월에는 공안조사청이 '파괴활동방지법을 근거'로 시내에 거주하는 재일조선인(한국국적도 포함)의 외국인등록원표 제공을 요청하자, 이에 순순히 따른 교토시가 불과 3개월 사이 117명의 정보요청에 대해 86명의 사본과 14명의 전입정보를 제공한 사실이 발각되었다. 주소, 이름, 생년월일은 물론 거주이력과 재류자격, 경력 등 주민표와는 비교도 안 될 과다한 개인정보가 들어있는 등록원표(지금은 폐지)를, 본인에게 아무런 양해도 구하지 않고 제공한 것이다. '국제교류'나 '다문화공생'을 내세우며 '외국적 주민'이란 조어를 전국에 앞 다퉈 발신하는 한편으로 수사당국과 공안의 한 마디에 '주민'인 재일조선인의 권리는 무시되었다. 자신들의 보신과 책임회피가 최우선인 교토 시의 체질은 이번 습격사건 이후에도 '여지없이' 발휘되었다.(이 문제를 둘러싸고 교토 시는 조선총련과 민단에 사죄했으나, 그러는 한편으로 이런 사태가 불거진 원인이 내부고발이라는 태도를 취했다. 당국으로부터 정보제공자로 지목된 시 직원은 나중에 스스로 목숨을 끊었다)

조선총련에 관계된 사람들은 항상 그때그때의 정치정세로 당국의 부당한 공격을 받아온 경험을 공통적으로 갖고 있다. 2006년 1

월 18일에는 당시 우루마 이와오漆間巖 경찰청장관이 <북조선에 대한 압력을 담당하는 것이 경찰> <북조선이 일본과 교섭할 마음을 갖도록 만드는 것이 경찰청의 업무. 그러려면 북조선의 자금원에 대해 그들이 '이렇게까지 당해야 하나' 느낄 만큼 사건화해서 실태를 분명히 밝히는 것이 유효하다>고 공언했다. 경찰법 제2조 <경찰의 책무>에 있는 '불편부당 또는 공평중정을 가장 중요시하고, 혹여 일본국 헌법이 보장하는 개인의 권리 및 자유를 간섭하는 등 그 권한을 남용하는 일이 있어서는 안 된다'는 조항과는 전혀 상반된, 철저하게 정치목적을 드러낸 수사, 탄압에 나섰다. <경찰백서>를 꼼꼼히 읽어보면 이 해 1년 동안 경찰이 어떤 사건을 만들어내고 싶었는지(≒예산을 따고 싶었는지)를 알 수 있듯이, 전국의 지자체 경찰은 살인을 비롯한 강력사건 등 '유예할 수 없는' 사안을 제외하면, 상부에서 내려온 지시(관공서의 방침)에 따라 사건을 '만들어'간다. 일제히 '보스'의 방침에 따라 움직이는 것이 관공서의 관행이다.

이후 약사법 위반과 노동자파견법 위반 등의 경미한 죄로 조선총련과 그 관계자를 노리고 공격하는 강제조사와 체포가 활기를 띠기 시작했다. 제1차 아베정권 아래에서 행해진 2007년의 시가초급학교에 대한 대규모수색도 그 문맥에 있다. 이 책을 집필 중이던 2013년 9월에는 주차위반을 이유로 조선총련계 활동가 4명이 체포됐고, 100명 단위의 기동대원이 '관계된 각각의 소속단체'를 강제 수사했다. '공권력'이 조선인에게는 무슨 짓을 해도 좋다는 모범을 보인 것이다. 재특회 일당들이 자신들은 무슨 짓을 해도 괜찮다고 여기는 것도 이상할 일이 아니다.

이쯤 되면 당국을 신용하기란 불가능할 것이다. 오히려 '당국은 적' '헌법에서 주장하는 권리는 일본인의 것'이라는 발상이 신기할 일도 아니다. 사실 이 같은 대책위원회가 열리기 12일 전, 재특회 일당의 차별 가두시위를 묵인한 것은 경찰이다. 경찰, 검찰당국은 자신들을 보호하는 존재가 아니라 탄압하는 존재이며, 법률은 자신들에 대한 공격을 정당화하는, 혹은 당연한 권리를 부정하는 다수자 측의 무기였다. 그리고 쓰레기를 버리는 장소를 잘못 알았을 정도의 형식범이라 할지라도 현실적으로는 대규모 수색과 체포, 기소까지 단행하는 당국의 수법은, 재특회가 제1초급을 습격한 '이유'로 내세운 학교 측의 도시공원법 위반을 둘러싼 공방이 벌어질 때도 속된 말로 '알아서 엎드리게' 만드는 효과를 발휘했다.

흔들리는 학부모

제1초급학교의 16평 남짓한 도서실에는 십 여 명의 어른들로 가득 차있었다. 학부모들 앞에 선 김상균이 고소 죄명에 대해 설명했다. <강요> <명예훼손> <위력업무방해> <기물손괴>, 여기에 가중처벌 요건으로 <조직적 범죄처벌법>까지. 고소의 핵심이 될 명예훼손에 대한 설명을 시작했을 때 한 어머니가 물었다.

"앞으로 더 학교가 관심거리가 돼서, 아이들이 위험에 노출되면 어떡합니까?"

습격자들이 '다시 올 테니 두고 봐라' '이걸로 끝낼 줄 알아' 라는 말을 내뱉고 간 뒤로 채 2주도 지나지 않았다. 한편에서는 엄중경계 태세가 계속되었고, 아이들의 안심·안전에 대한 불안은 최고조에 달해있었다.

또 다른 학부모가 그 말을 듣고 다시 물었다.

"지금까지도 무연금 문제를 비롯해서 행정을 상대로 재판을 수도 없이 해왔지만, 좋은 결과가 나온 적이 없는데. 소송을 한다고 정말로 도움이 될까요?"

말을 하면 상대에게 공기흐름까지 전해질 정도의 거리였다. 가슴 속에서 끄집어낸 말들이 제각기 마음속에 숨어있던 심정들과 부딪혀 파열되어 갔다.

"무엇을 위해 재판을 합니까?"

"스피커와 학교물건이 부서진 것 때문이 아니에요. 이번엔 명예훼손이 큽니다."

김상균이 형사고소의 의의를 설명하려고 하자 한 아버지의 말투가 거칠어진다.

"원래 공원이었다 해도 불리하잖아! 애초에 여기서 배울 권리가 우리한테 있었냐구!"

학부모들은 이 기간 동안 쌓여 온 분노를 표출하고 있었다. 상실감과 분노, 불안이 뒤섞여 혼돈스러웠지만, 집에 돌아가면 그 현장을 겪은 아이가 있었다. '또 오는 거야?' 몇 번씩 묻는 아이 앞에서 부모인 자신이 동요하는 모습을 보여줄 수는 없다. 하물며 서로가 받은 상처의 깊이와 불안의 크기를 숙고해 부부 간에도 화제로 삼는 것은 쉽지 않았을지도 모른다. 그런 부모들의 감정이 한꺼번에 분출되었다.

"거듭 말씀드리지만, 이 일은 명백한 범죄입니다. 지금까지 계속 지기만 했지만, 이번 싸움은 이길 수 있습니다. 그 추악한 사건을 우리는 '추악한 사건'으로만 끝내서는 안 됩니다. 그 욕설은 1세 어르신들 세대부터 들어온 겁니다. 1세가 지금까지 당해 온 차별, 맛봐야 했던 억울한 심정에 대해 '무슨 짓이냐!'고 따질 수 있어요. 불쾌한 표현일지 모르겠으나, 이건 천재일우의 기회, 아니, 그렇게 만들지 않으면 안 됩니다!"

"그 말은 알겠는데, 왜 우리가 그 싸움의 발판이 돼야 하냐구요?"

"우리가 아니어도 되잖아요."

"이제 더 이상은 얽히기 싫어요."

침묵하고 있던 고병기 교장에게 한 어머니가 따졌다.

"학교 측은 어떻게 할 겁니까?"

고소를 하면 더더욱 과격한 행동을 유발할지도 모른다. 그때 표적이 되는 것은 학교이자 아이들이다. 예고를 알았지만 혼란을 피하려고 일부 학부모에게만 알렸던 데모가 실행됐기 때문에 학교에는 학부모들의 항의가 빗발쳤다. '왜 알려주지 않았느냐'고 울며 항의하는 어머니도 있었다. '별일 없을 것이다'는 자신의 판단이 학부모들의 불안과 공포를 키운 것이다. 더 심해질 습격의 위험과 불안을 해소하고 일상을 되찾으려면 어찌해야 좋을까? 끝없이 고민한 교장이 간신히 말문을 연다.

"저는 … 하고 싶습니다."

울며 겨자 먹기로 단념하고 싶지 않았다. 이런 일이 버젓이 통하는 세상이 돼서는 안 된다고 생각했다. 한편으론 학부모와 아이들이 받을 부담이 걱정돼 직접 주장하는 것은 주저한 것이다. 그러자 반대하는 학부모들로부터 곧바로 부정적인 의견이 나왔다.

"고소를 한다 해도 우리가 재특회와 맞서 싸워야 되잖아요. 결국은."

"아이들을 위험에 처하게 하고 싶지 않아요."

"그토록 안심·안전이 중요하면 일본학교에 가면 될 거 아냐."

"그렇게 말하면 끝이라구!"

고성이 오가는 학부모들. 몇몇은 눈물까지 보이며 소리쳤다.

한 어머니는 이날을 기억한다. "저는, '이제 그만들 해요' 그런 심정이었죠. '지금 싸우지 않으면 어떡하느냐'는 얘기도 물론 이해는 하죠. 우린 아무 잘못도 없는데, 그들을 자극해서 어떤 일을 당할지도 불안했고, 더 이상 끌려 다니고 싶지 않았죠. 빨리 잊고 일상으로 돌아가고만 싶었어요. 사실 잊을 수 없는 일이지만, 그래도요…."

고성이 오가는 그 곳에는 김수환도 있었다. "가두시위 때문에 학교가 없어질 수도 있다고 한 학부모가 몇 있었는데, 이미 오래전부터 '있을 수 없는 수많은 탄압'이 학교의 역사였잖아요. 그걸 견뎌내고 지금에 이른 것이라 저는 가두시위 때문에 학교가 없어지리라곤 전혀 걱정하지 않았지만, 대응을 둘러싸고 학부모들 간에 의견대립과 서로 싸우는 모습은 정말 심각했죠. 어쩌면 학교는 남고, 학부모들은 분열될지도 모른다는 걱정이 됐어요."

대책위원회는 1시간을 훌쩍 넘겼다. 비난의 화살은 형사고소를 제기한 김상균에게 집중되어 갔다.

"고소를 한다고 아이들을 지킬 수 있습니까? 유엔에 갔다 오긴 했어도 결국은 이렇게 됐잖습니까. 싸우겠다고 하는데 도대체 뭘 가지고 싸웁니까?"

"배울 권리, 살아갈 권리, 여기서 생활할 권리입니다!"

답변하는 김상균의 목소리에 노기가 서린다.

"'권리'라니, 그게 대체 뭐냐고? 애초에 우리한테 이곳에 있을 권리라는 게 있기나 해?"

"우리한테 애초부터 인권 따위가 있었냐고?"

이것은 2009년에 나온 말이다. 대한제국이 합병된 1910년, 혹은 사실상의 식민지화가 된 1905년부터 대체 몇 년이 지났나. 식민지배에 기인해 일본에서 살 수밖에 없었던 조선인들의 중심이 3세가 되었고, 4세, 5세가 학교에 다니는 이 상황에, 다른 사람도 아닌 재일조선인들에게 스스로의 권리를 부정하는 말을 하게 만드는 것이 일본의 현실이다.

학부모들 대부분은 1960년대부터 70년대에 태어났다. 유·소년기에는 지문날인 제도도 있었고, '외국인등록증명서'를 휴대하지 않은 사실이 발각되면 경찰관에게 집요한 검문을 받을 뿐만 아니라, 때로는 파출소나 경찰서로 연행되어 '범죄자'로 심문을 당했다. 공무원취직도 대폭 제한되어 온데다, 사법시험에 합격해도 70년대 후반까지는 변호사조차 되지 못했다.

정부가 노골적인 차별을 선동하고 있는 것이다. 평범한 일본인들의 민족차별은 방치상태였다. 이른바 '일류대학'을 졸업해도 일부 상장기업에 취직 따위 생각할 수도 없었다. 부동산 앞에 붙어 있는 매물에 <외국인 불가> <주민표 필수> 조건이 붙는 일도 다반사였고, 결혼차별 등은 허다할 정도였다. 그 후 과다한 체포, 기소, 재입국 불허의 공격을 받으면서 투쟁한 끝에 지문날인이 폐지되고, 변호사등록도 가능해지고, 지방공무원으로 취직이 가능한 분야도 늘어나고, 민간기업의 직업차별도 대폭 개선되었다. 통학 정기승차권(학생할인)과 각종 체육대회에 참가, 대학수험자격 등 조선학교에 대한 차별도 차차 시정되어 갔다.

물론 차별이 없어진 것은 아니다. 때때로 노골적인 혹은 자연스레 표출되는 다수자의 차별언동을 겪으면서도 일본사회 구성원의 한 사람으로서 노력하고, 아직 바뀌지 않는 이 사회의 절망적인 본성을 계속 의식하면서도 '긍정적'인 태도로 일본사회에서 살아갈 근거를 쌓아온 것이 그, 그녀들이 지나온 시간이었다. 수많은 희생을 치르고 조금은 개선된다고 생각했던 이 사회에 대한 인식, 일종의 안도감이 그 가두시위로 파괴되었고, 떠올리는 것조차 끔찍한 수많은 사건들로 다시 끌려갔다. 자신들의 유소년 시절뿐만 아니라, 부모와 조부모에게 들어왔던 시대로. 혐오범죄는 일본사회에서 살아 갈 근거까지도 송두리째 뽑아내려 했다.

각오와 결단

'권리 따위 없는 거나 다름없잖아!' 이 말에 김상균이 반론했다. "우리에게도 권리는 있다니까요! 살아갈 권리도, 배울 권리도, 이곳에 있을 권리도. 그걸 지키기 위해 윗세대들이 싸워왔어요. 그렇기 때문에 우리가 지금여기 있는 겁니다. 법에 호소해서 법적인 책임을 묻지 않으면, 우린 계속 당하기만 할 겁니다. 제1초급뿐만이 아니에요. 제2초급도, 제3초급도 당할 겁니다. 이 자리에서 모두가 납득하고 싸워서, 이 학교뿐 아니라 앞으로 민족교육의 권리가 보장되고, 아이들의 권리가 보장돼서, 두 번 다시 위해를 가하지 않도록 우리가 방파제가 될 수밖에 없습니다. 고소합시다."

지금까지의 인생을 총동원해 김상균이 호소했다. '이거, 어떻게 해 볼 방법 없어?' 엄청난 소란 속에서 몇 번이나 이 말을 들었던 김상균에게는 자신의 이력과 미래가 걸린 순간이었다. 김상균을 통해 엔도 변호사의 의견을 듣고 '고소해야 마땅하다'고 마음을 굳힌 아버지회 회장 리기돈(1964년생)이 말했다.

"민족교육의 역사는 투쟁의 역사야. 4·24(한신교육투쟁)를 시작으로 선대가 싸워 얻은 것 중에 우리가 누리는 권리도 있어. 우린 당연하게 여기는지도 모르지만, 이번 사건으로 현실을 알게 된 거야. (표면적으로는)보이지 않을지 모르지만, 보지 않았을 뿐이라고. 옛날이나 지금이나 본질은 똑같아. 지금 싸우지 않으면 더욱 심하게 당할 걸. 우리에겐 인권도 없나? 권리도 없느냐고? 우리에게 남은 것은 '긍지'뿐이잖아! 그러니까 싸워서 명예훼손 판결을 반드시 받아내야지!"

상당히 거칠었던 회의는 최종적으로 '형사고소'를 하는 것으로 의견이 모아졌다. 2시간이 지나있었다. 처음에는 반대했던 한 어머니는 말한다. "우리한테 익숙해져버린 부분이 있던 거죠. '그냥 참으면 돼, 사태를 악화시키지 않으면 돼' 하지만 사실은 그렇지 않죠. 지금까지 계속되어온 차별에 대해 어떻게든 각오를 하고, 싸우지 않으면 안 된다고. 그러지 않으면 아이들에게 미래를 남겨줄 수 없다고. 그때 그걸 새롭게 배웠죠."

격론이 오갔던 회의가 끝나고 학부모들이 삼삼오오 학교를 빠져나갔다. 박정임은 자전거에 타려던 김상균에게 말을 걸었다.

"고생 많으셨습니다."

방금 전까지 때로 눈물을 글썽이며 사람들을 설득했던 김상균이 말을 잇지 못했다. 잠시 후 꺼낸 이야기는 의외였다.

"이제부터가 진짜 힘들어질 텐데… 내가, 정말 해나갈 수 있을지. 몹시 불안하네요. 이 학교를 움직이는 건 아버지들보다 어머니들이라 생각해요. 그러니까 함께 힘냈으면 합니다. 어머니들을 모아주면 좋겠어요. 그런데, 이렇게 하는 게 옳은 건지…."

"나도 모르게 '아휴~ 일단 부딪혀 봐요' 했죠. 어깨를 두드리며 다독인 뒤 악수를 나누고 헤어졌어요. 회의 때는 당당했지만, 얼마나 고민이 됐겠어요. 그동안 요약문 한 장까지도 그 사람이 다 챙기며 이리저리 뛰어다녔으니까. 정말 힘들었을 거예요. 어떤 의미에선 모두 다 끌어들여서 짊어진 괴로움이 그만큼 무거웠을 테니까."

습격예고 단계부터 네트워크를 활용해 변호사들과 상담을 거듭하고, 직접 대책마련에 참여하고, 사건 후에도 법적대응을 준비해왔던 김상균. 망설임 없이 법적조치로 사태를 이끌어간 것처럼 보이지만, 그 가슴속에는 두 명의 김상균이 있었다. 이날, 학부모들이 쏟아냈던 수많은 말들은 그의 가슴속에서 무수히 반복되어 온 대화이기도 했다.

"'모범이' 김상균과 '소심이' 김상균이 함께 내 안에 있는데, '소심이' 김상균이 말하는 거죠. '지금까지 계속 참아왔으니, 이번에도 참는다고 죽지는 않을 거야.' 문득 그런 생각이 스쳤어요. 아마 그냥 참는 것도 가능했을 겁니다. 그런 의미에서 '어차피, 우린 조선인이니까'하고 포기할 수도 있었을지 모르죠. 하지만 그랬다면, 아마도 난 아이들이 우리학교에 다니는 걸 그만두게 하지 않았을까. '위험한 곳'이라 하면서요, 모든 생각이 바뀌지 않았겠나. 그

때 '모범이' 김상균이 '그래도, 이건 아냐!' 생각한 거죠. 여기서 도망치면, 예전에 출신이나 본명을 숨기고 살았던 시절의 나로 다시 돌아가고 만다. 그 가두시위 때문에 과거에 차별당한 경험으로 끌려가고, 게다가 내 의식까지도 과거로 되돌아가는 거죠. 그건 역시 도저히 견딜 수 없겠더라고요. '어차피 우린 조선인'이란 생각과 '여긴 일본이야' 혹은 '우린 일본에서 살고 있으니까'라는 두 요건이 딱 맞물리면 더 이상은 아무것도 안하고, 못하는 겁니다. 학교화장실 앞에서 그 생각이 순간 마음속에 스쳤는데… 그땐 정말 두려웠어요. 나한테 그런 생각이 들었으니까, 같은 처지에서 살아온 사람들이라면 나와 같은 생각일지도 모른다. 그래서 법적대응에 대해 김지성 선생님과 몇 분이 납득해 준 것이 기뻤어요. '어차피 조선인이니까'라고 잠깐이라도 생각했던 나를 반성하기도 했고, 이런 문제는 제대로 해결하지 않으면 안 된다고 생각해주신 것에 감사하죠."

이날 제1초급에 있었던 시가 조선초급학교의 정상근도 나중에 법적대응 얘기를 들었을 때는 '그래도 괜찮을까? 안하는 편이 낫지 않을까?' 생각했다고 한다. "20대 시절엔 나도 조선학교 교육권과 처우개선을 사법의 장에서 호소해야 마땅하다고 생각했지만, 어느 사이엔가 바뀌었죠. 어떤 재판을 해도 마지막엔 권력을 이길 수 없었으니까. 시간도 허비하고, 돈도 들고, 대법원판결에서 권력에 진다는 사실이 깊게 남았죠. 최근에 있은 재일장애인문제, 고령자의 무연금 소송도 그렇습니다. 법원은 우리에게 행해지는 '차별'에 대한 증명서를 남길 뿐이죠. 그걸 반복하는 동안에 사법에 대한 불신이 응고되어버린 겁니다."

차라리 흑백을 분명히 가리지 않고, 대화가 가능한 지역행정을 상대로, 그 재량범위 안에서 '결과'를 얻어내는 쪽이 득이 된다. 학교 입장에서도, 아이들이 그곳에 있고 하루가 다르게 성장해 가기 때문에 시간도 걸리고, 리스크가 큰 수단은 취하기 어렵다. 이른바 관례처럼 계속되어온 제1초급의 공원사용도 그런 발상이 하나의 근거가 되었는지도 모른다.

하지만 그 후 정상근은 생각을 바꿨다고 한다. "이제까지의 경위를 따져보면, 지금은 시대착오였다고 스스로 반성합니다. 법적으로 싸워 마땅하고, 그걸 이겨낸 교토 동포들의 용기를 정말 존경합니다." 조선학교를 재일동포만이 아니라 지역의 '터'로 만들고, 지역주민과 브라질인 학교 부스도 설치해 함께하는 축제 <우리학교 마당>을 매년 개최한 '혁신파'인 정상근조차 당초에는 이런 인식이었다. 역사적으로 충분한 근거를 바탕으로 박혀버린 '해 봐야 소용없다'는 포기, 싸우면 아이들이 위험에 처한다는 불안. 이런 과정들을 이겨낸 학부모들의 '각오와 결단'은 어떤 것이었을까.

첫걸음

주말, 변호사들은 에가시라 세츠코 변호사가 소속된 사무소로 컴퓨터를 들고 와 고속도로 연장 강행공사를 근거로 고소장을 작성한다. 한 주가 시작되는 2009년 12월 21일 오전 9시, 교토부경 미나미경찰서에 고소장을 제출했다. 조선학원 이사장과 교장, 학부모, 변호사 대표까지 총 9명이 경찰서로 들어서자, 별도의 건물 4층에 있는 무도장으로 안내되었다. 장방형의 무도장 한쪽 벽과 나란히 긴 책상이 세 줄로 놓여있고, 벽을 등진 경찰경비과 직원 2명을 마주한 채 9명이 2줄로 나눠 앉았다.

"학교 학부모들에게 결과설명도 해야 하니까, 어떻게든 오늘 중으로 고소장 수리를 부탁합시다. 난 하루 종일이라도 기다릴 겁니다." 시작부터 엔도가 당장이라도 맞붙을 듯 강한 어조로 못을 박자 절차가 시작되었다. 응대한 경비과 직원은 '기물손괴에 대해서는 범죄성립이 분명하다'면서도 '다른 범죄는 결재가 필요하다'며 당일접수를 꺼렸다. 그러나 '범죄성립이 분명한' 기물손괴 과정에서 현행범 체포도 하지 않고, 경찰이 1시간에 걸쳐 그들이 원하는 대로 방치했다. 그것에 대해 따지자 '예상치 못하게 몰려왔기 때문에, 제대로 대응하지 못했다'는 등 변명을 했다.

30분 정도의 절차였다. 도요후쿠 변호사에게는 지금도 잊을 수 없는 광경이 있다.

"선생과 학생 같은 배치로 우리와 경찰이 대치하고 있었는데, 그들의 등 뒤 높은 곳에 커다란 히노마루(일장기)가 있고, 그 옆 벽에는 <국민을 지킨다>는 표어가 박혀있는 겁니다. '국민' 말이죠. 그런 짓을 벌였는데, 현행범 체포도 안하고 방치했던 12월 4일 경찰들의 대처가 떠올랐어요, 뭐랄까, '아아, 이거였구나' 싶었습니다."

그보다 더 도요후쿠를 놀라게 한 것은 엔도의 '강경자세'였다. 통상적으로 형사고소는 '1차로 (고소장을)받겠습니다. 검토하겠습니다.'로 접수되고, 수리가 가능하다고 판단되면 수일~일주일 정도 후 고소장의 오탈자와 미흡한 부분을 고치라는 지적이 오는 것이 보통이다. 게다가 입건이 까다로워 검찰이 꺼리는 명예훼손이다. 그런데 엔도 변호사는 그런 '상식'에 도전하고 있었다. "'수리하지

않으면 돌아가지 않겠다!'고 으름장을 놓았어요."(도요후쿠)

오후3시, 부경본부와 협의한 결과 '접수하겠다'는 방침을 전해왔다. 그때부터 여러 가지로 품이 들었다. 강행공사를 근거로 작성한 고소장의 오탈자 수정 및 날인, 어떤 근거로 명예훼손인가 확인 등 몇 가지 지적에 대응하느라, 김상균은 이날 모두 네 차례나 학교와 미나미경찰서를 왕복해야했다. 서류가 수리되었을 때 바깥은 이미 깜깜했다. 사실 같은 날, 재특회 측도 학교를 도시공원법 위반으로 형사고발했다.

엔도 변호사의 이야기다. "이날 고소장을 접수하게 만드는 일은 양보할 수 없는 한 걸음이었죠. 접수되면 경찰로서도 더 이상 사태를 악화시킬 수 없는 노릇이고. 시간싸움에 휘말릴 것은 불 보듯 뻔했으니까, 나도 주먹밥을 챙겨가서 '접수될 때까지 오늘은 돌아가지 않겠다'고 했죠."

하지만 경찰수준에서 이 사안은, 당시 당국의 감시대상인 조선총련 소관의 조선학교에 민간의 '극우세력'이 그들만의 주장을 외치며 과격한 데모를 저지른 것으로 보았다. 물론 당일에 그 만행을 간과하고 현행범으로 체포하지 않았던 경찰의 무책임은 국가배상소송의 대상이라 해도 과언은 아니나, 어디까지나 '경찰의 상식'으로 보자면 당일 고소장수리는 없었을 것이다. 이를 관철시킨 것은 제출자의 기백 때문이었다. 형사고소를 접수시켜서 아이들을 보호하고, 습격자들에게 형사책임을 묻게 하겠다ー. 돌출된 강경자세로 임한 엔도 변호사의 동력원은 '그때, 그곳에 있지 않았음'에 대한 회한과 '가볍게 생각했다'는 자신에 대한 분노뿐만이 아니었다. 엔도에게는 동시대에 분출된 인종차별주의와의 투쟁이 한국에서 만난 '종군위안부' 할머니에게 받은 질문에 답하는 것과 직결되어 있었다.

사건이 있기 몇 년 전, 그가 소속되어 있는 시민극단인 <극단수요일>의 공연이 있어 아이와 함께 한국에 갔다. "보통은 평범한 삶을 빼앗긴 할머니의 외로움 생각해서 아이는 데려가지 않는다고 하는데, 저는 거기까지 생각을 못했죠. 그런데, 우리아이가 한국어를 공부하고 있다는 것을 아신 할머니가 기뻐하셨고 용돈을 주셨어요. 자신의 방으로 저를 데려가시더니 일본인에게 당한 상흔을 보여주셨죠. 그리고 진심으로 걱정스러운 얼굴로 저에게 말씀하셨어요. '자네 말야, 이 일(성노예제도에 대한 사죄와 보상)을 제대로 해결하지 않으면, 자네 아이들 세상이 큰일 날 거야' 제게는 그 말이 역사적인 책임을 다하지 않고, 오히려 그녀들을 더욱더 욕보이는 말이 횡행하는 이 사회가, 아이를 키우고, 그 아이들이 다시 결혼해서 자녀를 낳아 키울만한, 좀 더 말하면 인간이 살아갈만한 사회인가? 라는 물음으로 들렸어요. 이 사건은 말 그대로 그것과 통해 있어요. 그 물음에 대답하고 싶었어요."

그리고 엔도에게는 또 하나의 절실한 동기부여가 있었다. 특별고등경찰(특고)로 내선담당 제1호였던 조부를 두었고, 경찰일가에서 태어난 것을 원죄로 여기는 엔도에게 있어서 습격자들의 언동은 특고-공안경찰의 라인으로 연결되어 있었다. 그것은 자신의 '내면의 적'과 대결함을 의미했다고 한다.

"김상균 씨가 가져온 비디오를 봤을 때, 그들의 온갖 욕설에 마음깊이 분노하지 않는 내가 있었죠. 습격자들의 말은 독자적으로 조사나 연구한 것에 근거한 게 아니라, 어디선가 빌려 온 거예요. 다시 말해 언론을 통해 일본사람들이 갖고 있는 조선학교에 대한 차별과 편견이죠. 그걸 그런 식으로 희화화한 것이며, 내가 무의식적으로 그들의 주장을 긍정하는 부분이 있음을 깨달은 거예요. 그렇게 더러운 말은 안했겠지만, 정말 부끄러웠습니다. 솔직히 '스파이 양성기관'이란 말에, 가슴 깊이 분노하지 않았으니까요. 그 말은 12월 4일의 핵심부분입니다. 재특회와 내게 겹치는 부분이 있었던 거죠. 특고와 공안과 재특회, 기본적으로 다르지만 통하는 발상은 다르지 않아요. 그러니까 그들을 용서하면 저도 그 사회의 일원이 되어버리는 거죠. 그건 절대 허용할 수 없었습니다."

우여곡절 끝에 형사고소가 수리되었다. 그러나 마그마처럼 축적된 일본사회의 타자에 대한 증오는 곳곳에서 분출되었다. 이 시기 '그들(재특회)'은 법적조치조차도 일절 무시한 행동에 나선다.

5. 멈추지 않는 가두시위

오후 6시가 지난 시각, 해는 이미 저물었다. 박정임은 발밑에서
밀려 올라오는 추위 속에 사쿄구左京区에 있는 교토회관으로 향하
고 있었다. 길가에는 몇 명이 한 조를 이룬 청년들이 곳곳에 서서
회관으로 향하는 사람들에게 긴장된 목소리로 인사를 한다. 서로
를 확인하는 이런 행동은 한편으로 방해, 혹은 '정찰'을 하러 온 재
특회 관계자들을 식별하는 작업이기도 했다.

이날은 형사고소 다음날인 2009년 12월 22일로, 배외주의에 '반
대'를 천명한 습격사건 후 최초시민집회 <조선학교에 대한 공격을
용서하지 않는 긴급집회>가 열렸다. 박정임은 고병기 교장과 리기
돈 아버지회 회장, 그리고 어머니회 멤버들과 함께 차례로 단상에
올라 발언을 해달라는 요청을 받았다.

습격사건을 당한 후 첫 번째 항의집회(교토시 사쿄구 교토회관 2009.12.22)

이곳에는 제1초급의 모든 교직원은 물론이고, 아이를 학교에 보내는 다수의 학부모들이 그들 중 몇 명은 아이를 데리고 참가할 예정이었다. 하지만 이날도 카메라를 손에 든 재특회 관계자가 학교 주변에 나타났다. 학교 측은 지역경찰서에 통보했고, 재특회 관계자는 출동한 다수의 경찰관에게 둘러싸여 그 자리를 떴으나, 긴급 연락망으로 이 상황이 전해지자 학부모들 사이에 '집회에도 재특회가 올지 모른다'는 동요가 확산되었다. '만약 아이를 데리고 갔다가, 그들의 데모와 맞닥뜨리면….' 그런 불안 때문에 적지 않은 보호자들이 참석을 포기했다.

"사소한 자극에도 과민해졌죠. 모두가 수상한 사람이라고 생각할 수밖에 없었어요. 바람만 불어도 상처가 도지는 상태였다는 것을 새삼 실감했어요." 당시를 떠올리며 박정임은 말한다.

집회에는 600명이 참가했다. 통로까지 참석자들로 가득 찬 홀 단상에서 박정임은 '저항할 수 없는 아이들을 노린 공격은 용서할 수 없다. 치켜든 주먹은 더더욱 높이 치켜들겠지만, 아이들은 사람을 배려하는 사람으로 키우고 싶다'고 호소했다. 혼신을 담은 발언을 했던 박정임 스스로도 경광등을 밝힌 경찰차량이 집회장소를 둘러싼 풍경을 보았을 때는 마음이 위축되는 것 같았다고 한다. "(그곳을 뚫고) 집회장 안으로 들어가지 않으면 안 되는 상황이었죠. 이제 이렇게까지 사태가 진전되어버렸구나 생각했어요."

이젠 제발 가만히 놔둬 달라 하고 싶었다. 그런 심정이 계속 되었음에도 결단을 내린 형사고소. 그 결단에는 여기서 공격을 멈추게 하고 싶다는 절실한 마음이 있었다. 혼란 속에 맞이한 2009년 연말, 박정임은 1년을 되돌아보며 어머니들에게 보낼 전단지를 만들었다. 어머니회 회장 취임 때부터 고속도로연장공사 문제와 공원 사용을 둘러싸고, 인근주민과의 마찰, 그리고 재특회의 습격…. 학교가 습격을 받은 것에 대해 이루 말할 수 없는 분노와 불안을 안고 있으면서도, 오히려 '분노의 연쇄'를 끊고 법적조치에 앞날을 맡기기로 선택했다. 그런 자기 자신, 그리고 어머니들의 '각오와 결단'을 다시 한 번 다함께 확인하려는 호소문이었다. 호소문의 문장은 아래와 같이 맺었다.

　　…….
　　마음을 하나로 모아 우리의 아이들, 학교를 지킵시다!
　　이 땅에서 조선 사람으로서 고귀한 마음과 강한 의지와 신체를 가
　　진 아이들로 키우고 싶습니다. 화합과 연대를 넓혀나가 이곳에서
　　우리를 지켜줄 큰 힘에 감사하고, 많은 애정 속에서 아이들을 키
　　워갑시다.
　　우리 엄마들의 말로 아이들에게 지금의 현실을 똑똑히 이야기합
　　시다.
　　저 또한 아무리 작은 목소리라도 용기와 지혜로 바꾸어 열심히 하
　　겠습니다.
　　내년에 건강한 모습으로 만납시다. 긴 이야기 미안합니다.

두 번째 가두시위 예고

　평온한 일상을 되찾고 싶다. 기도처럼 간절한 바람은 해가 바뀌기가 무섭게 찬물을 끼얹고 만다. 2010년 1월 7일, 재특회가 두 번

째 가두시위를 인터넷에 예고했다. '사건당일'이 생일이었던 어린 여학생의 엄마 배귀자는 아이에게 여러 차례 수사의 행방을 묻는 질문을 받았다. "하루에도 몇 번씩 '엄마, 이젠 잡혔어?' 묻는 거예요. '체포 됐대' '이젠 괜찮을거야' 해줘야죠.(웃음) 그 말을 들으면 안심했거든요."

'소수정예'이었던 첫 번째와는 달리 이번에는 인터넷상에 일시를 사전고지하고, 찬동하는 이들의 참가를 대대적으로 호소했다. 제1초급 아이들이 운동장으로 사용한 칸진바시 공원을 기점으로 학교 주변을 누비며 행진하는 코스다. 이 무렵 첫 번째 과격시위의 정점에 있던 그들은 형사고소 따위 아랑곳하지 않고 곳곳에서 가두시위를 벌였다. 충격이었던 것은 경찰이 이런 사태와 습격직후 학교 측의 엄중항의에도 불구하고, 학교주위에서 데모를 순순히 허가한 것이다. 첫 번째와 마찬가지로 평일 대낮에 학교 바로 옆 공원에서 확성기를 사용한 데모를 허용한 것이다.

배귀자는 말한다. "학교에서 들었는지, 아이가 다음 가두시위 예고가 나왔다는 걸 알고 정말 난리가 났었죠. 울면서 '잡힌 게 아니잖아—!' '왜 거짓말했어—!' 마구 화를 냈어요.(웃음)" 항상 웃는 모습에 온화한 분위기를 자아내는 배귀자가 사건 다음날부터 시작된 학교주변과 통학로에서 경비를 서는 일에는 누구보다 먼저 나서 이른 아침 가장 먼저 달려왔다. 그만큼 궁지에 몰린 심정이었다. 이런 상황에 또 다시 가두시위예고가 나왔다. '사전 고지'가 있으면 그나마 나았다. 차별데모에 선동된 인간이 개별적으로 어떤 흉악한 짓을 벌일지도 모를 일이다.

"지금도 '북조선'에 대한 정보가 뉴스를 통해 보도되면, 다음날

학교에 보내는 것도 솔직히 싫었고, 시간에 맞춰 집에 돌아오지 않으면 '무슨 일이 생겼나' 싶은 마음에 불안해지지만, 결국은 모여서 대책을 세운다 해도 근본적인 해결은 아니잖아요. 그들이 하는 짓이 정말 음험하기 짝이 없으니까. 우리 때도 차별은 당했지만, 지금은 어른들이 몰려와서 아이들에게 그런 짓을 하니까. 이젠 익숙해지길 바라야, 강해지길 바라지 않고는 도리가 없다는 생각도 하지만요. 왜 그런 필요 없는 것들을 떠안아야 되는지."

'익숙해지길 바라야, 강해지길 바라지 않고는 어쩔 도리가 없다' 도대체 얼마만큼의 억울함과 서글픔을 삼키고 그녀는 이 한마디를 했을까. 아이의 부드러운 내면을 평온한 시공간에서 키워주고 싶었기에, 다수자에게 자신들이 이곳에 있는 근거나 다름을 설명할 필요 없는 조선학교라는 환경을 아이에게 제공했기 때문이리라.

일련의 사건이 있은 후 많은 일반 참가자가 학교행사에 왔을 때, 나는 몇 번인가 단상에 오른 재학생들이 내빈들을 향해 지금까지의 지원에 대한 감사의 말과 함께 사건을 이겨내고 꿋꿋하게 살겠다고 어필하는 모습을 보아왔다. '예절'은 조선학교 교육덕목 가운데 하나지만, 어른들조차 심적 외상이 남는 사건을 겪고 꿋꿋해지겠다는 아이들을 보고 '딱하다'는 생각이 든 것도 사실이다. 자이니치 가운데는 '온실'이라 비판하는 이도 적지 않은 조선학교에 다니면서도 실은 '필요 없는 것'을 몸에 익히지 않으면 안 된다. 그만큼 일본사회가 살벌하다. 차별데모의 피해를 입은 어린아이들이 마음을 강하게 먹지 않으면 안 될 정도로 이 사회는 험악하고 악의와 무관심이 만연해 있다.

배귀자의 인터뷰에는 그녀의 남편 김의광도 동석했다. 그는 제1

초급 3학년 때 야구를 하고 싶어 일본소학교로 전학했다. 어깨 탈골이 빈번해져 야구를 단념하게 되었으나, 중고등학교에서는 야구선수로 장래가 촉망되는 강타자였다. 한편 10대 시절엔 '야생마'로 유명했다. 일본소학교로 전학 후 얼마 지나지 않아 작문 숙제를 한글로 쓴 일 때문에 심한 이지메가 시작되었다. "체육관 뒤로 불려갔는데, 십 여 명에게 몰매를 맞았죠. 그 일로 한 동안은 학교에서 한 마디도 안했기 때문에 선생님들 중에도 제가 말을 못하는 줄 아는 사람도 있었다니까요." 다수자와의 역학관계를 오로지 완력으로 뒤엎어 가는 동안에 '그 방면'에서 유명인이 되었다. 고교시절, 친구와 함께 걷고 있던 번화가에서 몇 명의 무리와 큰 싸움이 벌어져 옆에 세워있던 오토바이를 집어 던진 일 등 범상치 않은 난폭함을 보인 에피소드는 얼마든지 있다. 볼일이 있다는 아내 배귀자가 먼저 자리를 뜬 후 "실력행사를 할 생각은 없습니까?"하고 묻자 김의광은 한동안 내 눈을 응시한 후 날이 선 어투로 대답했다.

"말이라고 합니까! 거야 당연하잖아요!" 약간 어이없는 표정을 짓고는 이어 말했다. "동영상을 보고 구토할 지경이었어요. 무슨 짓을 해도 괜찮은 겁니까? '북조선이 이렇다 저렇다' 그런 얘기가 아니잖습니까. 인간이 할 짓입니까?"

험악한 얼굴로 단숨에 말을 쏟아냈다. 배귀자가 있을 때는 온화한 분위기였던 이유는 자신의 분노를 매개로 아내가 '사건당시'로 끌려가는 것이 염려되어 그랬을 것이다. 그러더니 혼잣말처럼 말했다. "사실, (아내가)더 분노했어요. 사건이 있던 날, 그 화를 쏟아낼 때는 굉장했으니까."

이 두 사람이 한 약속은 아이 앞에서 '사건당시' 얘기는 일절 안하는 것이다.

"결국 그 데모는 경찰이 있는 가운데 강행된 거예요. 아이들에게 무슨 일이 터진 다음에는 이미 늦는 거죠. 그렇다면 내 아이 정도는 내가 지키겠노라 마음먹었죠."

김의광은 재특회가 히가시쿠조東九条에서 시위를 벌인다는 것을 알고, 그들이 출발하기 전 시위대 속에 몰래 잠입하겠다고 아내에게 말했다. "집사람도 딸도 '어휴, 쓸데없는 일 하지 마요!' 했는데, 방에 들어가 보니 검은색 상하 운동복과 모자가 있더군요.(웃음) 그걸 보고 정말 화가 많이 나있구나 했죠."

데모참가자인 것처럼 그들 가운데 슬쩍 끼었다. 아무런 확인도 없었다. 어떤 사람들이 왔는지 경계심도 없이 공원에 모여 있는 그, 그녀들에게 김의광은 맥이 빠졌다고 한다. 중심인물의 코앞까지 접근했지만, 그 이상 선을 넘지는 않았다. "역시 안 되겠더라고요. 만약 내가 그를 흠씬 두들겨 패준다 해도 분명 일시적으로 후련하긴 하겠지만 그 뿐인 거죠. 근본적인 해결은 안 되니까. 무엇보다도 그 이상 내가 폭력사건을 일으키면 딸이 '사건당시'로 끌려간다는 생각이 들어서. 그래서 '순식간에' 냉정해졌지만."

김의광은 교토 조선초급학교가 있는 다이고醍醐 지역에 산다. 사건을 통해 그는 이전보다 더 학교의 미래에 대해 생각하게 되었다고 한다. "옛날처럼 조국통일에 이바지한다거나 통일된 조국으로 돌아가자고 사람들을 규합할 수 있는 시대가 아니죠. 왜 우리학교가 필요하고, 학교를 위해서는 어떻게 해야 하는지, 다시 한 번 동포전체가 고민해야 한다고 생각해요. 특히 교토에서 할 수 있는 일은 주변의 이해를 넓혀가는 일입니다. 개인적으로는 재특회에 아무런 공포심도 없지만, 두려운 건 '유사시'예요. 수천인지 수만인지 모를 일이죠. 그렇지만 그들(재특회)을 지원하는 층이 얼마나 되고, 어떤 행동에 나서려 하는지 생각해봐야죠. 우리 입장에서는 지금 보다 더 지역에 개방해서 이해와 우호를 넓혀야 해요. 우리학교를 지키려면 이 방법 밖에 없다고 생각합니다."

피난

두 번째 가두시위 고지에 학교 측은 곧바로 대책회의를 열었다. 시위 날짜는 1월 14일, 첫 번째와 마찬가지로 평일이며, 시간은 오후 2시부터 약 1시간 30분 정도를 예상했다. 반복하지만 형사고소 후에도 이 같은 일이 기획되었다. 관계자들의 실망과 무력감은 어느 정도였을까. 그러나 낙담하고 있을 여유는 없었다. 아이들이 있기 때문이다. 학교 측의 생각은 오전 중에는 수업을 실시하고, 오후는 관광버스를 빌려 학교 밖으로 나간다는 내용이었다. 교외학습 대책 안을 들은 학부모회는 또다시 소란스러워졌다.

'우리가 뭘 잘못했나?'

'왜 도망치는 것인가?'

'애들한테 어른들이 도망치는 모습을 보일 셈인가?'

'이것이 일본의 현실이니까 보여줘야 하지 않나'

학교 측의 대응에 격한 비판이 오가고, 교사들이 할 말을 잃은 한편에선 반론도 제기되었다.

'아이들에게 그런 폭언과 데모를 보고 듣게 해서는 안 된다'

'그런 일을 두 번 다시 경험하게 하고 싶지 않다'

그날의 공포를 그대로 드러내고 있는 아이들의 부모들은 아이를 더 이상 동요시키고 싶지 않다며 '피난'을 주장했고, 학교에 남아 현실을 보여줘야 마땅하다는 이들 간에 평행선을 달렸다. 사건 후 여러 차례 반복된 내부에서의 의견충돌이었다.

"저는 학교 밖으로 내보내고 싶지 않았어요. 그냥 학교에 있길 바랐죠. 그들이 찾아오는지 지켜보면 되고, 평소처럼 지내면 된다고 생각했어요." 한 어머니의 말이다. 그녀도 또 다시 아들에게 "조선인이 왜 나쁜 거야?"란 질문을 받고 답을 해주기 곤혹스러웠다. "'그 사람들은 일본을 너무 좋아해서 일본 외에는 싫어하는 드문 사람들'이라고 말할 수밖에요. 어차피 아이도 친구 집에서 동영상을 보고는 '죽어버리면 좋겠어!' 라고까지 말했거든요. 이미 영상으로 다 알고 있는데다, 어른들이 애쓰는 모습을 보여주면 그걸로 된다고 생각했어요. 이제는 명확하게 그들의 악의를 알아버렸으니까. 물론 우리 애가 사내아이라 그런 말도 할 수 있다는 건 알고 있었지만…."

당시 2학년이었던 그녀의 아들은 하루 4교시 수업에 맞춰 매일 잘 깎은 연필 4자루를 필통에 넣어 학교에 갔다. 사건 이후 2자루는 유난히 날카롭게 깎아 딱히 쓰지도 않고, 때로는 손에 들고 가기도 했다. 엄마가 이유를 물어보자 아들은 선언처럼 말했다, '이걸로 재특회와 싸울 거야'라고. "보통 부모들은 '그러지 말'라고 할지 모르지만, 저는 '그렇구나, 좋아, 혼내줘!' 했어요. 전 정말 그래도 괜찮다고까지 생각했으니까…." 하지만 시위가 예고되자 '나 못 하겠어, 무서워, 못 싸울 것 같아. 학교에 안 가고 싶어' 눈물을 글썽이며 엄마에게 호소했다.

일방적으로 들이닥치는 데모로부터 피난을 해야 할 이유는 추호도 없다. 오히려 두 차례에 걸친 '회피'가 아이들에게 줄 영향을 염려하는 의견도 있었다. 그러나 혐오데모에 대한 '내성'에는 당연히 개인차가 있다. 아이들에게 보이는 것은 좋으나, 그 후에 아이들을 어떻게 돌볼 것인가? 이 물음에 이의를 제기하는 이는 없었다. 격론 끝에 최종적으로는 대체수업을 하는 방향으로 의견이 모아졌다.

다음 날, 학부모들에게 배포된 <1월 14일 대체수업에 대해>라는 제목의 전단지에는 아직 행선지도 정해져 있지 않았다. 결과적으로 고학년은 '국립민족학박물관'(오사카 부 스이타시)으로, 저학년은 '현립 비와호 박물관'(시가 현 쿠사츠시)으로 갔다. 유치반은 제2초급에서 합동보육을 하기로 정해졌다.

"고학년 정도면 어째서 갑자기 교외학습을 나가는지 다 알죠. '재특회가 오니까 그런 거죠'라거나 '또 오는 거예요?' 묻는 아이도 있었어요. '또 오는 건 사실이지만, 너희들은 아무 잘못이 없어' 한 번 더 확인해 주었지만, 괴로웠습니다." 교무주임 김지성의 말이다.

전교생의 과외활동이다. 예상 밖의 지출도 따랐다. 이를 메우기 위해 학교 측은 이과(과학)수업과 공작수업에 쓰는 교재의 질을 낮추고, 여름캠프의 게임 상품을 싼 것으로 구입했다. 심리적 피해가 강조되는 혐오데모이지만 경제적인 손실도 적지 않다.

전압을 더해가는 차별성

1월 14일 오후, 칸진바시 공원에는 이전 참가자를 훨씬 웃도는 40여 명의 혐오시위 참가자들이 모였다. 이 모습도 그들이 직접 업로드 한 동영상에 남아있다. 일장기와 욱일기가 공원에 펄럭인다. '재특회' '주권회'의 깃발을 손에 든 이도 있는가 하면, '조선인들아, 반일 일본인들아, 일본이 싫으면 일본에서 나가라!!'는 피켓을 치켜든 이, 그 중에는 '칠생보국七生報國'이라 써 넣은 일장기 머리띠를 두른 이도 있다.

동원된 경찰관 100명이 학교주변과 시위참가자 주위에 배치되고, 그들을 크게 감싸는 형태로 학교관계자와 시위를 반대하는 시민들이 모여 있다. 이중의 원형 안에서 갈색 상의를 입은 남성이 소리친다. "조선인들아, 너희가 이 공원의 벤치를 치워버려서 도시락을 못 먹는 거 아냐!" 실제로는 학교가 벤치를 철거한 사실은 없다. 카모가와 강 제방에서 시위를 내려다보고 있는 청년을 발견하자, 흰색 코트를 입고 선글라스를 낀 여성이 확성기를 손에 들고 경찰관을 끌며 제방으로 재빨리 다가가 청년들에게 도발 발언을 한다. "고추가 달려있다면 이리 와라. 겁쟁이!" 아직 시위개시 전이다. '마이크를 사용하지 말라'며 주의를 주는 경찰관에게 이 여성은 "쓸 거야! 누구한테 하는 소리야 너희들! 같은 일본인 아냐!" 마구 욕설을 퍼붓는다. "스파이는 나가라!" "우리는 용서하지 않는다!" "이건 말야, 전쟁이라구." "일본인을 우습게보지 마라 조선인!"ㅡ. 선동구호는 단편적인 동시에 몹시 공허했다. 학교와 지역과 교토 시 삼자합의로 공원을 사용해 온 것을 '50여 년 간 불법점거'라 단정해 갖은 욕설을 퍼부었다. 그들이 준비한 현수막에는 <조선학교의 공원점거를 용서하지 마라! 불법점거를 '학교습격'으로 바꿔치기 한 비열한 조선인, 차별박해 당하고 있는 조선인은 본국으로 돌아가라!>고 쓰여 있다. 하지만 이 집회의 내실은 애초에 분명한 '차별 가두시위를 <불법점거에 대한 항의>로 바꿔치기한 인종차별주의자의 비열함' 이외에 아무것도 아니었다. 집회를 끝낸 그들은 공원을 나와 현수막을 선두로 학교주위를 행진하며 조선인이 집주하는 히가시쿠조 지역을 시위하며 행진했다.

"불령한 조선인을 일본에서 몰아내자" "일본 아이들의 웃음을 빼앗은 비열, 흉악한 조선학교를 우리 일본인은 결코 용서하지 않겠다" "전쟁이 끝난 후 이 조선인들은 치안이 정비되지 않은 시기에 건방지게도 구일본군 육·해군의 비행복을 입고, 토지를 불법침탈, 금품약탈, 강간, 은행습격, 살육, 경찰습격 등 난폭한 짓을 저질렀습니다." "자신들의 토지로 멋대로 등록해 지금에 이르렀다." "조선인을 보건소에서 안락사 시켜라." "너희들은 조선에서 죽으면 되잖아, 죽어라." "(조선학교의 교사는)북조선의 가장 우수한 공작원"―.

만취한 무리가 토사물을 이리저리 토하며 행진했다고 한들 이 추악함의 발밑에도 이르지 못할 것이다. 비열을 경쟁이라도 하듯 도무지 한 치의 인간성조차도 없는 발언이 이어진다. 게다가 '호위역할'의 기동대를 이끌며 진행된 데모행진은 실제 인원인 약 40명을 훨씬 웃도는 100명 이상의 대규모 데모로 보이고 만다. '처음엔 충격이었지만, 두 번째, 세 번째는 공포였다.'고 김상균은 회상한다. 무엇보다 위협적이었던 것은 점점 더 늘어가는 팔로워와 사이버 공간을 뛰쳐나온 데모 참가자가 몇 배나 늘었다는 사실이다. 자신들의 '정의'에 도취해 남에게 상처를 입히고, 멸시하는 행위에 마음속으로 쾌락을 느끼는 이들의 저변이 넓어지고 있었다. '재특회스러움'은 이토록 일본사회의 구석구석까지 침투해 있었다.

두 번째 혐오데모를 벌이며 학교 옆을 행진하는 참가자들. 첫 번째에 이어 평일 낮에 강행되었다. (2010.01.14)

제1초급을 겨냥한 일련의 차별 가두시위는, 후에 현행형법상 4명에게 유죄판결이 나온 12월 4일 첫 가두시위의 폭력성과 충격성에 시선이 가기 쉽지만, 발언의 비열함과 차별성은 회를 거듭할수록 그 전압이 증폭되었다. 그들의 언동, 특히 문구에 '과격화'라는 수식어가 붙어 언론에서 '혐오발언(헤이트스피치)'이 다뤄지기 시작한 것이 2013년 2월 이후의 일이지만, 온갖 욕설의 메뉴는 실제로 대부분 이 무렵 등장했다 해도 좋다. 애초에 어휘가 빈약하고, 케케묵었다.

분노에 찬 고함소리가 쏟아지는 학교 안에는 교무주임 김지성과 고병기 교장이 있었다. 경찰관에게 보호를 받으며 차별용어를 절규하듯 쏟아내고, 눈빛을 번뜩이며 데모행진을 하는 사람들. 어떤 의미에선 초현실적인 광경을 보면서 김지성은 생각했다. '아이들이 이런 광경을 보지 않아서 다행이다. 교육현장에서 이런 일이 벌어지다니 있을 수 없다.'

이날, 학교는 2교시부터 특정관계자 이외에 출입을 금지했다. 아이들은 일찌감치 교외 학습을 떠났다. 교사도 두 명을 제외하고 인솔자로 따라갔다. 데모행진 출발은 오후 3시였다. 학교 측은 4시에는 데모가 종료될 것으로 보고, 경찰관의 철수까지 고려해 오후 4시 반 쯤에 학생들이 학교로 돌아오기로 예정되어 있었다. 그러나 자신들이 곳곳에 토해놓은 증오의 썩은 내에 취하기라도 한 듯이 흥분의 도를 더해가는 시위대들은 종점에 이르렀어도, 4시가 되었어도 해산하지 않았다.

김지성은 각 교사들에게 연락해 교장의 지시가 있을 때까지 버스 안에서 대기하라고 지시했다. 한편에서 데모참가자들은 학교 주위에서 서성거렸다. 동료가 (그들을 감시하고 있던 청년의 야유로)모욕을 당했다는 등 흥분한 모습을 보이거나, 학교정문 앞에서 '블루리본(납북 일본인 무사귀환을 상징하는 배지)' 배포와 납치문제에 관한 서명활동을 하겠다고 주장하거나, 무언가 구실을 대며 현장주위에 머물렀다. 해산명령과 경고를 한 경찰에게도 "너희들이 일본인이냐!" "총 이리 내. 너희는 총을 가질 자격이 없다!"는 등 고함을 질렀고, 일장기와 깃발, 피켓을 손에 들고 기동대의 저지선을 돌파하려는 데모참가자와 경찰관 사이에 몇 차례의 실랑이가 벌어졌다.

괴롭힘의 효과는 절대적이었다. '마치 학교 때문에 이런 사태가 일어난 것 같은 분위기였다'고 고병기 교장은 말한다. 첫 번째 가두시위에 이어 '도발에 편승하지 않고, 대응하지 않는다'는 방침을 견지하고, 고병기교장과 김지성은 쓸데없는 접촉을 피하기 위해 학교 밖에도 거의 나가지 않았다. 하지만 종료지점에 달해서도 끝나지 않는 데모, 그리고 혐오데모에 대해 너무나도 협조적인 경찰의 태도에, 데모를 감시하고 있던 젊은이들의 초조함이 싸여갔다. 확성기로 퍼붓는 욕설을 들은 청년이 그들에게 야유를 날리며 말다툼이 일어났다. 학교 2층으로 올라가는 층계참에 진을 치고 있던 청년들과 노상을 배회하는 재특회 일당들 간에도 고함소리가 오갔다. 박정임의 얘기다. "재특회가 경찰에 둘러싸여 있는 것인지, 학교 측이 무슨 잘못을 해서 경찰에 포위되어 있는 것인지 구분이 안 되는 광경이었죠. 공원사용을 둘러싼 문제를 해결하고, 앞으로 지역사람들에게 백안시 당하는 사태만은 피하자고 어머니들과 다짐했는데…." 기동대에게 둘러싸인 가운데 박정임은 울면서 여러 차례 소리쳤다. "제발 그만 해! 이제 그만 해! 그만 하라구!…." 소란에 묻혀버린 외침은 혐오데모 참자가를 향한 것만은 아니었다. 오히려 그것은 재특회 일당들에게 고함치고 있는 동포들을 향해 있었다.

인근지역에 이른 파문

혐오시위대가 해산한 것은 오후 4시 반 무렵이었다. 그 후에도 참가자 몇 명은 기동대 바리케이트를 마주하고 근처 편의점주변 등에 모여 있었다. 도저히 학교 밖으로 학습을 나간 학생들의 귀교허가를 내릴 상태가 아니었다. 어쩔 수 없이 인터체인지 부근에서 대기하라는 지시를 하자 현장교사들의 분위기에서 그때까지 몰 랐던 아이들 중에도 사태를 알아차린 아이가 있었다. "또 온 거예요?" "아아, 무서워" 버스 안에 파문이 확산되어 갔다.

고병기교장이 귀교를 지시할 타이밍을 헤아리고 있을 때, 교문 밖에서는 박정임이 경찰과 언쟁을 벌이고 있었다. 이렇게 삼엄한 광경을 아이들이 보게 된다면 함께한 노력이 수포로 돌아간다고 생각했기 때문이었다. "그만 철수해 주세요!" "아이들이 돌아오기 전에, 눈에 띄지 않는 곳으로 이동해 주세요!" 이대로는 안 된다는 굴욕을 참으며, 그럼에도 아이들을 지키기 위함이라 어쩔 수 없이 받아들인 교외학습의 의미가 없어지고 만다. 하지만 그런 염려의 호소를 경찰은 들어주려하지 않았다. 박정임은 학교 측에도 학생 들의 집합·해산장소를 바꿔달라고 요청했지만 당일의 혼란에 묻 히고 말았다.

결국 버스가 학교로 돌아온 것은 오후 5시가 지나서였다. 어둑어 둑해진 학교주위를 붉은 경광등을 켠 경찰의 대형차량이 둘러싸 고, 방패를 손에 든 경찰관이 학교주위 노상에 배치되어있다. 심상 치 않은 광경이 아이들 눈앞에 펼쳐져 있었다. "교외수업을 했던 큰 이유는 재특회뿐만이 아니었어요. 경찰관과 경찰차량이 학교를 둘러싸고 있는 광경을 아이들에게 보여주고 싶지 않았죠. 평온하 게 지내야 할 장소임이 분명한 학교에 심상치 않은 사태가 벌어진 모습을 보여주고 말았어요. 만약 '이런 학교에 다녔던 거예요?' 라 고 물으면 답할 말이 없어요." 고병기 교장의 말이다.

유난히 피로가 극에 달한 것은 유치반 아이들이었다. 평소 하교 시각은 오후 2시 반인데, 이날 교외학습은 데모대와 조우를 피하기 위해 하교시각이 오후 5시로 정해졌다. 하지만 그것조차도 끝나지 않은 데모와 실랑이로 지키지 못했다. 경계를 서느라 학교주변에 있던 어른들 속에는 유치반 아이의 학부모인 김수환도 있었다. 나중에 내가 일련의 사건에 대해 물었을 때 약간 곤혹스런 표정을 지은 후, "언제까지나 피해, 피해를 입었다고 정서적으로는 말 못하죠. 애초에 '있을 수 없는' 일들이 반복되어온 것이 조선학교 역사였으니까, 이제부터 앞으로 어떻게 해나가야 할지가 중요하죠." 라며 나에게 논리를 펴듯 말한 그였지만, 이날 한참 뒤늦게야 도착한 버스 안에서 피로에 지친 자신의 아이가 내리는 장면에 이야기가 이르자 갑자기 눈물을 글썽이며 말을 잇지 못했다. "아이를 지켜주지 못했구나 생각하니…"

아이들을 데리러 어른들이 잇달아 학교로 왔다. 하지만 그곳에 있던 것은 무사히 돌아온 아이들의 웃는 얼굴이 아니었다. '지정된 시간에 왔는데도, 여전히 학교주위에는 경찰차가 있었고, 경찰관과 모르는 사람들이 있었다'고 한 어머니는 그날을 기억한다. 적지 않은 아이들이 이날 또 다시 가두시위가 벌어진 것을 알아차렸다. 학부모들도 그것은 어렵지 않게 알 수 있었다. '이런 모습을 봤다면…어차피 마찬가지 아닌가…' 몇 명의 어머니는 울고 있었다. 이날은 인근의 시립소학교도 시위 때문에 하교시간을 앞당겼다. 가두시위가 인근에 뚜렷이 영향을 미치기 시작했다.

이날 가두시위 모습은 즉시 동영상사이트에 업로드 되어 찬동하는 이들의 댓글이 이어졌다. 그 후 촬영을 한 이가 지금까지 촬영한 영상을 <간사이 보수 활동 기록DVD 완결 BOX>로 만들어 1세트 18,000엔, 혹은 1장에 1,000엔씩 개별판매 한다는 안내까지 했다. 이날 데모를 동영상사이트에 올려 활동을 어필했을 뿐만 아니라 상품으로 판매까지 한 것이다.

교토변호사회가 12월 4일의 차별 가두시위에 대해 '비판적 언론으로서 허용되는 범위를 넘어 국적이나 민족에 의한 차별선동에 해당 된다'고 무라이 도요아키村井豊明 교토변호사회장 명의로 비판 성명을 발표하고, 교토 부 지사와 교토 시장에게 성명서를 보낸 것이 이날로부터 5일 후였다. 하지만 재특회는 이 성명까지도 불복하고 2월, 교토변호사회관에도 몰려가는 소동을 일으켰다.

가처분 신청

언제까지 계속되는가— 2차 가두시위 후 많은 관계자가 분노하고, 불평했다.

12월에 벌어진 시위에 이어 두 번째 가두시위가 허용되었다. 그것이 인정되는 사회에 자신들이 살고 있다. 게다가 주위에도 악영향을 불러왔다. 그렇지 않아도 고속도로 연장공사 문제가 있었다. 해가 바뀌어도 긴장된 마음을 이완할 수 없는 나날이 계속되었다. 어머니들이 '사자에 상(만화 주인공)'이라 자조한 집단등교 인솔—이런 '은어'가 있을 정도로 학교에 등교하는 평범한 행위에 경계심을 가질 수밖에 없는 상황이 많았던 것이다—순찰, 보호 교대는 계속되었다. 어머니들은 다시 교문부근에 의자와 난로를 갖다놓고 공원을 감시했다. "아예 타임카드를 만들어 놓고 싶을 정도였죠." 농담처럼 얘기한 박정임. 본래는 떠올리고 싶지도 않은 여러 사건들은 해학을 섞지 않고는 말할 수 없었다. 그녀는 당시 하고 있던 세 가지 일 가운데 둘을 그만두었다. 다른 어머니회 임원도 일을 그만둘 수밖에 없었다.

이런 가운데 세 번째 가두시위가 예고된다. 3월 16일이었다. '살아있다는 느낌이 들지 않았다'고 박정임은 말한다. 학교 측은 가두시위 금지 가처분신청에 나섰다. 데모금지 가처분은 자칫 자본가가 노동운동의 탄압 등에 사용하는 수단이지만, 쓸 수 있는 방법은 뭐든지 동원할 수밖에 없었다. 이를 주도한 이가 도요후쿠 세지 변호사였다. 그에게는 잊을 수 없는 일이 있다. 가처분신청 자료에 첨부할 사진을 찍기 위해 도요후쿠가 학교를 찾아간 때는 마침 제1초급의 졸업식이었다. 학교관계자로부터 '아이들에게 한 말씀 해주었으면 좋겠다'는 말을 듣고 아이들 앞에 섰다. 도요후쿠를 응시하는 아이들의 목젖에 어떤 말이 걸려있는지는 아플 만큼 잘 알고 있었다.

"나는 정말 이 일이 좋아서 이 사건의 변호를 맡고 있어요. 난 조선인은 아니지만, 친구가 이런 일을 당하는 걸 보고 가만히 있을 수 없기 때문에 하는 겁니다. 교토변호사회에서 100명이 응원하고 있어요. 나쁜 사람들이 빨리 체포돼서 모두가 안심하고 학교에 올 수 있게 하겠습니다."

이렇게 말하자 이내 학생들에게 질문이 나왔다.

"언제 체포돼요?"

도요후쿠도 그것은 알 수 없다. '기다리렴, 이제 곧 체포 될 거니까' 이 말 밖에 할 수 없었다.

세 번째 시위예고가 나온 3일 후인 3월 19일에 학교 측이 가처분을 신청, 5일 후인 24일에는 재특회 일당들에게 학교로부터 반경 200미터 이내 가두시위를 금지하는 처분이 나왔다. 보통은 상대의 변론을 들은 다음에 결정되는데, 법원은 재특회의 주장을 들어 보지 않고(심문절차 생략) 결정했다. 게다가 예상 밖의 속결판단이 었다.

이러한 법원의 결정은 언론에서도 보도되었다. 사실 일련의 혐오 데모에 대해 도쿄신문과 아사히신문, 교토신문, 마이니치방송 등 일부를 제외하고 이때까지 언론들은 거의 보도하려고 하지 않았 다. 보도한 언론사들이 하나같이 재특회의 공격을 받았다. 요컨대 집요한 항의를 해오는 '골칫거리 꾼'들의 반발을 우려한 것이다. 이런 까닭에 법원의 결정은 언론의 입장에서 보면 보도의 적기였 다. 그 후로도 혐오데모가 이어졌음에도 불구하고, 각종 언론들이 신오쿠보와 쓰루하시에서 벌어진 데모를 비로소 보도하게 된 것 은, 2013년에 카운터운동이 고조되어 쌍방에서 체포자가 나오거 나 혐오데모를 문제시한 야당 국회의원이 원내집회를 열게 되면서 부터이다.

가처분결정 뉴스는 기쁘게 맞이했다. '처음으로 법률로 보호받은 기분이었다'고 김지성은 말한다. 그 기쁨은 물론 어머니들도 마찬 가지였다. "'됐다~!' 소리쳤어요. 신문기사를 보며 다함께 기뻐했 죠." 박정임의 말이다. 하지만 반신반의하기도 했다. 애초에 형사 고소를 개의치 않고 두 번째 가두시위를 강행했던 그들에게 법치 국가의 '상식'이 통하겠느냐고. '이제 안심이다' 생각했다는 김수 환은 세 번째 시위예고를 듣고 신고를 하러 간 교토부경 미나미경 찰서에서 이런 말을 들었다. '가처분 명령이 나왔다고 해서 가두시 위를 불허하거나, 접근을 금지시키는 것은 불가능하다' 염려는 현 실이 되었다.

허용되는 가두시위

그들의 데모는 세 번째도 강행되었다. 히가시쿠조 북동부에 위치한 기타이와모토 공원에 집합해 가와라마치河原町 거리와 가라스마鳥丸 거리, 대로 2곳을 차례로 남하하면서 조선인 집주지역 전체를 누비며 걷는 코스였다.

집합장소는 남북으로 뻗은 스하라須原 거리와 가와라마치 거리 사이 부근이다. 이곳은 히가시쿠조 내에서도 특히 재일조선인이 많은 지역이다. 예전에는 두 거리를 따라 열악한 목조 판잣집이 줄지어 있고, 그 앞으로 근대적 풍경을 휙 가로지르듯 히가시쿠조 북측으로 신칸센 철로가 동에서 서쪽을 향해 달렸다. 국제 문화관광도시 현관에 어울리지 않는다는 판단이었을까, 1964년 도쿄올림픽과 1970년 오사카만국박람회 등 국제적 이벤트로 외국인 관광객들의 교토관광이 예상되던 시절에는 이 구간에 한해 신칸센에서 남쪽이 보이지 않도록 '가림막'이 세워져 있었다. 예전에는 마치 '교토의 수치'인 듯 모욕당한 곳에 이번에는 참고 듣기 어려운 온갖 욕설이 난무한 것이었다. 가처분결정 4일 후인 3월 28일의 일이다.

"바퀴벌레, 구더기, 조선반도로 돌아가라" "억울하고, 억울한 조선인은 김정일 밑으로 돌아가라!" 선도차에 탄 데모지휘자의 구호가 끝없이 이어진다. 무엇에 선동된 것인지, 그야말로 혼신을 다하는 절규로 얼마 지나지 않아 목이 쉬었고, 일종의 무시무시함이 증폭되어 간다. 내용은 단편적인 차별용어와 사실무근의 중상비방이 대부분이었다. 하지만 그들이 쓰는 어휘의 빈약함, 표현의 단순

함은, 그대로 듣는 이들의 내면을 휜 못으로 할퀴듯 상처를 입힌
다. 후술하겠지만, 이 같은 가두시위에서 외치는 민족과 인종, 성적
지향 등의 속성을 같이 하는 집단을 향한 욕설은, 일본에서는 '표
현의 자유'의 범위로 허용되고 만다. 개인을 특정하지 않은 까닭에
보다 광범위한 사람들을 상처입힘에도 불구하고.

　보행자도로에서는 데모를 감시한 청년들이 이따금씩 쏟아지는
욕설을 되받아치며 나란히 행진했다. 법원이 인정한 반경 200미
터 내 가두시위 금지구역에는 조선인청년들이 일렬로 늘어서 데모
대를 저지하려고 대기 중이었다. 거기에 막히자 재특회의 데모를
경호하고 있는 기동대원들은 강화 플라스틱 방패를 일제히 전방에
있는 청년들에게 향하고 전진을 시작했다. 그곳에 있던 김수환은

기동대는 가두시위 금지구역으로 침입을 막으려는 조선인청년들에게 두랄루민 방패를
향했다. (2010.03.28)

말한다. "속았다 싶었죠. 가처분을 어긴 것이 누굽니까. 어차피 경찰들은 조선인은 보호하지 않는다는 생각이 들어 머릿속이 새하얘졌죠." 경찰은 청년들을 밀어내고 데모를 수행시키려 한 것이다.

이날은 휴일이었는데, 유치반 주임(현장 책임자)인 장청향(1960년생)은 학교에 나와 있었다. 연도가 바뀌어 1학년으로 올라가 언니, 오빠가 되는 유치원 아이들, 그리고 며칠 후에 조선학교 학생이 될 신입 원아들이 즐겁게 지낼 수 있도록 핑크색을 기본으로 실내를 따뜻한 색으로 다시 칠하고, 모래사장에 흩어져있던 완구를 주워 모아 정리하고 있었다. 아이들을 맞이할 준비가 한창인 가운데 학교 북쪽에서 고함소리가 들려왔다. 문틈으로 욕지거리를 들으면서도 학교에 그들이 접근하지 못하게 하려는 동포청년들의 모습을 장청향은 똑똑히 기억하고 있다. 무언가 비현실적인 광경이었다.

데모대는 가두시위금지구역 안까지 아무렇지 않게 침입해 들어왔다. 청년들은 필사적으로 막아섰다. 학교주변은 12월, 1월에 이어 다시 소란스러웠다. 선도차 안 지휘자는 "위력업무방해다. 체포하라"며 계속 고함을 질러댔고, 데모참가자들은 '체포, 체포!' 구호를 외친다. 최종적으로 경찰이 데모대를 해산시켜 참가자들이 종착지점인 칸진바시 공원으로 들어가지는 못했고, 1월 14일처럼 학교주변에 모이지도 못하고 돌아갔다. 경찰이 데모대를 저지한 것은 물론 가처분의 효력은 아니다. 온몸으로 막으려고 했던 청년들과 데모대가 충돌해 대형난투극이 벌어지는 상황을 피한 것이다. 책임자는 그런 '불상사'로 인해 경비담당자로서 경력에 '오점'이 남는 것을 두려워한 것이었다. 가처분조차도 무시한 데모는 허가

되고, 경찰호위 아래 추악한 혐오데모가 또 다시 반복되었다.

"어차피 경찰은 혼란을 피하고 싶었던 것뿐이에요" 이날 얘기만 나오면 김수환의 말에 '어차피'라는 세 음절이 빈번해진다. 데모를 저지한 후, 김수환은 법적대응을 제안했던 김상균에게 조용히 물었다. "정말…이런 식의 대응으로 괜찮은 겁니까…." 입 밖으로 꺼내지는 못했지만, 형법학자인 김상균도 김수환이 느낀 사법에 대한 실망을 공유하고 있었다.

학교 안에서 사태를 지켜보고 있던 김지성은 이때의 충격과 무력감을 어제 일처럼 떠올린다. "일본학교와 교류도 잘 되어가고, 이 사회에서 조선학교 학생으로서 열심히 노력할 꿈을 키우던 아이들에게 찬물을 끼얹은 겁니다. 이제까지 쌓아온 것이 무너지는 것 같았어요. 한 번 뿐만이 아니라, 두 번, 세 번째입니다. '이런 일이 허용되는 건가?' '일본 사회에서는 이것이 OK인가?' 하고 말이죠."

젊은이들이 막아서고 있어서 두 번째 시위 때처럼 그들이 학교 주변을 배회하는 사태는 피했다고는 하나, 이미 데모금지가처분이 나와 있었다. 청년들이 공원에서 시작된 집회단계부터 데모대와 함께 행진하고, 2시간 가까이 견디기 힘든 욕설을 계속 들으며, 그럼에도 온몸으로 막겠다는 각오에 경찰관들이 충돌의 혼란을 두려워한 결과였다. 팽팽한 긴장상태에서 벗어난 후 두통과 권태감 등 몸에 이상을 느낀 이도 있었다. 갖은 욕설에 지속적으로 노출됐기 때문에 발생하는 심리적, 신체적 피해. 이는 언제나 수동적으로 시작하지만 결과적으로는 더러운 언어에 계속 시달리게 되는 대항데모활동에 공통되는 증상이다. 속성에 대한 집요한 공격과 욕설 탓에 보다 광범위한 이들의 내면에 예리한 상처를 입힌다.

같은 날 교토 시 히가시야마구 마루야마 야외음악당에서는 12월 이후의 혐오데모에 항의하는 시민들의 <민족차별·외국인 배척에 반대하고, 다민족 공생사회를 만들자! 집회>도 열렸다. 12월 22일의 집회에 이은 대규모 시민집회에는 900명이나 되는 시민들이 참가했다. 학교관계자 외에 시민들 사이에서도 이 같은 혐오데모에 대한 인식이 확산돼 '배외주의 데모를 용서하지 않는다' '공격으로부터 조선학교를 지키자'는 목소리가 퍼져갔다. 하지만 재특회는 히가시쿠조 지역의 40명 가까운 데모대와는 별도로 십 수 명의 별동대를 조직, 시민집회 후 참가자들이 통과하는 시조가와라마치四条河原町 교차로에 집결해 시민집회 참가자들에게 카운터 혐오데모를 벌였다.

　"북조선의 동료들이 오늘 이곳을 지나간다. (중략) 조선학교는 조선총련이, 사실은 납치범 같은 스파이를 키우는 학교입니다." "조선학교 아이들은 제대로 된 교육을 받지 않습니다. 김정일 찬양교육을 세뇌당하고 있습니다. 불쌍한 아이들입니다."

　교토시내 최대의 번화가에서 중상비방을 외쳐대며 기세를 올리는 참가자들. 11명에서 시작된 조선학교 공격은 불과 4개월 만에 별동대 활동이 가능할 정도로 지지자를 늘려놓았다.

　이날 저녁, 데모에는 참가하지 않은 재특회 회장이 신속히 성명을 내놓았다. <불령선인들이 도당을 조직해 데모대의 진로를 방해했습니다만, 교토부경은 이들을 저지 혹은 체포하는 등 정당한 업무를 하지 않았습니다. 더 이상의 데모속행은 극히 위험하다고 판단한 주최자 측은 해산지점인 칸진바시 아동공원까지 도달하지 못한 채 도중에 해산하게 된 것 같습니다. (중략)이번 데모의 전말을

듣고, 일본에서 마음껏 행동하는 조선세력에 대해 지금까지와는 다른 단호한 대응을 검토할 단계에 접어들었다고 판단됩니다.>

그들이 지금까지 그래왔듯 인터넷에 올린 이날 데모영상의 타이틀은 《조선총련과 유착해서 시민데모를 위험에 빠뜨린 교토부경》이다. 이것이 그들의 인식이었다. 가처분결정에 대해 재특회 회장은 '결단코 인정할 수 없다'고 강하게 비난한 다음, '당연히 법적대응 조치를 취해서 철저하게 조선학교와 싸울 생각'이라고 표명했다. 게다가 '반일교육을 추진하는 범죄자의 소굴, 아이들의 미래를 빼앗는 아동학대를 계속하고 있는 조선학교를 일본에서 하루라도 빨리 소멸시키기 위해 재특회는 앞으로도 활동을 계속해 나가겠다'고 끝맺음 했다. 이 문구를 보면 네 번째 가두시위도 충분히 있을 법 했다.

재특회와 같은 '행동하는 보수'와 그 지지자들에게 이 사건은 '우국지사'가 불법점거지역을 '탈환'한 영웅적 행위임이 틀림없고, 제1초급의 공원사용은 '재일 특권'의 상징으로 전국의 '행동하는 보수' 운동의 공격 대상이었다. 그런 학교에서 매일 아이들과 접촉하는 교사들의 심신의 부담은 이미 한계에 달해있었다. 일본사회에서 살아가는 조선인 아이들에게 언어와 문화를 가르치고, 자존감과 동포들 간의 유대를 쌓아간다는 조선학교 본래의 업무수행은 일찌감치 어려운 일이 되어 있었다.

6. 피폐해가는 교사들

식민지시대인 1930년대 이후, 조선인을 조선인으로서 교육하는 곳에 대한 탄압은, 드러나는 폭력에서 제도적 차별조치로 형태가 바뀌면서도 오늘날까지 일관적으로 계속돼 왔다. 국가에 의한 '차별선동'이라 해도 과언이 아닌, 조선학교에 대한 고교무상화 배제도 그 하나다. 각종학교로 인가받은 것을 지렛대 삼아 교섭을 거듭해 쟁취한 지자체의 얼마 안 되는 보조금도 최근 잇달아 끊어졌다. 앞서 말한 것처럼 교직원의 급여도 지급이 늦어지는 것이 당연한 상황이다. 결혼해서 아이가 태어나면 부업의 유무나 배우자의 수입, 부모의 경제상황에 따라서는 퇴직을 할 수밖에 없다. 꿈 같은 직업이면서 빈번하게 교원들의 교체 사이클이 빠른 큰 이유도 이러한 과중노동과 낮은 수입, 불안정함에 있다.

때문에 조선학교의 운영은 교사의 손이 닿지 않는 곳을 지원하는 학부모들의 무상노동으로 지탱되는 것이 현실이다. 그런 학부모들이 아이들의 안심·안전 대책에 쫓긴다는 것은 '우리가 학교선생님을 지원해서 교사의 본분을 수행할 수 있도록 돕지 못하게 됨을 의미 한다'(리기돈 아버지회 회장)

가뜩이나 일에 쫓기는 교사들에게 경비원이나 경찰관을 연상시키는 역할이 더해졌다. 사람을 의심하는 시선과 신뢰하는 시선의 전환이 시시각각 요구되었다. 이때까지도 고속도로건설공사 때문에 학교에서는 순찰교대를 정하고 있었지만, 그런 상황에서 벌어진 습격사건으로 보호요원까지 늘게 되었다. 직원회의도 아이들의 경비태세가 주제가 되었다. 안심·안전에 '이것으로 족하다'는 없었다. 힘을 쏟아야 하는 시간도 대폭으로 초과되었다. 불안해하는 학부모들과의 협력도 지금까지 해온 것 이상으로 긴밀히 해야만 되었다. 빈번하게 유인물을 만들어 아이들에게 전달하지만, 아이들이 내용을 보게 할 수는 없기에 봉투에 넣는 작업도 추가되었다. 게다가 두 번째 가두시위 날에 교외학습으로 바뀐 수업도 다른 날 메꿔야 한다.

그런 과중부담에 시달린 한 사람이 유치반 주임이었던 장청향이다. 재일조선인 3세다. 부모님은 일본학교에 다녔고, 성인학교에서 조선말과 문화를 배웠지만, 차츰 나이가 들고, 게다가 생활에 쫓기는 가운데 언어를 습득하기란 쉽지 않았다. '자식들에게만은' 그런 일을 겪지 않게 하겠다는 심정으로 직업 형편상 교토에서 고치 현高知県으로 이사를 하면서도 장청향을 포함한 4남매를 모두 조선학교에 보냈다. "아버지는 우리형제들의 학교행사에 참가하면서 학교가 좋아져 교육회(학교지원조직) 임원도 맡았는데, 조선말은 잘 쓰지 못하셨죠. 제가 가르쳐주기도 했는데, 아버지가 내부용 문서에 조선말로 문장을 잘 쓰시면 '그거 직접 쓴 거예요?' 묻곤 했죠.(웃음)" 아버지는 오히려 그런 딸의 말을 기뻐한 것 같다. 대학 진학을 앞두고 조선대학교에 지금의 보육과가 생겼다. 원래부터 아이들을 좋아한 장청향은 '자신을 위해 만들어졌다'고 생각할 정도로 기뻤다. 1기생으로 입학해 조선학교 유치원 교사가 되었다. '너무 열심히 해서' 몸이 상하기도 하고, 결혼과 출산 등으로 휴직도 했지만, 이후로는 계속 동포들의 유아교육현장에 종사해 왔다.

2013년 3월말, 학교인근 찻집에서 그녀를 만났다. "어제, 취재를 위해 진술서를 다시 읽어봤는데, 또 우울해져서…오늘도 사실은 어떡할까 생각했어요." 하지만 유아교육의 중요성에 대해 묻자 거침없이 이야기를 시작했다.

유아교육현장에 미친 영향

"유아교육부터 시작한 아이는 2개 국어 동시획득이 무리 없이 가능해요. 일주일, 한 달이면 몰라 볼 만큼 말하고, 한 학기면 토대가 만들어져요. 생활용어도 우리말로 획득하고, 정서를 우리말로 키울 수 있으니 훌륭하죠. 정체성 확립에는 굉장히 중요하다고 생각합니다. 초급학교부터 들어온 아이는 수업을 통한 학습으로 몸에 익히는데, 비교해보면 속도가 전혀 달라요."

취재를 의뢰하는 통화를 할 때도 말을 잇지 못했다. 나도 주저하며 임한 인터뷰였는데, 민족교육, 특히 심혈을 기울인 유아교육 이야기를 꺼내자 쉼 없이 말이 나왔다. "눈물이 많아서 취재에 응하는 것이 몹시 겁이 났는데, 이런 각도라면 괜찮네요."

한때는 휴직을 했던 장청향이었지만, 18년 전에 복귀해 제1초급의 주임이 되었다. 힘을 쏟은 것은 일본의 보육교사들과의 교류였다.

"유치반은 특히 젊은 선생이 많아서 결혼, 퇴직도 잦아요. 교체가 빠르니까 교원의 질을 높이는 것이 어려웠어요. 그래도 이 학교는 당시 세 명밖에 없었기 때문에 일본의 젊은 선생님들과 교류를 통해 배우고, 질을 높여가려고 했어요. 외부에서도 유아교육 영어선생님을 초대해서 교류하거나 합동 숙박보육을 하기도 했죠. 플러스알파를 얻으려고요. 일본의 유치원, 보육원에는 없는 가치가 확보된다면 학부모들은 아이들을 맡겨줍니다. 그 토대가 이제 겨우 만들어졌다고 생각했을 무렵이었죠."

고속도로 연장공사 문제가 불거졌다. 학교주변을 스쿨존으로 만드는 것조차 행정당국과 교섭하지 않고는 보호받지 못하는 조선학교(일본학교 주변에서는 당연한 등하교시 교통규제 및 안전표지판 설치 같은 안전대책이 각종학교인 조선학교는 이마저도 '그림의 떡'이다. 야마구치, 사이타마, 도쿄 등에서 보호자들이 행정당국과 교섭을 통해 안내판 등을 설치하고 있는 실정이다)로서는, 아이들의 안심·안전은 자력으로 해결할 수밖에 없는 문제다. 빠듯한 일상에 공사에 따른 안심·안전 확보가 가중되었다. 그런 가운데 습격사건이 이어졌다. 앞서 나온 첫 번째 습격 날, 유치반은 제2, 제3초급과 교류 축구교실로 시내 북쪽에 있는 운동장에 가 있어서 직접 욕설을 듣거나, 그들의 모습을 보거나, 험악한 분위기를 경험한 것은 아니었다. 그렇지만 운동장에서 대기하며 귀교시간을 대폭으로 늦출 수밖에 없었다. "버스운전기사에게 교장선생님이 전화를 하셨

경로모임에서 색동옷을 입은 유치반 아이들 (제1초급 당시 2009.09.12)

는데, 수화기로 엄청난 소리가 들려왔어요."

그리고 첫 번째 습격 다음 날인 12월 5일에는 학교 입학설명회였다. 하지만 이날 참가자는 유치반에서 학년으로 올라가는 8명을 제외하면 신규입학은 2명. 유치반은 제로였다. 사건이 모든 원인이라고는 하지 못하겠지만, 예상 밖의 격감이었다. '앞으로 잘 해보자' 생각한 시기였던 만큼 참가자 제로는 충격이었다. "교원들 모두 눈물을 흘리며 '좌절하면 안 된다, 각오를 단단히 하고 노력해보자'고 했어요."

유치반은 조선학교의 입구다. 학교전체 '입학아동 확보'라는 부담도 있다. 학부모들에게 입학을 권유하는 하루하루가 시작되었다. 전면에 나선 이는 물론 장청향이었다.

"하지만 아이들을 맡기겠다고 하는 학부모가 좀처럼 나오지 않았어요. 진작부터 고속도로 건설공사 때문에 대형차량이 오가는 위험한 상태였고, 소음과 배기가스 문제도 있었죠. 게다가 재특회까지…. (가족 중에 아무도 조선학교에 다니지 않는)신규아동은 그렇다 하더라도, 형제가 다니는 가정까지 어찌할까 고민하는 모습은 충격이었어요."

물론 낙담할 일만 있는 건 아니었다. 위기감을 느낀 부모들이 연대해 다양한 사람들에게 입학을 권유해주었다. "원서를 나눠주거나, 실제로 조선학교의 교육내용을 알려주기 위해 학예회에 신규 학부모들을 데려오는 사람도 있었고. 저도 끈질기다 싶을 정도로 열심히 활동했죠." 차츰 유치반 입학희망자가 나타났지만, 한편으로는 자신이 목표했던 아이들보육과 일상 업무와의 괴리는 견디기 어려운 지경이 되어 있었다.

"역시 주변경계에 시간을 뺏길 수밖에 없어요. 인근을 산책하며 일본사람들에게 '안녕하십니까?' 인사를 주고 받는 사소한 일이지만, 조선학교 유치원아이들은 평소에 일본인과 접촉할 기회가 거의 없어요. 일본에서 살고 있다는 체험기회로 산책은 중요한 교육이에요. 하지만 재특회가 온 이후에는 산책도 나가지 못하게 되었어요. 유치반교사는 모두 여성인데다, 항상 남성에게 동행해 달라고 할 수도 없으니까. 체조수업은 공원에서 했었는데, 그것도 유치원마당에서 하는 놀이로 바꿨어요. 교문 안이지만 그래도 작은 학교라 교문 밖에 누가 찾아오면 아이들이 보게 되고, 게다가 고함소리라도 듣게 되면 어떡하나. 놀고 있는 아이들 곁에서 우리는 교문 앞을 지키고 서서 경비원이나 감시원의 시선으로 주위를 살피게 됐죠. 교사들끼리는 '평범한 보육을 하고 싶다'고 다들 말했지만, 그런 상태로는 불가능하죠. 하루 종일 그런 느낌이었습니다."

당시 이야기에 이르면 유아교육에 대해 말하던 때와는 전혀 다르게 장청향은 둥글게 말린 물수건으로 몇 번씩 눈물을 닦았다. 작년에 할 수 없었던 것을 올해는, 올해 할 수 없었던 것을 내년에, 조금씩이라도 보다 좋은 교육을 제공하고 싶은 것은 교사의 본능인데, 턱없이 부족한 시간으로 손을 댈 수 없는 일도 많았다. 게다가 고속도로 연장공사와 습격사건이라는 한꺼번에 쏟아져 내린 외적요인으로 할 일이 늘어났을 뿐만 아니라 현상유지도 힘들었다. 못했던 일을 여러 번 되돌아보고, 어떻게든 채워보려 무턱대고 일에 매달렸다. 하지만 '학교'라는, 어떤 의미에서는 '보수적'인 곳에서는 뜻대로 되지 않는 일도 적지 않다. 열정이 강했던 만큼 장벽에 부딪히자 상처를 받았다. 그것 또한 스트레스를 가중시켰다. 점점 악순환이 반복되었다. 더불어 유치반뿐만 아니라 초급부에 다니는 아이와 학부모들에 대한 죄악감으로도 연결되어 갔다. 왜냐하면 유치반은 조선학교의 입구이기 때문이다. 학생들 대부분은 그녀의 제자이고, 많은 아이들의 입학에 자신이 어떤 형태로든 관여되어 있었다. "녹초가 돼서 집에 돌아와 누워도, 아이들과 학부모들에게 죄송한 마음이 들었어요. '저것도 해야 되고, 이것도 해야 되는데', 잠을 자는 것이 어쩐지 죄가 되는 것 같고, 휴일에 놀러 가는 것도 당치않은 일처럼 여겨지고…너무 무리했거나, 감당할 수 없었던 것일지도 모르죠…그래도 저는 노력했다고 생각해요…." 굵은 눈물을 멈추지 못했다.

사건이 있은 지 1년 반 후, 민사소송을 위해 법원에 제출할 진술서를 만들 때였다. 장청향은 자신의 진술청취를 담당한 도미마스시키 변호사에게 어린 시절에 민족교육을 받는 의의와 중요성을 말하는 한편으로 이상적인 보육이 점점 멀어져 가는 현실의 괴로움을 절절히 털어놓았다. '하지만 제가 열심히 하면 돼요. 그 사건을 계기로 열심히 노력중입니다.' 라고 맺음하려는 장청향에게 도미마스 변호사가 말했다. "그래도 그런 괴로움은 재특회의 가두시위 영향 때문이지요?" 갑자기 눈물을 참을 수가 없었다. "눈에 보이는 방해보다도, 눈에 보이지 않는 부분의 문제가 커서…. 저는 말이죠, 전부 내가 잘못한 것 같아서, 내가 열심히 하면 된다고 생각해 온 거죠. 변호사님의 한 마디에 '그것 때문이었구나. 그렇게 생각해도 괜찮은 거구나' 했어요."

그 당시 동료는 하나 둘 퇴직했다. '그만 둘 수 있다는 것이 너무 부러웠다'고 한다. 그 해 가장 어린 반 유아들이 졸업할 때까지 만이라 생각했으나, 같은 조선학교 교사인 딸에게 이런 말을 들었다. '엄마, 좀 쉬면 어때요.' 집에서도 늘 일에 대한 애기를 즐겁게 하던 장청향이 점점 업무에 시달려 일 애기를 입 밖으로 꺼내지 않는 모습에 가슴이 아팠던 것이다. 20년 이상 심혈을 기울인 민족교육의 현장을 2013년 봄에 그만두기로 결정했다.

퇴직하기 전 마지막 업무는 후시미구伏見区에 지어진 새 교사로 이사하는 일이었다. 아이들 장난감은 일본 민간보육원이 리뉴얼할 때 제1초급에 양도한 '낡은' 것들이다. "물론 주시는 것은 감사한 일이지만, 모처럼 우리도 새 곳으로 가는데, 장난감들은 쓰던 것 그대로였죠. 국고지원이 없는 것이나, 다른 지자체에서는 보조금이 끊기거나 삭감된 일, 그리고 고교무상화에서 배제된 일까지 생각하면, 이건 '호르몬(버리는 것)'이구나 생각하니 눈물이 나서…. 제가 제2초급에 다녔을 때 같은 또래 일본인 남자 아이가 '조-센'이라 소리치며 돌을 던진 일이 있어요. 그때랑 뭐가 달라진 건가."

습격사건 당시에 이 학교에 근무하던 교사들 약 절반은 그 후 3년 사이에 퇴직했다. 애초에 교사들의 교체 사이클이 빠른 것은 앞서 애기한 배경도 있지만, 사건을 둘러싼 과중한 부담도 큰 요인임이 분명했다.

전근

사건이 있은 후 학교이전을 계기로 전근한 이가 당시 3학년 담임이었던 정유희다. '그때 겪은 일들로 어지간한 일에는 놀라지도 않게 됐어요'라고 했지만, 당시에는 전근을 생각할 여유 같은 건 없었다. 후술하겠지만, 애초에 일본정부에 의한 반세기 이상의 차별이 계속된 곳이 조선학교이긴 하나, 그 중에서도 전대미문의 차별 사건을 교사 1년차에 겪었기 때문이다.

다른 현에서 출퇴근을 한 정유희가 가장 힘들었던 것은 보호당번이었다. 등하교 때는 물론이고 사건 이후로 공원에 나갈 때는 교사가 동행하는 것이 원칙이었다. "사내아이들은 방과 후 뿐만 아니라, 수업시작 전에도 공원에서 공을 차요. 그래서 교원이 당번을 정해 아침 8시에는 누군가가 공원에 나가기로 했어요. 전날 몇 시에 나가는지를 확인하는데, 축구대회를 앞두고 남자아이들이 7시 30분이나 35분에 나가고 싶다고 했어요. 저는 통근시간 상, 빨라도 7시 45분이 되어야 갈 수 있다고 말했는데, 딱 한 번 지각해서 8시 10분에 도착한 적이 있어요." 다른 교원이 8시에 출근해 있어서 아이들이 공을 찰 수 있었지만, 그때까지 15분 동안 아이들은 현관 앞에서 공을 안고 기다리고 있었다. "죄악감을 느꼈어요. 재특회 사건만 없었다면 이렇게까지 되진 않았을 거예요."

수업 전이나 방과 후 뿐만이 아니었다. 수업과 수업사이 10분간의 쉬는 시간에도 교사 중 누군가가 공원에 나가 아이들을 지켰다. "수업준비도 하고 싶고, 시간 내에 과제가 끝나지 않은 아이가 있으면 끝날 때까지 남아 봐주고 싶은데 그럴 수 없는 거죠. 다른 교실에서 시험이 있은 후 도저히 문제를 풀지 못하는 아이가 있어 5분 연장이라도 하면, 갑자기 (보호)교대순서가 돌아오는데다, 오후 5시까지 빈 시간이 전혀 없는 상태였어요." 교사의 손이 부족해 자습을 하는 시간도 늘어났다. 사건이 가져온 피해 중 하나는 자습시간의 급증에 따른 아이들의 학력저하였다. 그것을 우려하는 부모들의 불만은 정유희에게도 들려왔다. 학부모들의 불만을 들어줄 수 없는 것도 스트레스였다.

제1초급은 교실과 교직원실이 다른 건물에 있기 때문에 오갈 때마다 신발을 신고 벗어야 한다. "(순찰이 늦어져) 전날 밤 늦게까지 만든 음표카드를 가지러 갈 수 없었던 일도 있어요. 의기소침해졌어요, 아무래도." 하지만 정유희의 괴로움을 알아차린 이는 다름 아닌 아이들이었다. 가두시위의 충격으로 사건 후 1주일 정도는 수업도 하는 둥 마는 둥이었던 아이들이었지만, 눈으로 보기에도 모습이 달라졌다고 한다. "여자아이가 편지를 주었어요. 전부터 편지를 받긴 했지만, 문장이 길어지거나 '긍지를 갖고 열심히 노력하겠습니다'라는 글을 써주기도 하고. 남자아이는 수업참여 의식이 갑자기 높아졌어요. 문제를 내면 열심히 손을 드는 아이가 있기도 하고, 숙제를 잊지 않고 해오기도 하고. 자기들끼리 교실분위기를 띄우려고 했죠. 정말 사랑스러웠어요."

정유희의 부모도 조선학교 교사였다. 고교시절 취주악부 교원을 동경해 조선대학교 진학을 고민했을 때, 정유희는 다름 아닌 부모의 심한 반대에 부딪혔다. '넌 아직 교단에 설 수 있는 단계가 아냐. 우리학교 선생이 된다는 것은 그렇게 간단한 일이 아니다' 하지만 '어설픈 결심이 아니'라며 반대를 무릅쓰고 시작한 교원생활, 드디어 자신만의 페이스를 만들었다고 생각했을 때 일련의 사건과 맞닥뜨린 것이다. "숨 돌릴 틈 없이 팍팍했어요. 설마 이런 일을 겪으리라고는 생각지 못했어요. 부모님도 형제들도 걱정이 많았죠."

정유희는 제1초급이 제3초급과 통합해 이전한 2012년 3월, 다른 현의 조선학교로 전근했다. 전근 간 학교에서 인터뷰를 했다. 창문 밖에는 학교운동장이 보이고, 아이들이 축구에 열을 올리고 있었다. "이곳에 왔을 때, 당연한 것처럼 운동장이 있고, 허가를 받지 않아도 놀고 싶을 만큼 놀 수 있는 환경이 있어서 감동했어요. 하지만 이게 당연한 거잖아요." 여전히 그 사건을 반추한다. "역시… 첫 번째 습격보다 두 번째, 세 번째가 컸어요. 어떻게든 막을 수 없었을까 지금도 그런 생각을 해요. 첫 번째 습격예고를 알리지 못했던 일로 학부모와 학교관계가 껄끄러웠던 부분도 있었어요."

지금도 넘어져 울고 있는 아이를 보면 사건이 떠오른다. 역 승강장에서 취객이 내지른 고함소리에 그때의 광경이 떠오른 적도 있다. 열차에 타면 까닭 없이 주위의 시선이 신경 쓰이기도 했고, TV에서 조선(북)을 둘러 싼 뉴스를 보아도 사건을 떠올릴 때가 있다고 한다. "하지만, 그 아이들과 만난 건 얻기 힘든 행복이었어요." 지금도 그때 학생들과 자주 연락을 한다. "(화제가) 마지막엔 반드시 그 사건 얘기를 하게 돼요. 가장 안 좋았던 기억으로 말이죠."

변하지 않는 정부의 적시정책, 변화를 보이는 지자체

형사고소를 했음에도 수사는 시작되지 않았고 가두시위는 여전히 계속되었다. 교사들은 나날이 피폐해 갔다. 당시 장기화 된 이 문제에 직면해 대응한 이는 교무주임 김지성이다. 순찰에 필요한 인원이 부족하면 대신 들어갔고, 프린트를 만들고 직원회의를 진행했다. 학부모들에게 상황을 설명하고 외부에도 대응하느라 연일 심야까지 업무가 이어졌다. 2학기가 끝난 12월 하순, 김지성은 과로로 쓰러진다.

김지성은 1968년, 조선대학교를 졸업한 부모님 슬하에 도쿄에서 태어났다. 초급학교부터 조선학교에 다녔고, 초급 6학년 때 가족들 모두 교토로 이사했다. 6학년 1년 동안은 제1초급에서 공부하며 칸진바시 공원에서 뛰어놀았다. "'우리'라는 말로 연결된 것이 조선학교의 매력이에요. 조선학교에서 제가 키울 수 있었던 자기긍정감을 아이들에게 전해주고 싶습니다." 그 심정으로 교사의 길을 선택했다. 그가 학창시절을 보내며 진로를 정하고 교사생활을 시작한 1980년대부터 90년대는 조선학교를 둘러싼 상황이 격변한 시기였다.

이글 모두에서 서술한 바와 같이 일본정부의 조선학교 말살 움직임은 1940년대 후반에 있은 무장경관을 동원해 강제 폐쇄한 것으로 끝난 것이 물론 아니다. 2002년에 이른바 '일본인 납치문제'가 불거진 이후 지극히 노골적인 '조선학교 말살정책'이 두드러졌는데, 적시정책은 시대를 불문하고 일관적으로 계속돼 왔다. 그 한 가지 사상은 교토 제1초급이 칸진바시 곁에 개교하고 약 6년이 지난 1965년 12월 28일에, 47개 도도부현 지사와 교육위원회에 내려진 문부사무차관통달 '조선인만을 수용하는 교육시설의 취급에 관해'라는 이른바 「65년 문부사무차관통달」에 나타나 있다. 통달의 모두에 기록된 취지는 아래와 같다.

「일본에 거주하는 조선인자녀의 교육상 취급에 대해서는, 종전대로 일본공립소학교 및 중학교에서 교육받는 것을 희망하는 경우에는 입학을 인정, 이후에도 별도로 『일본국에 거주하는 대한민국 국민의 법적지위 및 대우에 관한 일본국과 대한민국 간 협정의 교육관계 사항 실시에 관해』(1965년 12월 25일 文初財 제464호 문부사무차관통달)에 따라 조선인자녀의 입학을 인정하게 되었는데, 이는 조선인자녀에게 일본국 공립학교에서 특별한 교육을 실시하는 것을 인정하는 취지가 아님이 분명하다. 그런데 조선인만을 수용하는, 대부분의 공립소학교 분교의 실체는 교직원의 임명·구성, 교육과정의 편성·실시, 학교 관리 등에 있어 법령의 규정에 위반되고, 지극히 비정상적 상태에 있다고 인정되기 때문에 다음과 같이 적절한 조치를 취할 것」

이에 따른 조치로 몇 개의 구체적인 방침을 내놓았다. 첫 번째 대상으로 지목한 것은 당시에도 가나가와 현과 효고 현 등의 일본공립학교에서 운영하고 있던 조선인만 공부하는 총 16개의 분교이며, 이들 분교의 폐쇄를 염두에 둔 항목이 나열되어 있다.

(1) 이들 조선인만을 수용하는 공립소학교분교에 대해서는 법령에 위반하는 상태를 시정하고, 그밖에 학교교육의 정상화에 관한 필요한 조치를 강구할 것.
(2) 이들 공립소학교분교에서 학교교육실태가 개선되거나, 정상화된다고 인정되지 않을 경우에는 이들 분교의 존속에 대해 검토할 것.
(3) 또한 조선인만을 수용하는 공립소학교 또는 중학교 및 이들 학교의 분교 또는 특별 학급은 앞으로 설치해서는 안 된다.

통달은 다음으로 조선학교를 표적으로 삼는다. <조선인만을 수용하는 사립교육시설(이하 '조선인학교'라 함)의 취급에 관해서는

다음에 따라 조치할 것>이라며, 조선학교에 대한 3항목의 방침을 명기했다.

(1) 조선인학교에 대해서는 학교교육법 제1조에 규정된 학교의 목적에 비추어, 이곳을 학교교육법 제1조에 해당하는 학교로서 인가해서는 안 된다.

(2) 조선인으로서 민족성 또는 국민성을 함양하는 것을 목적으로 하는 조선인학교는, 일본국 사회에 있어 각종학교의 지위를 부여할 적극적 의의를 지닌 것이라고는 인정할 수 없기에 이를 각종학교로 인가해서는 안 된다. 또 같은 이유로 이러한 종류의 조선인학교 설치를 목적으로 하는 준 학교법인 설립에 대해서도 이를 인가해서는 안 된다. 또한 이는 해당시설의 교육이 일본국 사회에 유해한 것이 아닌 한, 실제로 교육을 실시하는 것을 금지하는 취지는 아님.

(3) 이미 학교교육법 제1조학교 또는 각종학교로 인가된 조선인학교 취급에 대해서는 검토를 요하는 문제도 있으나, 당분간은 보고, 신고 등의 의무를 수행하는 등 법령을 준수해 적정한 운영이 이뤄지도록 유의함과 동시에 실태파악에 힘쓸 것.

나아가 조선인을 포함해 일반적으로 일본국에 거주하는 오로지 외국인만을 수용하는 교육시설의 취급에 대해서는, 국제친선 등의 견지에서 새로운 제도를 검토해 외국인학교의 통일된 취급을 도모하고 싶다.

민족교육은 일본사회에서 가치가 없는 것이며, 분교와 특별학급은커녕 1조교로서도 각종학교로서도 인가할 수 없다, 이미 인가받은 학교에 대해서는 실태파악(≒ 관리, 감시)에 힘쓰라는 방침이었다. 전문을 적은 이유는 제2장에서 언급했던 「1·24 통달」과의 일관성을 보여주기 위함이다. 그리고 유의해야 할 것은 이 통달이 한일정부간 재일한국민의 처우를 둘러싼 교섭과 관련해 나왔다는 점이다. 온갖 기회를 통해 일본정부는 조선학교의 존재를 부정하려 한 것이다.

이 같은 1965년 문부차관통달의 발상은 그보다 몇 개월 전 내각조사실이 「조사월보(調査月報)」 7월호에 기록한 문언 <일본에 영주하는 이민족이 언제까지나 이민족으로서 머무는 것은 일종의 소수민족으로서, 장래에 곤란하고 심각한 사회문제가 될 것임은 자명하다. 피아쌍방 장래의 생활과 안정을 위해, 이러한 사람들(재일조선인)에 대한 동화정책이 강조되는 이유이다. 다시 말해 대폭 귀화하도록 만들어야 한다. (중략) 재일조선인 자녀의 민족교육에 대한 대책을 조속히 확립해야 한다>(강조점, 인용한 이)의 연장선상에 있었다. 이 보고서에는 조선학교의 교육을 공산주의교육으로 여겨, 문교문제가 아닌 강제폐쇄도 염두에 둔 '치안문제'로 생각해야 마땅하다는 문장도 있다. 통달이 나오기 얼마 전에는 사토 에이사쿠佐藤栄作 당시 수상이 참의원 일한특별위원회의 답변에서 '식민지에서 해방되어 독립한 것이다, 독립된 교육을 하고 싶다, 그런 뜻이라면 그건 그들 나라에서 하는 것은 괜찮다. 여기는 일본국인데, 일본에게도 그걸 요구하는 건 좀 아니지 않나, 그런 생각이 듭니다'(12월 4일) 라고 말했다.

이 통달을 수용하는 형태로 1968년 3월, 외국인학교법안이 국회에 상정된다. 총 14조나 되는 조문에 외국인학교와 민족교육의 권리에 대한 문장은 일절 없고, 학교 측의 의무와 문부대신의 시정명령, 폐쇄명령, 게다가 압수수색 조사와 교육중지명령 권한을 인정하는 등 오로지 조선학교에 대한 일본정부의 관리, 감시 강화만을 모색한 법안이었다. 반대운동이 격해져 법안은 폐지되었으나, 법안은 1970년대까지 형태를 바꾸면서 수차례에 걸쳐 제출되었다. 일관적으로 이어진 일본정부의 '조선학교 적시자세'의 발현이었다.

'학교로서 의의를 인정하지 않는다'는 방침은 그 후에도 조선학교에 대한 처우전반을 규정했다. 예를 들어 고급(고등)학교를 졸업해도 고졸학력으로 간주하지 않고, 대학수험 등의 자격을 인정하지 않는다. '조선학교'를 선택한 이에게는 이 사회에서 살아갈 전망을 갖지 못하게 하는 지극히 음습한 차별이었다. 그중 하나로 조선학교가 각종학교라는 이유로 각종 체육대회 참가를 차단시켰다. 아무리 노력해도 일본 고교생들과 동등한 입장으로 만나거나 서로 경쟁하는 것이 불가능하다. 그 결과 조선고교생은 좌절감에 반항하고 위세를 부리며 살 수밖에 없었다.

김지성의 4년 선배로 축구부 수비수였던 리기돈도 당시를 떠올리며 말한다. "식비 같은 걸 아껴서 나고야에 있는 천 가게에서 산 최고급 천으로 학생복을 주문 제작해 안감에다 여러 가지 자수를 넣었죠. 더럽히지 않으려고 얼마나 애썼는지. 늘 가슴 주머니에는 브러시를 넣어두고 뭔가 묻을 때마다 닦아냈죠. '교토 조고 스타일은 이거야' 하는 게 있었어요. 당시에는 교토 상업고(현 교토학원고교)가 전국 준우승이었는데, 연습시합 때는 우리한테 졌어요. 그러니까 그 애들이 우리한테 묻는 거예요. '연습시합인데, 왜 그렇게 필사적으로 뛰느냐?'고. 왜냐하면 우리는 당시에 공식시합에 나갈 수 없었으니까."

하지만 한편에서는 혁신 지자체를 중심으로 '개선'의 작은 흐름도 있었다. 각종학교로 인가하기 위한 움직임이다. 1953년에는 교토 부가 조선학교를 전국에서 가장 먼저 학교법인으로 인가했다. 외국인학교법안이 상정된 68년에는 당국의 움직임에 대항이라도 하듯 미노베美濃部 도쿄 도지사가 조선대학교를 각종학교로 인가했다. 이것이 계기가 된 듯 그 뒤로도 인가가 이어져 1975년에는 모든 조선학교가 각종학교가 되었다. 인가를 지렛대 삼아 지자체의 보조금도 서서히 지급되기 시작했다. 교토에서도 75년에 교토 부가, 82년에는 교토 시가 보조금 지급을 시작했다. 지자체 수준에서는 '학교'로 인정하는 의식이 확산되어간 것이다. 그리고 85년에는 교토 시 중학교체육연맹이 교토 조선중급학교의 가맹을 인정했다. 문호를 개방한 '첫걸음'이었다.

조선학교 교육내용의 변화

이러한 태동을 실시간으로 경험한 것이 김지성의 학생시대였다. 조선학교의 내부도 달라져갔다. 중급부 시절 김지성이 학교의 '변화'를 느낀 사건이 있다.

"우리가 중급부 때 예전 학생복(가쿠란)이 기성품 감색 정장 교복(블레이저)으로 바뀌었습니다. 여학생들이 졸업하는 선배한테 교복단추를 받았던 것과 비슷하게 우리 앞 세대까지 고급부에서는 졸업하는 선배에게 교복을 물려받는 것이 전통이었고 자랑이었죠. 그것이 갑자기 없어졌어요." 교복 변경이 결정된 것은 앞서 몇 년 전이었다. 재학생들에게는 늘 있어온 특별한 행사(의식?)를 상의 하달로 변경하는 것은 수용할 수 없다며, 학생들이 교사들에게 맹렬히 항의한 일도 있었다고 한다. 이 자체가 조선학교는 '일사불란한 조직'이라는 인상을 가진 이들의 선입관을 뒤엎는 장면이겠다. "그때 선생님이 이렇게 얘기했죠. '이제부터는 이미지를 바꾸지 않으면 안 된다' '지금까지와는 다르게 일본학생들과 같은 무대에서 경쟁해야한다' 저는 그 말을 듣고도 어떤 의미인지 알아들을 수 없는 부분도 있어서 '정말 그렇게 될까?'했죠. 하지만 지금 생각해보면 그 이후의 변화를 내다본 것이 아니었나 싶어요." 선생님들의 말은 얼마 지나지 않아 현실이 되어 갔다. 그때까지 막혀있었던 각종 대회참가가 잇달아 가능해진 것이다.

때는 1980년대이다. 국제인권규약비준(1979년)과 난민조약비준(1981년)등 유럽과 미국의 외압에 못이겨 일본이 국제인권조약에 가입을 '할 수 밖에 없었던' 시기이다. 게다가 국내적으로는 재일외국인 지문날인거부 투쟁이 체포, 기소, 재입국 거부 등 외압에 개의치 않는 일본정부의 탄압에도 불구하고 국적, 민족을 뛰어넘어 광범위하게 확산되었다. 조선총련은 '권력의 개입을 초래한다'며 이러한 운동에는 '관여하지 않는다'는 방침으로 일관했으나, 인간이 존엄을 추구하는 일은 누구도 막을 수 없다. 조선학교 학생이었던 현재의 아버지, 어머니 가운데서도 가두시위에 나서고, 어두워져 사람들의 통행이 없어질 때까지 서명을 받으러 다닌 경험을 한 이도 있다. '인권'이란 말이 힘을 얻어 현상을 타개하는 무기가 된 시대였다.

  1989년에는 <NHK 합창 콩쿠르>에 조선학교의 정식참가가 인정되었고, 김지성이 교사가 된 1990년에는 오사카 부, 교토 부 두 지역에서 전국대회에 나가는 지역예선만 아니면, 지역대회에 조선 고교생이 참가하는 것을 허가했다. 그리고 1년 후에는 일본고교야구연맹이 외국인학교의 대회참가를 승인했고, 전국고교체육연맹이 일본변호사연합회의 시정권고를 받아들여 조선학교 등 각종학교가 가맹하지 않은 상태로 고교대항경기대회(인터하이) 참가를 인정했다. 스포츠대회만이 아니다. 1994년에는 각 지역 JR철도가 통학정기운임의 학생할인율 격차를 시정해 1조교와 조선학교와의 격차가 없어졌다. 그리고 오랫동안 각종학교를 이유로 인정되지 않았던 대학입학 자격도 1998년, 교토대학 이학연구과(대학원)가 조선대학교 출신자의 대학원 수험을 인정하면서 물꼬를 텄고, 대학원 입학자격이 탄력화(1999년)되었다. 2003년에는 드디어 조선 고급학교를 졸업한 자격으로 대학입학시험을 치를 수 있게까지 되었다. 정시제(定時制)에 대한 *더블스쿨 부담(고교졸업자격을 얻기 위해 일본고교에도 동시에 재적해야 하는 부담_역주)을 어쩔 수 없이 떠안아야 했던 이전까지의 상황은 없어지게 되었다(하지만 중화학교와 인터내셔널스쿨 같은 외국인학교에 대해 학교단위로 수험자격을 인정한 것과 달리 조선학교만은 개인단위로 수험자격이 인정되는 시스템이 도입되었다. 조선학교 학생만 원서를 받는 대학이 그때마다 수험자격을 선별해 인정한다. 새로운 차별이었다. 다른 외국인학교와 조선학교를 구분해 조선학교만을 차별하는 이 수법은 고교무상화제도에서 조선학교만 배제시키는 일에도 계승되었다).

　김지성은 말한다. "우리시절엔 일본체육대회에 참가할 수 없었죠. 일본의 같은 세대 아이들과 같은 무대에 서는 것이 불가능 했으니까, '그렇다면 우린 싸움만은 절대로 지면 안 된다'거나, 혹은 연습시합 승부에도 목숨 걸고 뛰기도 했어요. 그래도 전처럼 그렇게까지 허세를 부리거나 긴장하지 않고도 같은 룰로 경쟁할 수 있게 돼서 목표가 생긴 거죠. 축구연습도 열심히 하게 되었으니까요. 옛날 선배들은 신체적인 면은 뛰어났지만, 연습은 적당히 대충하는 사람이 많았어요. 소질만으로 축구를 해서 그 정도로 잘 했다는 것이 놀랄 일이긴 하죠(웃음). 어쨌든 문호가 개방되었으니까 성실하게 연습하는 학생들이 늘어났어요."

　한편으로 교과서의 내용도 차츰 바뀌어갔다. 아메리칸 스쿨과 중화학교 같은 '외국인학교'는 기본적으로 본국의 교육과정과 내용을 답습하는 것이 상식인데, 조선학교는 본국(이 경우는 조선민주주의인민공화국)과는 다른, 일본의 교육과정에 매우 가까운 독자적 커리큘럼을 편성하고 있다. 탄압의 '이유'로 일본정부가 제시한 한 가지가 '교육내용'이었던 역사도 크게 작용했다. 초급부에서 대학교까지 일본과 같은 6·3·3·4년제로 구분한 학제도 조선(북)과는 다르다. 이는 외국인학교 가운데 예외적이다.

　조선 근·현대 사회사를 연구하는 이타가키 류타板垣竜太는 조선초급학교의 사회과 교과서 내용을 세 가지 시기로 구분한다. 제1기는 조선총련이 결성된 1955년부터 7·4남북공동성명 후인 73년까지. 제2기는 조선(북) 내 권력투쟁의 매듭이 지어진 상황을 반영한 1974년부터 92년까지. 그리고 1993년부터 남북정상회담(2000년)을 사이에 둔 현재까지인 제3기다. "1기는 조선(북)의 교과서를 그대로 가져오기도 했다. 언어학적으로 매우 높은 수준의 책을 사용하는 한편 본국정세도 있어서 김일성을 전면에 내세운 것은 아니다(김일성의 절대화가 시작된 것은 1960년대 후반 이후). 김일성의 유·소년기 일화를 통해 '효행' 등의 도덕을 배우는 과목 <어린 시절>이 초급부 커리큘럼에 들어있던 것은 2기 뿐으로, 3기가 되자 완전히 모습을 감추었다. 보다 더 자이니치의 실정과 요구에 따른 교과서가 되었다."(이타가키 류타)

이른바 정치교육색이 강했던 것이 제2기였는데, 그것은 김일성이 국내정쟁에서 승리해 유일무이한 존재가 되어간 본국의 정세를 반영한 것이리라. 1972년에는 남북공동성명이 나왔다. 통일조국 실현이 하나의 '슬로건'이 된 시대였던 것도 '귀국'을 전제로 한 교육이 추진되는 밑바탕이 된 것 같다. 그러나 일본에서 영주하는 이들의 처지에서 보면 본국의 정치사상에 무게를 둔 교육은 괴리가 있었던 것으로 보인다. 학력저하 문제나 조선학교 입학생 감소경향도 있어서 대상이 되는 이들의 요구를 보다 더 의식한 개정이 실시되었다. 그 결과 1993년의 개정에서는 김일성의 유·소년기를 다룬 과목은 사라졌다. 초급부 정규과정에서 정치 과목은 없어지고, 일본의 지리와 역사, 경제가 정식교과가 되었다.

이타가키에 따르면 교과서 편찬에서도 "자이니치의 의견, 재량이 강해져 갔다. 1970년대부터 80년대에 걸쳐서는 총련과 조선(북)으로부터 지도도 있었던 것 같으나, 93년 개정 단계부터는 현장교원과 조선대학교 교원들이 주체적으로 편찬하는 형태가 되었고, 그 흐름은 오늘에 이르기까지 바뀌지 않았다. 예를 들어 자이니치의 대부분이 남쪽 출신임을 반영해서 '조국'도 한반도 전체로 규정하고 있다. 현대사에서 조국의 중심에 '조선(북)'이 놓여있는 것은 분명한데다, 1930년 이후의 독립운동이 김일성 한 사람으로 대표되는 경향은 있다. 하지만 그가 대표적인 활동가의 한 사람인 것은 분명하다. 실증사학 면에서 의문이 드는 역사적 일화도 다소 있지만, 김정일에 대한 기술도 포함해 '숭배'와는 거리가 멀다. 2000년에 있은 남북정상회담을 계기로 남북, 재외동포가 공통으로 사용하는 '통일교과서'를 목표로 하고 있다고 생각한다."

미리 말해 두지만, 나는 정치색이 엷어진 것을 조선학교에 대한 처우개선의 '근거'로 내세우려는 것이 아니다. 여기에 거주국 정부와 지자체 등 제3자가 개입하는 것은 지극히 부당하며, 상대에 대한 호불호로 처우가 바뀌는 것은 '은혜'이지 '권리'가 아니다.

《아메리칸 스쿨에서 원자폭탄 투하는 어떻게 가르치고, 중화학교의 교과에 남경대학살은 어떻게 기록되어 있는가. 그것들을 따지지 않는 것은 가치관과 역사인식이 다르다고 해서 교육내용에 정치적 간섭을 해서는 안 된다는 큰 전제가 있기 때문이다. 조선학교에 대해서만 취급이 다른 현상의 뒤틀림은 얼마만큼 자각되고 있는가》('가나가와 신문' 2013년 2월 2일 사설 '명백한 조선학교 차별이다'에서). 아베정권이 고교무상화 대상에서 조선학교 배제에 나선 것을 비판한 이 사설을 나는 전면적으로 지지하는 한 사람이다. 말하고 싶은 것은 교과내용이 보다 더 '자이니치在日' 지향이 되었다는 것, 보다 다양한 요구를 헤아린 교육내용을 조선학교 스스로 모색하게 되었다는 것이다.

일본이 '북조선과 적대관계'라는 이유로, 조선학교를 '별도취급'하는 것을 정당화의 이유로 내세운 이도 있다. 재일조선인을 '인질'로 간주하는 '선량(選良)'들이 정권여당의 중핵을 점하고 있는 이 일본사회에서는 당연히 나오는 '궁색한 변명'이다. 그렇다면 지난 전쟁 시기 미국을 비롯한 복수의 연합국이 자국 내 일본계 사람들을 수용소에 가두고 모든 권리를 박탈했던 일은 정당한 것이었나? 예를 들어 미국에서는 1970년대부터 피해자들에 의한 명예회복과 피해보상을 요구하는 운동이 시작되어 80년대 이후 몇 차례에 걸쳐 대통령이 피해자에게 사죄와 보상을 했다. 미국이 역사적 '잘못'으로 인정한 것을 오늘날 실제 현재진행형으로 반복하고 있는 일본사회의 현상을 긍정할 수 있겠는가? 이것은 역사에서 배우지 않는 '어리석음'은 아닐까?

김지성은 1990년, 초임지인 마이즈루舞鶴 초중급학교(2005년 폐교)에 부임했다. 이미 일본학교와 교류는 하고 있었지만, 후에 폐교로 이어진 학생 수 감소가 난관이었다. 그때 김지성은 생각했다.

"중급과 초급을 합쳐도 농구부가 5명도 되지 않을 때도 있어요. 그래서 3인 농구 대회를 하려고 주변지역을 찾아다녔죠. 그러는 동안 우리학교가 우승할 때도 있어서 마이즈루 초중급이 없어질 때까지 계속된 행사였죠." 교토시내에 있는 제1초급으로 전근한 후로는 급격히 늘어난 빈번한 교류에 곤혹스러우면서도 시대가 달라졌음을 느꼈다. "우리 때는 일단 일본학교와 교류 같은 건 없었으니까 이것저것 다 해보는 식이었는데, 일본학교 선생님과 서로 알아가면서 깨달은 건, 당연한 일이겠지만 '같은 교원'이라는 것. 아이들 교육이라는 접점에서는 힘을 합쳐 무언가 할 수 있지 않을까 생각했습니다."

다른 얘기지만 습격사건 후 혼란 속에서 김지성에게 한 줄기 희망이 된 것이 '일본학교와의 교류가 끊어지지 않은 것'이라 한다. 김지성은 많은 이야기를 하진 않았지만, 그 같은 사태가 벌어진 후이다. 언론에서도 몇 번인가 크게 다뤄진데다 사이버공간에서는 사건 동영상도 볼 수 있다. 그런 조선학교와 교류예정이 있는 것에 대해 불안해하는 학부모와 무사안일주의의 관리직으로부터 간섭이 들어온 일본학교도 있었으리라는 것은 상상하기 어렵지 않다. 그러나 예정되어 있던 일본소학교와의 교류가 취소된 일은 한 건도 없었다고 한다.

짓밟힌 교사들의 '꿈'

차츰 처우가 나아져 갔다. 일본학교와의 교류도 다수자에게는 체험학습적인 것에서 '서로 배우는' 형태로 심화되어 갔다. 소수자가 소수자로서 살아가려면 일종의 '동기부여'가 필요하다. 그 하나가 사회에 대한 신뢰감이다. 지금보다 상황이 나아지리라는 감각이다.

일본사회에서 '조선학교'에 대한 인식이 늘어나 '공생'이라는 전망이 길을 터 간다. 그 속에서 김지성이 김상균과 2인3각의 형태로 노력한 것은 장애를 가진 아이의 교육이었다. 김지성이 제1초급에 부임했을 때 자신이 맡은 3학년에 다운증이 있는 아이가 있었다. 재정적 기반이 약하고 설비도 인원도 한계점에서 운영되는 조선학교에서 장애를 가진 아이를 받아들이는 것은 큰 과제였다. '우리 아이에게도 민족교육을' 원하는 바람은 있지만, 결국은 단념할 수밖에 없는 부모도 적지 않다. 장애가 있는 아이를 결과적으로 학교현장에서 배제하는 것은 장벽을 제거하는 데 따른 교직원의 의식향상까지도 방해할 수 있다.

김상균도 이에 대해 말한다. "처음에는 한 교실에서 다른 아이들과 함께 공부하는 걸 보고 '좋구나' 생각했는데, 실제로는 손길이 닿지 않아 방치된 것 같은 상태였던 거죠. 이래서는 안 되겠다 싶었어요." 학습효과를 끌어올리기 위해 개별수업을 시도해 보았다. "처음에는 상균 선생님 소개로 보육을 배우고 있는 학생들이 자원봉사로 와 주었죠. 그 후로는 상균 선생님과 제가 맡아서 했습니다."(김지성) 장애가 있는 아이의 교육에 관해 조선학교에 축적된 것은 거의 없다. 일본학교 교원과의 네트워크를 활용해 연구모임도 참가하면서 노하우를 배워나갔다. 그 후에는 퇴직한 양호교사가 주1회 학교에 와주었다. "'공부만 강조하기'보다 카드게임이나 놀이를 하며 즐겁게 지냈더니 학습효과가 올라갔어요. 이렇게 하면 되겠구나 생각했죠."

사건당시 그 아이는 6학년이었다. 하지만 잇따른 차별시위에 대한 대응에 쫓기느라 개별수업이 불가능해지는 경우가 발생했다. 김지성은 말한다. "그 아이에게만이 아니라 교원들은 1년째 보다 2년째, 그보다 3년째는 채우지 못했던 것을 더 얹어서 충실한 수업을 해주고 싶어 하죠. 하지만 사건 이후 손이 모자라게 돼 버렸어요. 결국 그들(재특회)이 학교운영상 중심적인 문제가 돼서 그 일에 모든 교원이 힘을 써야 했지요. 교원들은 계속 학교에 있지만, 모든 아이에게 당연히 초급시절은 평생 한 번 밖에는 없죠. 그 시절을 충실히 보낼 수 있게 해주지 못한 게 정말 속상합니다."

교육내용 뿐만이 아니다. 사건에 시달렸던 2009년 말부터 이듬해 3월까지는 아동, 학생들의 입학권유에 중요한 시기이기도 했다. 전술한 것과 같이 습격 다음날에 있은 입학설명회는 참담했다. 최종적으로 유치반, 초급 모두 각각 10명이 입원·입학했지만 모두 예년의 절반밖에 되지 않는다. "모두 재특회 탓이라 할 순 없지만, 그 일이 없었다면 몇 명은 더 들어왔을 거라 생각해요."(김지성)

고병기 교장은 말한다. "'그 학교는 불안'하다는 말을 몇 사람에게 듣고 쇼크였죠. 가뜩이나 고속도로공사에 더해 재특회라는 더블펀치를 당한 거죠. 그렇다고 거짓말을 할 수는 없는 노릇이니까…. 솔직히 너무 힘든 시기였죠, 교원들도 모두 초긴장 상태였습니다."

교원으로서 교육에 대한 꿈이 짓밟히는 암담한 하루하루가 계속되었다. 여전히 학교주변에는 수상한 사람이 보였고, 무슨 실랑이라도 생기면 경찰이 출동하는 소동이 벌어지고, 그때마다 김지성이 경찰서로 달려갔다. 학교에 대한 항의, 협박전화…. 교원 20년째, 탄력이 붙은 시기를 재특회에 대한 대응으로 소비했던 김지성의 억울함은 상상하고도 남는다. 그 가두시위는 교사들이 차곡차곡 쌓은 '꿈'까지도 유린했다.

7. 수사기관이라는 장벽

 형사고소는 사태를 방어하지 못했고, 가처분조차 무시한 세 번째 차별 가두시위가 강행되었다. 피폐해가는 학부모와 교사 그리고 무엇보다도 다음 가두시위를 두려워하는 아이들이 있었다—

 세 번째 가두시위가 벌어진 3일 후, 변호인단은 교토지방법원에 재특회에 대한 간접강제(가처분을 위반했을 때 금전적 처벌)를 신청했다. 법원은 변호단의 신청을 그대로 인정하고 가처분을 위반한 것에 대해 1일당 100만 엔을 지급해야하는 예고벌금을 용인했다. 심문 없이 가처분을 결정한데 이어 법원이 내린 판단이었다. 실제로 이 결정 후 제1초급에 대한 차별데모는 이뤄지지 않는다. 하지만 학부모와 교원들의 무력감, 덧붙여 말한다면 사법에 대한 불신이 절정에 달해 있었다.

 "완전히 상식을 벗어나 있었죠." 습격자들이 '원하는 대로 마음껏' 행동했던 그때를 떠올리며 도미마스 시키 변호사는 말한다. "예를 들어 상대가 폭력단이라면 우리 쪽이 법적조치를 취했을 때 합리적으로 판단해서 어느 정도 자제하죠. 바꿔 말하면 그 당시 그들은 폭력단도 하지 않을 짓을 해댔어요. 사법적인 의미에서 보면 스스로 자신들의 목을 계속 조인 것입니다. 실제로 간접강제 후에는 데모가 멈추었고, 어느 정도 효과는 있었지만, 학부모들과 학교 측은 '고소까지 했는데 왜 체포되지 않나' 하는 생각이 당연히 있었죠."

<명예훼손죄> 입건의 난관

수사가 진전되지 않는 한 가지 '이유'는 고소 죄명으로 내세운 '명예훼손'이었다.

'명예훼손'의 난관은 무엇일까? '명예훼손'에 대해 일본형법은 다음과 같이 되어 있다.

《공공연하게 사실을 적시해 타인의 명예를 훼손한 자는 그 사실의 유무에 관계없이 3년 이하의 징역 혹은 금고 또는 50만 엔 이하의 벌금에 처한다.》(일본형법130조)

형법에서 말하는 '사실 적시'란 평가가 아니라, 그 유무를 판단할 수 있는 특정한 사안을 주장하는 것을 가리킨다. 예를 들어 '전쟁 중에 남자들이 없는 틈을 타 여성을 강간하고 학살해서 빼앗은 것이 이 토지'라는 부분이 거기에 해당한다. 그리고 조문에는 '사실의 유무에 관계없이'라고 되어있다. 이것을 글자 그대로 보면 구체적 사실을 들어 권력자나 자본가를 비판하는 것도 그 사람의 사회적 평가를 저하시키는 것이기에 명예훼손죄가 되고 만다. 이 르포 역시 위법행위일지도 모른다.

때문에 130조2항에는 '표현의 자유'로서 법적으로 보호되는 범위가 명기되어 있다. 타인의 명예를 침해하는 언론이나 표현행위일지라도 그 내용이 <공공의 손익에 관한 사실에 관계되는 것을 오로지 공익목적으로 적시한 결과, 명예를 훼손하기에 이른 경우에는 그 사실이 진실임을 증명했을 경우는 처벌하지 않는다.>

분해하면 ①공공의 손익에 관련된 사실을 ②오로지 공익목적으로 적시하여 ③그 사실이 진실임을 증명한 경우는 형사상 위법성은 피할 수 있고, 민사에서도 손해배상을 할 필요가 없다는 규정이다.

더 나아가 판례, 통설에서는 '사실'이라는 증명이 없는 경우에도 실행한 이가 그것을 진실이라 잘못 믿고, 그 잘못에 대해 '명확한' 자료나 근거가 있다면 범죄는 성립하지 않는다고 했다.

'표현의 자유'는 민주주의의 근간이다. <명예훼손죄>성립의 장벽이 높은 것은 당연하지만, 그것은 한편으로 당국이 실점을 두려워 한 나머지 입건이 당연한 사안을 입건하지 않는 경향을 낳는다. 애매한 사건이면 검사는 일단 '명예훼손'으로는 기소하지 않는다. 이는 예를 들어 3월 28일의 세 번째 가두시위로부터 약 2주 후, 이번 시위의 주범들이 일으킨 <도쿠시마 현 교직원조합 습격사건>에서도 알 수 있다. 일본교직원조합(일교조)이 <키다리아저씨 육영회あしなが育英会>에 기부한다는 명목으로 전국의 산하조합에 호소해 모금한 기부금 가운데 150만 엔을, 일본노동조합총연합회를 경유해 도쿠시마 현 교직원조합이 시코쿠 조선학교에 기부한 것은 '모금 사기'라고 주장하며 교토 제1초급의 습격사건 주범 16명이 불과 18평의 교직원조합사무실에 난입했다. 그곳에 있던 조합원 여성을 향해 확성기에 대고 "조선의 개!" "할복해라!" "모금 사기다!" "사형이야, 사형!" 등 13분 동안 고성을 지르거나 사이렌을 울리는 한편, 경찰에 신고전화를 걸어 지역경찰의 지시에 따르고 있던 조합원의 팔을 붙잡고 통화 중인 전화를 멋대로 끊은 사건이다.

실행범들은 위력업무방해와 건조물 침해 등으로 체포, 기소되어 2011년 12월 유죄가 확정됐다. 이 단계에서는 불기소되었던 나머지 2명도 검찰심사에서 '불기소 부당'이라는 의결이 내려져 2013

년 9월에 기소되었다. 애초에 일본교직원조합에서 모금을 호소할 때 '일본노동조합총연합회(의 공적인 사업)를 통해서' 각종 단체에 기부하는 것도 사용처의 하나로 명기되어 있었다. 이 한 가지만 보아도 '사기'는 근거 없는 중상비방이었지만, 전원에 대해 명예훼손죄로 입건하는 것은 보류되었다. 이 같은 판단의 한 가지 근거는, 시위를 벌인 이들이 '모금 사기'라고 '실수'로 믿어버리게 된 중요한 소스가 신문기사였다. 검찰관은 매스컴 정보에 근거한 '오신(誤信)'을 따지는 수고와 리스크를 회피한 것이다.

일본경찰의 습성

교토 제1초급 습격사건에 대해서도 검찰청은 명예훼손죄 적용에 난색을 표했다. 위법성이 방해되는, 즉 범죄가 되지 않는다고 여긴 앞서 말한 3가지 요건을 둘러싸고 법정에서의 다툼이 번잡해지기 때문이다. 검찰이 꺼리는 사건을 경찰이 강제 조사한다는 것은 일단 불가능하다. 강제로 수사를 해도 검찰이 '받지 않는(형사처분하지 않는)' 사태가 되면 '부당 수사'의 화살은 경찰로 향한다. 리스크를 우려한 경찰은 학교 측 변호사에게 '명예훼손만은 뺄 수 없겠냐'고 타진해 왔다. 그 말은 명예훼손을 제외하면 강제 수사가 시작됨을 의미했다. 경찰 안에서도 조선학교에 다니는 아이들의 안심·안전을 생각해 수사를 빨리 진행하고 싶어 하는 이도 있었을지 모른다. 하지만 그런 폭거를 현행범으로 체포하지 않고 그저 방관했던 경찰이 어떤 변명을 해도 설득력은 없다. 근간에 있는 것은 자신들이 안전한 범위에서 사태를 처리하려는 공무원 특유의 보신이었다.

고소 죄명 가운데 형량 상 가장 무거운 것은 위력업무방해(3년 이하의 징역 또는 50만 엔 이하의 벌금)였다. 입건은 간단하다. 그들의 범죄 사실은 도요후쿠 세지 변호사가 '방범 카메라 앞에서 도둑질을 한 것과 마찬가지'라 한 것처럼 재특회 스스로 촬영해 업로드 한 영상에 고스란히 담겨있다. 자신들의 실적 포인트를 생각하면 수사당국으로서는 '비용대비 효과'가 낮은 명예훼손은 긁어 부스럼을 만드는 일이었다.

세 번째 데모예고에 앞선 2010년 3월 6일, 재특회는 학교에 이어 같은 히가시쿠조東九条 지역에 있는 데이케어센터에 가두시위를 예고했다. 이 센터에는 재일조선인의 제도적 무연금 문제 해결에 나선 단체인 「재일 무연금 문제의 해결을 지향하는 모임, 교토(이하 '무연금 모임')」의 사무국이 있다. 재특회는 이곳에 '항의'를 하겠다고 했다. 유치원과 초급학생 아이들이 다니는 제1초급에 두 차례나 가두시위를 벌인 후 그들은 노인과 장애가 있는 이들의 쉼터를 표적으로 삼은 것이다.

센터 1층의 차를 마시는 공간은 만약의 사태를 대비해 다수의 지원자들이 대기하고 있어 팽팽히 긴장된 분위기로 가득 차 있었다. 센터에 다니는 1세 중에는 "오기만 하면, 역사를 가르쳐 줄 테다!"라며 벼르는 할머니도 있었다. 한편, 재특회 시위대는 센터에서 가까운 쿠조 거리를 끼고 방위에 나선 젊은이들과 대치했고, 경찰관들은 양측의 충돌—이는 3월 28일의 세 번째 가두시위 때와 마찬가지로 경비 담당자로서 자신들의 실점이 될지도 모르는—회피에 급급했다.

센터로 몰려가 '무연금 모임' 회원에게 항의서를 전달하겠다고 끝까지 버틴 시위참가자들은 마치 자신들을 보호하듯 둘러 싼 경찰과 함께 데이케어센터로 접근해 갔지만, 교토부경 미나미경찰서 경찰관들이 습격자들의 앞을 가로막고 그들의 전진을 저지했다. 근거는 '범죄 예방'과 '공공의 안전과 질서유지'등을 경찰의 책무로 규정한 「경찰법 2조」였다.

지금까지 벌어진 일련의 소동 가운데 경찰관이 '제대로' 된 대응을 한 것은 이때뿐이다. 이 사실은 그 밖의 사건들에서 경찰관의 '무작위'까지도 증명하고 있다. 거꾸로 말하면 그 정도로 경찰의 대응은 재특회에는 물러터진, 불공정한 것이었다. 처음부터 센터 측이 접수를 거부했던 항의서다. 사유지에 멋대로 들어와 경찰의 퇴거요청을 거부하면 건조물침입과 퇴거명령거부의 현행범이다. 싫다는 상대에게 집요하게 항의서 접수를 요구하면 강요의 가능성도 나온다. 그보다 만약 재특회 멤버들이 그대로 센터에 난입하면, 달려온 지원자들과의 사이에 폭행, 상해 사건이 벌어질지도 모른다. '일거리를 늘리고 싶지 않다'는 의식이 경찰관을 움직이게 했을 것이다.

아이들의 존엄을 지키자

한편 이 무렵 제1초급에서는 고소 죄명의 변경에 관한 검토모임이 열려 변호인단 사무국장인 도미마스 시키富增四季 변호사가 그 의미를 설명하고 있었다. 수업중인 학교 앞에서 고함을 지르고, 교문을 뒤흔들어 소음을 내고, 학교업무를 방해한 것은 위력업무방해이며, 공원에 설치되어 있던 스피커 코드를 절단하고 뜯어내 학교 앞에 방치한 것은 기물손괴다. 갖가지 만행은 그들이 업로드 한 영상에 찍혀있어 의문의 여지는 없다. 경찰의 '조언'대로 '명예훼손'을 빼면 수사는 진행된다. 체포되면 적어도 단기적으로는 그들이 더 이상 가두시위를 벌이는 일은 불가능해진다.

　그렇지만 한편으로 학부모들의 뇌리를 맴돌았던 것은 '그것으로 만족할 것인가?'라는 심정이었다. 나열한 죄명은 모두 물적 피해에 대한 형사책임이다. 그토록 끔찍한 온갖 욕설을 들어야 했던 것은 범죄가 되지 않는가. 조선인으로서 긍지를 길러주고 싶었던 부모의 심정, 학교를 지키고 남겨 준 어른들의 심정, 그리고 현장에서 일하는 교원들의 심정이 짓밟혔고, 무엇보다 생각할 수 있는 한 최악의 형태로 조선인이라는 의미를 각인당한 아이들에게 물적 피해만 고소한다고 법적책임이 해결되는 것인가? "스파이 양성기관!" "스파이의 자식들!" "밀입국의 자손!" "이 학교 자체가 불법점거다!" ― 이 같은 말들은 불문에 부칠 것인가? 그러나 '명예'에 연연하면 수사는 진행되지 않고 게다가 어떤 공격을 당할지 모를 우려도 있다. 말 그대로 궁극의 선택을 해야 했다. 이런 상황을 매듭지은 것이 아버지회 회장 리기돈의 한 마디였다. "분명 아이들의 안전을 지키는 것도 중요하지만, 아이들의 존엄을 지키는 것이 부모로서 가장 중요하지 않은가." 결론은 '명예훼손은 양보할 수 없다'였다.

　한편으로 이 선택은 수사가 정체됨을 의미했다. 학부모와 교원 그리고 아이들의 불안한 나날이 여전히 계속된다는 뜻이다. 재특회가 가두시위를 벌이려 한 히가시쿠조의 데이케어센터에 대기하고 있던 박정임에게 학교에서 회의를 끝낸 어머니들이 침통한 표정으로 소식을 알리러 왔다. 노인들이 쉬고 있는 2층 한 구석에 모이자마자 어머니 하나가 울음을 터뜨렸다. "언니, 우린 앞으로 … 어떻게 되는 거예요?…" 사건이 벌어진 지 이미 3개월이 지나있었다. 눈앞에 벌어진 사태에 대응하느라 눈코 뜰 새 없는 가운데 억눌러 왔던 불안이 터졌을 것이다. 다른 어머니들도 잇달아 울기 시작했다. 박정임은 어머니들을 끌어안고 등을 쓰다듬으며 말했다. "그래도 이건 반드시 해야 할 일이잖아. 혼자하는 게 아니라, 모두 함께 하니까 혼자 너무 힘들어 하지마…" 어쩌면 이 결단이, 즉 끝까지 '명예'를 포기하지 않겠다는 결단이 일련의 습격사건을 둘러싼 싸움에서 가장 큰 터닝 포인트였다.

민사소송으로

'아이들의 존엄을 지킨다' 이를 위해 가능한 것은 모두 한다. 세 번째 가두시위가 벌어진 후 결단을 내린 민사소송도 그 흐름 안에 있었다. 법원에서 인정한 제1초급에 대한 가두시위금지 가처분에서 '가'를 떼어내고, 처분을 보다 강고한 것으로 만들기 위해 필요한 프로세스였다. 무엇보다도 자신들의 '진정성'을 수사당국에 보여줌으로써 형사고소에 대한 수사를 재촉한다는 목적이 있었다. 민사소송의 요지는 혐오데모 참가자들 9명과 재특회를 상대로 학교에 대한 가두시위금지와 총액 3천만 엔의 위자료를 청구하는 것이다. 형사고소가 사건화되기 전인 2010년 6월 28일에 교토지방법원에 소송을 제기했다.

형사고소의 행방도 모르는 채 '지극히 당연한 절차'를 취했음에
도 이후 두 차례씩이나 시위가 벌어진 가운데 제기한 소송이었다.
세 번째 시위를 목격한 아버지회 김수환의 말이다.

"형사고소를 해도, 가처분명령이 떨어졌음에도 가두시위는 계속
됐어요. 하물며 민사소송에 무슨 의미가 있겠냐고. 재판을 하면
'쌍방처벌' 같은 판결이 나오는 거 아니냐고."

조선학교와 총련을 둘러싼 수많은 탄압에 대해 적지 않은 관계자
가 판에 박은 듯 같은 얘기를 한다. '조선학교가 어떤 차별을 받더
라도 재판은 하지 않는다. 일본의 사법이 조선학교의 권리를 인정
할 리도 없고, 안 좋은 판례가 나오면 전국으로 파급되고 만다.' 이
것은 피해망상도 그 무엇도 아니다. 실제로 '근거 있는 이야기'다.
국제인권기준을 무시한 차별이 계속되고 거기에 사법이 힘을 실어
준다. 김수환의 뇌리에 맴돌았던 것도 이렇게 대대로 이어져 온 실
망감이었다.

국가(검사)가 사회질서를 해친 자에게 형벌을 주는 형사재판과는
달리 민사소송은 피해자가 직접 그 심정을 호소할 수 있다. 하지만
그 때문에 피해당사자로서 가해자와 직접 대치한다. 손익을 달리
하는 쌍방입장으로, 어떤 의미에서 '대등'하게 맞서는 것이다. 게
다가 엄청난 시간이 걸린다. '설명을 들을수록 너무 싫었지만, 할
수 있는 일은 해보는 수밖에 없었다'고 한 어머니는 말한다. 민사
소송에서 승리의 척도는 배상액이 많고 적음에 나타난다. '돈 때문
이 아니다'라는 심정에서 민사소송에 대한 저항을 토로하는 사람
도 있었다. 그럼에도 불구하고 소송에 나섰다. 할 수 있는 일이라
면 해보는 수밖에 없다. 그런 비장감이 감돌았다.

모욕죄로 격하

그로부터 1개월 반이 지난 2010년 8월 10일, 아사히신문과 교토 신문이 사건을 조간특종으로 다뤘다. 12월 4일에 벌어진 사건에 대해 습격자들의 취조가 시작된다는 내용이다. 신문업계에서 이것은 《실행범, 오늘 체포》를 의미한다. 각종 신문들도 뒤따라 보도했고, TV도 낮 뉴스부터 취조, 그리고 체포에 대해 보도했다. 형사고소를 한 지 8개월, 하나의 매듭이 지어졌다.

이날은 여름방학이라 자택에 있었던 형법학자 김상균은 아침 9시가 지나서 이미 일어나 있던 아이에게 첫 소식을 들었다. "'아빠! 정말 잘됐다' 하더군요. 부모로서는 안도했지만 연구자로서는 상반된 감정이었죠." 진보적 형법학자인 김상균은 국가권력이 개인에게 행사되는 일에 안도감을 느끼는 자신에게 복잡한 심정을 느꼈을 것이다.

여러 명의 제자가 습격자들의 욕설을 들은 사실을 아는 정유희의 말이다. "조금은 안심이 되었어요. 기쁘다기보다 그런 짓을 해댔기 때문에 당연하다고 생각했죠. 학생들도 '잘됐다'라는 말은 하지 않았어요. '선생님, 당연한 일이잖아요' 하더군요." 그간의 경험을 통해 아이들조차도 '한 건 해결'이라 할 수 없음을 알았던 걸까. 아니면 연일 계속되는 긴장으로 피폐해진 것일까.

학교주변에는 낮 뉴스로 나갈 현장촬영을 위해 언론관계자가 모여들었고, 그중에는 아이들에게 거침없이 마이크를 들이대는 이도 있었다. "우리 애한테 '그때, 학교에 있었어? 어땠어?'라고 묻는 사람도 있었어요. 아이가 아무 말도 하지 않고 고개를 돌렸지만, 도

대체 어떤 생각을 가진 이들인가 싶었죠." 한 어머니는 아이들의 상처에 몰지각한 미디어의 모습에 진절머리를 치며 말했다.

체포의 조짐은 있었다. 봄에 학교관계자에 대한 취조가 끝난 이후 수사기관이 학교를 접촉하는 일은 멎었으나, 8월에 들어 돌연 현장검증이 재개되었다. 강제수사를 향한 마무리작업이었다.

사실은 교토부경 미나미경찰서에 접수한 형사고소가 교토부경본부장이 지휘하는 안건이 되어 수사방침을 둘러싸고 교토지방검찰청과의 협의가 꾸준히 계속되었다. 체포혐의에는 학부모들이 연연했던 '명예훼손'도 분명히 들어있었다. 고소인의 심정을 헤아려 자신 있게 '승부'를 걸었던 것일까? 사실은 달랐다. 검찰청에 4명의 신병이 송치된 이후 특별형사부 담당검사가 변호인단에게 '명예훼손'을 빼주면 좋겠다는 요청을 해왔다. 형사처분을 하느냐 안하느냐의 권한을 가진 검사의 의뢰였다.

원고 측은 딱 잘라 거절했다. 당연하다. 하지만 그 결과 담당검사는 최종적으로 그들의 기소죄명을 명예훼손에서 모욕죄로 '격하'시켰다.

명예훼손죄를 모욕죄로 변경한다는 것은 무엇을 의미하는가. 형법231조의 '모욕죄'는 다음과 같다. 《사실을 적시하지 않아도 공공연하게 타인을 모욕한 자는 구류 또는 과태료에 처한다.》

한 눈에도 알 수 있듯이 명예훼손죄와 모욕죄의 차이는 '사실을 적시'하느냐 그렇지 않느냐이다. 모욕죄로 기소하는 것은 그것을 문제 삼지 않는다는 의미다. 기소를 격하한 것이다. 형량도 비교되지 않을 정도로 낮다. 유추 가능한 이유는 크게 나눠 두 가지다.

하나는 검사의 인권감각, 보충하면 재일조선인역사에 대한 인식의 결핍이다. "북조선의 스파이 양성기관" "50년 남짓 불법점거" "밀입국자의 자손" 같은 말이 검사에게는 단순한 욕(=모욕)에 지나지 않았다. 아니면 검사는 습격자들이 내지른 온갖 욕설이 앞서 말한 3가지 요건—즉 ①공공의 손익에 관한 사실 ②공익목적 ③사실이 진실이다—을 충족하고 있다고 생각했을지도 모른다. 주범의 말이 사실인지 아닌지는 알 수 없으나, 습격사건의 민사소송 법정에서 도요후쿠 변호사가 "(검사한테서) 명예훼손으로 기소될 거라는 말을 듣지 못했는가?"라고 묻자, 주범은 습격사건 취조당시 담당검사에게 명예훼손과 모욕에 대해 설명을 들었다고 진술하고, "(자신의 발언은) 명예훼손에 해당되지 않는다고 들었다" "'바보' 같은 단어가 모욕에 해당되니, 그럼 모욕이네, 해서 모욕이 되었다."는 등의 진술을 했다.

또 한 가지는 '진실성'을 다투는 '수고'를 검사가 회피했을 가능성이다. 이 사건에서 만약에 명예훼손으로 입건됐을 경우 상대는 자신들의 행위를 위법성이 없는 '표현의 자유'의 범위 안에 있다고 반드시 주장하고 나올 것이다. 그 경우 검찰은 예를 들어 "전쟁 중에 남자가 없는 틈을 타 여자를 강간하고 학살해 빼앗은 토지" "스파이 양성기관" "이 땅 자체도 불법점거"라 했던 습격자들의 주장에 대해, 일본의 식민지배에 의해 '언어와 문화를 부정' 당한 조선인이 해방 후 일본정부로부터 거듭되는 탄압 속에 민족교육을 지켜온 사실을 근거로 주장을 만들어 재특회 측의 변명을 깨부숴야할 필요가 발생할 가능성이 있다. 법정에서는 '일본국가'를 대표하는 입장에 있는 검사들이 조선학교 측의 주장을 근거로 재특회와 대치하는 구도는, 만약에 실현된다면 '구경거리'였겠지만, 사상적으로는 대체로 '우경'인 검사가 그것을 '좋다'고 하겠는가? 게다가 입증에는 품과 시간이 걸리는데다 리스크의 부담도 떠안아야 된다. 검사는 '진실성'을 둘러싼 다툼에 말려들고 싶지 않았던 것이다.

그 지점에서 기소를 모욕죄로 격하시켰을 것이다. 하지만 모욕죄란 주범이 말한 것처럼 단순한 욕(≒평가)에 지나지 않는다. "습격자들의 발언은, 정치적 주장이냐 아니냐를 따질 필요도 없는 수준으로 간주했다고 볼 수 있지만, 형량이 너무 낮다."(도미마스 시키 변호사)

모욕죄의 형량은 형법상 가장 가벼운 구류(최장 29일의 신체구속)이거나 과태료(1만 엔 미만의 벌금형) 처벌로, 더구나 집행유예가 취소되는 대상범죄가 아니다. 모욕행위는 집행유예 중에도 얼마든지 가능한 일이다. 명예훼손을 모욕죄로 격하시킨 것 자체가 '각오와 결단'을 거듭해 온 피해자에 대한 모욕이었다. 나는 엄벌주의에는 반대 입장을 취하는 인간이지만, 그 사건에 대해 이런 벌칙이 타당하다고는 여기지 않는다.

'피의자'로 취조

형사고소를 한 후로 8개월이 지나 드디어 습격사건에 대한 수사가 시작되었다. 한편 제1초급관계자들은 형사고소가 '양날의 검'이라는 것을 실감하게 된다. 재특회 측의 형사고소를 접수한 교토부경은 동시에 학교 측을 도시공원법 위반혐의로 수사하기 시작했다.

피해자로서 응한 취조가 피의자 취조도 되었다. 제1초급의 '피의자'는 당시 교장 고병기. 그는 그해 봄 미나미구南区는 아니지만, 시내에서는 동포들이 많은 우쿄구右京区의 교토 조선제2초급학교 교장으로 전근한 상태였다. 후임이 된 김지성 교장에 대한 취조도 재개되었다. 각 교원들에 대한 취조도 실시되었다. 참고인 조사라고는 하지만 피해와 가해의 기준도 애매했다.

취조를 받은 이들의 얘기로는 조선총련과 학교와의 관련정보를 수집하는 공안조사의 성격이 강했음을 짐작할 수 있다. 수사팀은 우쿄경찰서(주범의 자택이 있고, 공안당국의 감시대상인 조선총련 교토본부가 있는 우쿄구를 관할지역으로 한다)등에서도 사람을 모으고 있었는데, 이를 관리한 곳은 외사과, 공안과가 속한 부경본부의 경비부서였다. 맨 처음 가두시위 때 가장 혼란을 겪은 3학년생 담임이었던 정유희도 참고인으로서 교토부경 미나미경찰서로 불려가 취조를 받았다. 정유희의 기억은 선명하다. "설마 내가 이런 경찰서에서 조사를 받을 거라곤 생각지도 못했어요." 이때가 교원 2년차, 사회인 2년차가 된 시점이다. "넓은 방이었고, 일장기가 걸려있었어요."

정유희는 일련의 사건 피해자이다. 하지만 맨 처음 경찰관이 물은 것은 인사계통의 질문이었다. "교토 사람이 아닌데, 왜 교토에서 교편을 잡고 있냐고 물었어요." 그 후에도 조선총련과 학교와의 관계, 인사 등에 관해 몇 번씩 물었다. "대답하고 싶지 않은 것, 기억하지 못하는 것은 '모른다' 해도 상관없으니까, 무리해서 답하거나 대꾸할 필요는 없다고 사전에 교장선생님한테 들었기 때문에 '모릅니다'라는 말을 반복했어요." 그런 공방이 한동안 계속되었다고 한다. 서로 신경전을 벌이는 상황이다. "한참 지난 후부터 그쪽도 '아아, 그렇군.'하며 우리 쪽 스탠스를 알았다는 듯 그때서야 사건 이야기를 시작했어요."

피의자이기도 한 전 고병기교장의 취조는 집요했다. 봄까지만 해도 '경계하지 않아도 괜찮다는' 등 전제를 깔았던 취조가 재특회에 대한 강제수사가 개시되자 태도가 일변했다.

2010년 8월 10일부터 연일 쉬지 않고 아침 9시부터 오후5시까지 열흘간의 조사였다. 처음에는 경찰이 취조했다. "결국 사건과 관계 없는 것만 묻는 겁니다. 학교에 대한 정보수집이죠. '학교의 운영은?' '학교법인입니다' '인사를 임명하는 곳은?' '조선학원이 임명합니다.' 요컨대 총련과의 관계에 대한 질문들뿐이었어요." 오봉연휴가 끝난 후부터는 연일 검찰관이 취조를 맡았다. 공안정보수집이었던 경찰과는 달리 이들은 노골적으로 형사처분에 대한 '협력'을 요구해왔다. '재특회 측이 도시공원법 위반을 강하게 주장하고 있다. 국면전환을 위해서는 (재특회 측의)재판이 시작되기 전에 도시공원법 위반에 대한 처분을 해두고 싶다' '결코 실형은 받지 않는다, 큰 문제는 아니다' 그리고 마지막에는 '협력'해주지 않으면 기소를 할 수밖에 없다. 충분히 가능하다…는 말까지 들었다고 한다.

한 단계 낮은 죄명, 처분, 판결을 늘어놓으며 '받아들이지 않으면 그 다음은 모른다'—고 협박한다. 상대를 시나리오대로 짜 맞출 때 검사가 쓰는 '상투구'이다. 후생노동성 국장을 겨냥했던 오사카지검 특수부의 *날조조사(2010년 9월, 아사히신문의 특종으로 드러난 사건. 장애인 우편요금 할인제도 악용사건으로 오사카지방법원에서 전 후생노동성 국장이 무죄를 선고 받았는데, 오사카지검 특수부 검사가 피고인의 증거데이터 날짜를 조작한 일이 드러났고, 대검찰청이 직접 수사에 나서면서 주임검사의 증거조작혐의를 확인하고 체포했다. 주임검사의 증거조작을 묵인한 오사카지검 부장검사와 부부장검사도 징역형 처벌을 받았다_역주)에서도 여실히 드러났지만, 이런 사건을 '만들어 내는' 꼼수가 억울하게 뒤집어 쓴 죄의 온상이 되어온 것이다.

"결국, 검사의 취조에는 의문을 가졌지만, 조사가 진행되는 동안에 '아, 쌍방처벌을 원하는구나' 싶었습니다. 받아들이지 않으면 재판에서 무죄가 안 될지도 모를 일이죠. 그 당시는 조선학교의 고교무상화 문제가 있었어요—지금도 마찬가지지만— 그런 상황에 조선학교의 교장이 유죄가 되면 곤란하잖아요. 하지만 거부하면 나 혼자로는 끝나지 않을지도 모를 일이고. 학교법인 사람들까지 끌려오게 될지도 모르죠. 약식기소로 끝난다면 그걸로 아무 일 없었던 일이 되고, 어떤 말도 들을 필요가 없게 될 거라며." 약식기소는 피고의 양해가 필요한 절차이다. 바꿔 말하면 모든 것은 고 전 교장이 결정하기 나름이었다.

형식범이라 하더라도 대규모 수색을 단행해 때로는 신병을 구속하는 자의적 권력행사가 행해진 사례는, 오츠大津에서 발생한 '차고지 불법등록' 문제로 오사카부경이 130명이나 되는 경관과 기동대를 동원해 강제수사를 했던 예나, 사실무근의 국토법 위반혐의를 '이유'로 280명이나 되는 경찰들이 조선총련 교토 부 본부를 강제수사했던 꼼수에서 이미 증명되었다.

아침부터 저녁까지 완전한 원정 밀실조사다. 취조담당자의 질문에 그, 그녀들의 머릿속에 짜여진—혹은 상사와 합작한—스토리 라인을 따르는 대답을 할 때까지, 계속해서 같은 질문이 반복된다.

많은 '억울한 죄'를 만들어낸 사건에서 드러났듯이, 때로는 하지도 않은 살인까지 '자백'당하는 취조실의 중압감은, 괘선용지에 손으로 쓰던 시절부터 워드로 조서를 꾸미는 지금까지도 달라지지 않는다. 고 전 교장은 결국 총 38통의 조서에 서명해야 했다.

예를 들어 권총을 사용한 살인사건에서 도주 끝에 체포된 피의자라면 사건당시의 상황과 권총의 입수경로, 도주로 등등 조서숫자가 늘어가지만, 이번 '사건'은 공원에 사물을 설치한 것뿐이다. 왜 그렇게 많은 조서가 필요했을까? 적용시킨 도시공원법위반의 처벌은 「6개월 이하의 징역 또는 30만 엔 이하의 벌금」이다. 도로교통법상 속도초과가 「6개월 이하의 징역(과실의 경우는 3개월 이하의 금고) 또는 10만 엔 이하의 벌금」이다. 속도위반과 별반 다르지 않는 양형의 '위법행위'에 38통이나 되는 조서는 그야말로 이상한 수사였다.

이전 교장과 제1초급 교직원에 대한 취조는 여름방학 기간에 진행되었다. 지금까지 기록했듯이 가두시위에 대한 대응으로 교사들은 일상 업무를 처리하기에도 손이 모자랄 지경이었다. 학교업무는 최소한만 '해결하는' 모양새가 되었고, 자습증가에 따른 아이들의 학력저하는 심각한 문제였다. 여름방학은 교사들에게 있어서 '2학기를 앞둔 업무보강' 기간이었지만, 여전히 계속되는 과중노동에 수시기관 대응까지 겹쳐져 제1초급에서는 2학기 학교업무에 관한 협의도 제대로 할 수 없었다.

이 무렵 고병기 교장이 근무하는 제2초급도 최소한의 인원으로 운영되는 사정은 마찬가지였다. '피의자'로서 받는 취조가 연일 계속되어도 그 때문에 업무가 면제되는 환경이 아니다. 지치고 고달

팠다. 관계자들이나 변호사와 의논을 거듭한 끝에 최종적으로 고 교장은 제안을 받아들였다. 실제로 철저히 맞서 싸우면 도시공원 법위반으로 체포되거나, 기동대를 동원해 학교와 학원 측에 강제 수사조차도 이뤄지지 않으리라는 보증은 없었다.

'쌍방처벌'을 노리는 경찰, '회피'에 급급한 교토 시

　학교를 습격한 실행범 4명이 위력업무방해와 '격하'된 모욕죄 등으로 기소된 같은 날, 교장도 도시공원법 위반죄로 약식기소 되었다. 교장에 대한 처분은 벌금 10만 엔이었다.

　관계자들에 따르면 어느 수사간부는 기초적인 수사가 끝난 후 처분방침을 둘러싸고 교토지검과의 협의가 계속되었던 봄 무렵에 양측을 동시에 처분할 수 있다면 '가장 깔끔하다'고 말했다고 한다. 요컨대 '쌍방처벌'을 최종목표로 한 것이다. 전술한 바와 같이 재특회일당이 데모금지가처분을 무시하고 벌인 3월 28일 혐오데모를, 경찰이 종착점인 공원에 도착하기 전에 해산시킨 일에 분개해, 당시 영상을 《조선총련과 유착해 시민집회를 위험에 빠뜨린 교토부경》이란 타이틀로 인터넷에 올렸다. 교토부경 미나미경찰서와 부경본부에는 '재특회'와 '주권회' 회원들과 지지자들의 항의가 빗발쳤다. 시종일관 '보수'라는 이름으로 경찰까지도 격렬한 공격의 대상으로 삼았다. 당시 경찰로서도 그들은 미지수의 존재였다. 그리고 부경이 신중한 태도를 취하게 만든 것은 제3장에서 서술한 1994년에 조선총련을 부당하게 수사했던 때의 결정적인 실수이다.

　복수의 관계자들 얘기를 종합해보면 부경간부는 '재특회'와 '조선학교(경찰의 입장에서는=조선총련)'를 대치시켜 '양쪽 다 나쁘게' 몰아가는 것을 '공정·공평한 직무집행'으로 여긴 부분이 있다. 때문에 그들은 '골치 아픈 존재'인 쌍방을 시간차 없이 동시에 처분하는 전개로 몰아가 한 쪽에서 '부당처분'이란 비판을 받으면 '당신들만이 아니다. 상대도 처분하지 않았냐'며 반론할 '부적'을 얻어낼 생각이었다.

한편 교장이 약식기소 된 것을 계기로 재특회와 그 지지자들은 "조선학교의 범죄가 단죄되었다!" "애초에 원인은 조선학교에 있다!"며 대대적으로 어필했다. "안이했던 거죠, 너무 분하고 억울했어요." 이번 법적대응에서 김상균을 비롯한 관계자들이 가장 분하고 억울해 한 것이 이 사태였다. '만약' '~라면' 같은 가정은 있을 수 없다. 하지만 만약 끝까지 거부해 기소되었더라도 유죄가 될지 안 될지는 알 수 없다. 이미 서술한 것처럼 역사적인 경위도 있다. 게다가 교장은 공원에 설치한 사물에 대해 1월말 철거를 약속했었다. 일시적 모면을 위해 구두약속을 한 것이 아님을 보여주는 '대체지 획득'이라는 근거도 있었다. 이것으로 철거에 대한 '묵시적 동의'가 있었다는 주장도 가능하다. 만약 이 내용을 간단히 적어서 시 측과 교환했더라면 '명시적 동의'가 되므로 문제시 되는 일은 없었을 것이다. 이 부분을 교장의 '꼼꼼하지 못한 처신'으로 보는 시각도 있을 것이다. 실제로 상당한 비판도 받은 것 같다. 이 건에 대해 묻자 고병기 교장은 잠시 틈을 두었다 대답했다.

"하지만 그건 서로 마찬가지예요. 공사안전문제도 그렇고, 지금까지 교토 시에 어떤 형태로든 문서로 해달라고 했지만, 그걸 들어준 적은 한 번도 없었으니까."

 나 또한 솔직히 '안이한 태도였다'는 생각은 하지만, 동시에 그것은 가혹한 평가라는 생각도 든다. '방어'를 위해 '형사고소'를 주장해왔던 엔도 히로미치遠藤比呂通 변호사의 말이다. "다시 한 번 공안의 수법은 변하지 않았다는 것을 통감할 수밖에 없었죠. 고소한다면 절호의 정보수집 기회를 제공하게 될 우려는 충분히 있어요. 하지만 그런 가두시위가 계속되는 상황을 생각하면 다른 걸 생각할 겨를이 없었던 거죠. 경계는 하고 있다 생각했는데, 우리가 틈을 보인 거죠. 가마가사키 지역 노동운동보다도 더 심하게 감시당했어요. 공안의 수법은 특별고등경찰 시대나 지금이나 전혀 달라지지 않아요." 여러 공안수사사건의 변호를 맡아왔던 엔도의 실감이다. "교토 시도 '공범'이라 기소는 불가능하다고 생각했는데, 안이했어요. 분했죠, 분하다기보다 정말 안이했던 거죠…."

 한편 평소에는 '다문화 공생'을 내세우며 조선학교와의 교류를 '국제 이해교육의 모델케이스'라 공언했던 교토시가, 사건이 터지자 노골적인 '방어'에 들어갔다. 아니면 이 기회에 '조선학교와의 관습'을 '청산'하려 했던 것일까?

 교토시의 견해는 '오래된 일이라 자료도 남아있지 않아 확인 불가능하다' '지금까지 조선학교에 공원사용 허가를 내 준 적이 없다'였다. 직후에 있은 언론의 취재에 응한 교토 시는 <허가 없이 공원을 점유하고 있다는 인식은 있었지만, 그 정도로 악질이라고는 생각지 않아 간과했다. 공원관리에 문제가 있었던 것 아니냐는 추궁도 당연하다>(요미우리신문 2010.8.11 교토 야마시로 판), <50년 이상 지나서 어떤 경위로 사용이 시작되었는지 불분명하다. 현재는 사물이 철거된 상태이고, 학교 측이 지역주민들과 서로

양보하며 사용하는 것은 문제없다>(마이니치신문 2010.8.11 교토
판) 등 마치 학교 측이 멋대로 사용해온 것 같은 변명으로 일관한
다. 하지만 애초에 공원은 삼자합의로 쓰고 있던 것이고, 그 안은
어쩌면 교토시가 구상한 것임은 전술한 대로다. 수사간부 사이에
서도 교토시의 이 같은 '구차한 변명'은 웃음거리였다. 수사가 시
작됐을 당시 부경 내에서는 공원을 관리하는 입장에 있으면서 사
용 경위는 거듭 모른다고 제3자적 입장을 취하려는 교토 시에 대
한 불만이 가득했던 것 같다.

도시공원법을 엄밀하게 적용하면 교토 시도 '공범'이었다. 전술
한 것처럼 학교의 각종 기념식도 공원에서 열렸고, 교토 시, 시교
육위원회가 후원을 했다. 학교 측의 기억으로는 '무슨 행사가 있을
때 교토 시에서 허가를 받으라고 요구한 적은 없다'고 한다. 나쁘
게 말하면 엉성한 대처였지만, 역사적 경위로 보면 융통성 없는 운
용을 하지는 않았다.

"시 직원도 조사하고 있는데, 그들은 문서(조서)로 남기지 않고
회피해 버려요." 초여름 시점에 또 다른 수사간부는 이렇게 투덜댔
다. 시는 이 문제와 관련을 피하려 했다. '허가하지 않았는데도 공
원을 점유하고 있다'는 것이 진심이라면, 피해자 입장으로 학교 측
을 교토시가 고소하면 경찰로서는 움직이기 쉽다. 하지만 시는 그
렇게 하지 않았다. 경위를 엄밀히 따져보면 '공범'이라 할 수 있는
데다, 총련과 조선학교와의 관계도 있다. 소극적 자세를 취하는 것
도 당연했다. 한편 교토 시는 실제로 공원사용을 인정한 책임을 남
기고 싶지 않은지 조서 작성을 거부했다. 교토부경은 같은 행정기
관임이 분명한 교토 시의 '비협력적 태도'에 초조했던 것 같다.

조서를 받지 못하고 있을 무렵 수사간부 중에는 이대로 교장이 약식기소를 철저히 거부한대도 교토 시 측의 조서를 받지 못하면 공판청구(기소)는 어렵지 않겠나. 만약 교토지검이 도시공원법으로 기소해도 교토시가 이 상태라면 교장은 무죄가 될 가능성도 있다. 그렇게 되면 경찰은 국가배상소송의 피고가 될 우려도 있다는 견해를 내놓는 이도 있었다. 고소 이후부터 시종일관 경찰은 수사 미스 등으로 어느 쪽이든 혹은 쌍방이 불기소나 무죄가 돼서 반대로 국가배상소송이 발생하는 사태를 최악의 전개로 경계하고 있었다.

'50년 가까이 지난 일이라 경위는 알 수 없다'는 말을 반복하며 당사자로서 관련을 피하려는 교토 시와 그에 분개하는 교토부경. 양쪽의 관계가 처음에는 순조롭지 않았던 것 같으나 형사사건화 단계에서 교토시의 태도는 돌변한다. 담당자가 검찰청에서 취조를 받은 고작 이틀 만에 유일한 조서가 작성되었다. 조서에는 얼마나 시 담당자가 주민들의 항의에 신중히 대응하고, 학교 측에 당연히 해야 할 조치를 취해 왔는지 상세히 적은 다음, 시청에 쇄도했던 항의와 비판을 시 입장에 대한 몰이해라고 비판한다. 그리고 재특회도 문제지만 애초에 인근의 변화와 공원축소에 대응하지 않았던 학교에 원인이 있다는 내용이었다. 약식기소 스토리라인 그 자체였다. 교토 시는 '조서 작성을 거부'해 부경 간부를 탄식하게 한 태도에서 돌변해 검찰에게 더 할 나위 없는 모범해답을 제출했다. 그 사이에 무슨 일이 있었던 것일까?

교토시의 '재특회 대책'은 노골적이었다. 교토시가 같은 해인 2010년 가을, 학교 측에 남문정면 공원입구에 설치되어 있는 곡선반사경을 철거하라고 요구해왔다. 이 반사경은 학교 안에서 공원으로 뛰어드는 아이들의 위험을 줄이기 위해 학교 측이 자비로 설치한 것이다. 시가 철거를 요청한 이유는 사건 발생 1년이 되는 시점이 다가오고 있기 때문이었다. '재특회 측' 입장에서는 형사 사건으로 불거진 12월 4일의 가두시위가 '인간으로서 부끄러운 행위'임은 물론 아니다. 반세기 이상이나 공원을 '불법검거'하고, 원하는 대로 해왔던 '불령선인'에게서 '국토'를 '탈환'한 기념일인 것이다. 이날을 '축하'하는 이들에게 체포된 4명은 '의사'였다. 그런 '1주년'에 대한 관심이 커지면 재특회 측이 공원입구에 설치되어 있는 반사경에 주목해 그것을 '묵인하고 있는 교토 시'에 비판이 향할 것을 우려한 것이다. 학교 측은 아이들에게 사고발생의 위험이 있다고 설득해 철거요청은 수습됐지만, 시가 조급히 굴다가 본성을 드러낸 것이다. 교토 시는 아이들의 안심·안전보다 재특회의 비판을 피하는 쪽이 중요했다는 추궁을 당해도 할 말이 없다.

달라진 공원의 모습

한편 문제가 되었던 공원의 형태도 크게 달라졌다. 공사착공 전 학부모들이 공사가 종료된 후 공원모습에 대해 문의하자 교토 시는 <착공 전과 거의 비슷한 기능을 하는 형태로 복구할 예정>이라고 문서로 회답했지만, 사건이후 도면은 알려진 것만으로도 두 차례나 다시 작성됐다. 사건이 있은 후에 다시 나온 청사진은 전혀 다른 것이었다. 시가 '다양한 주민의 의견을 듣고' 작성했다고 한 도면은, 산책로로 공원을 남북과 동쪽으로 3분할하고, 원래는 평지였던 북쪽에 고정벤치와 나무를 빼곡히 심어 2구획으로 나눈 다음, 산책로 남쪽으로 거대한 인공산과 정글짐, 구름사다리, 미끄럼틀, 모래놀이터를 설치하고, 동쪽에는 그네 등을 설치한 디자인이었다.

남쪽에서 공놀이를 할 수 없게 만든 것은 동네 아이들(조선학교 학생뿐 아니라)이 찬 축구공이 가옥으로 날아든 것에 인근주민의 항의가 있었기 때문이라 한다.('불법점유'라 한 축구골대는 제1초급의 아동, 학생뿐 아니라 지역아이들도 이용했다) 그리고 시가 작성한 도면에서 '눈에 띄는 것'은 가득 채워진 나무와 고정벤치로 평지가 분할되었다.

습격사건 후 시에 빗발친 '점유묵인' 비판을 받아들여 교토시가 공원을 몇 개의 구획으로 나눠 '점유' 항의에 대해 '공원 내 한 구획을 쓰는 것 뿐'이라고 반론할 수 있는 구조를 만든 것이다. 이동식이 아닌 고정벤치로 한 것도 그 때문이지만, 아이들이 정신없이 뛰어다니는 장소에서는 위험천만하다. 공이 날아온다는 등의 이유로 북쪽에서 공놀이를 금하는 것을 대책으로 내놓으려한 시에 대해, 학교 측과 지역주민은 (가옥과 접해 있지 않은)남쪽을 평지로 만들어 공을 찰 수 있도록 하면 좋겠다고 요구했고, 시가 다시 남북을 바꾸는 형태로 도면을 재작성 한 뒤, 최종적으로는 고속도로 교각아래에 평지가 만들어졌다. 그때 설치된 공원 안내판에는 <축구, 야구>를 지명해 금지하는 문구가 있었지만, 학교와 주민들의 요청으로 문구 위에 테이프를 붙여 '위험한 공놀이'로 고쳐 썼다. 조선학교뿐 아니라 주민자치회 간부의 눈에도 교토시의 '자기 보신'은 '도가 지나쳐' 보인 것이다.

고쳐 쓴 공원 안내판(2013.06.10)

　2011년 9월, 공원은 리뉴얼되었다. 하지만 비좁았고 평지에도 고
정벤치가 있는 구조여서 단거리 달리기도 불가능했다. '원상복구'
약속은 파기되었다. 이미 수업커리큘럼이 짜여있었지만 이전처
럼 공원을 사용하는 것은 지극히 어렵게 되었다. 한편으로 '인근주
민'들의 '감시'는 계속되었다. 수업으로 공원을 사용하면 '점유를
묵인하느냐'는 비판이 시에 들어갔고, 그때마다 시에서 학교 측에
'민원이 들어왔다'며 시정을 요구했다. 도시공원법 위반으로 문제
가 된 것은 축구골대와 스피커 같은 사물설치였지만, 수업까지도
'점유'로 간주한 비판도 있었다. 공원에서 실시된 것은 초급학생의
체육수업이다. 그것조차도 동네아이들과 다툼을 막기 위해 기본적
으로 체육수업은 평일 오전 중에 실시했다. 왜 이렇게까지 곱지 않

운동장 대신 하천부지에서 달리기를 하는 아이들(2010.02.24).

은 시선을 보일 필요가 있을까? 앞서 말한 것처럼 사건당시에도 교토시립 소·중학교 가운데 5개 학교는 빠른 곳은 1940년대부터 근린공원을 운동장으로 사용했다. 하물며 제1초급에 교정이 없는 것은 1949년에 교토시가 행했던 추방의 결과이다. 왜 조선학교는 안 되는 건가. 이것은 인종차별주의가 아닌가?

뜀틀 같은 도구를 공원에 두거나 지면에 석회로 라인을 긋는 행위도 '점유'라고 비판받을 우려가 있었다. 아이들은 강당과 안마당에서 뜀틀을 하고 하천부지에서 50미터 달리기를 했다. "하천부지를 직선으로만 달리니까 지금도 200m달리기를 하면 코너를 제대로 달리지 못하는 겁니다." 사건당시 아들이 제1초급에 다녔던 한 어머니는 자조하듯 말했다. 축구부에 소속된 아들이 '공을 못 차고

두 번째 습격 이후 공원에 나가지 못하고 학교 안마당에서 노는 아이들. 맞은편에 건설중인 고속도로 교각이 학교를 위협하듯 솟아있다. (2010.01.16)

달리기만 하니까 나는 육상부'라고 자포자기하는 말에 '견딜 수 없는 심정'이었다는 어머니도 있다. 나중에 제1초급은 제3초급과 통합되어 이전해 교토조선초급학교가 되었다. 지금은 그곳에서 부교장을 맡고 있는 김지성의 말이다. "마라톤이나 체력측정 같은 걸하면 그때 제1초급에 다닌 학생은 제3초급 아이들에 비해 기초체력이 없습니다."

공원을 사용하기 어려워진 것은 수업뿐만이 아니었다. 수상한 사람을 경계하기 위해 교사가 따라가지 않으면 공원에 나가는 것도 원칙적으로 금지한 것은 앞서 말한 대로이지만, 쉬는 시간조차 공원에 나가기 힘든 분위기가 생겨났다. 휴식시간에도 안마당이나 복도에서 외발자전거를 탔다. 아이들끼리 쉽게 부딪혀 싸움도 끊이지 않았다. 외발자전거나 세발자전거 등 당시 놀이도구에는 진흙이나 모래가 붙어있지 않다. 밖에서 놀 수 없었기 때문이다. 한 어머니는 말한다. "복도에서 술래잡기를 하거나 뛰면서 노니까 선생님한테 자주 혼나 벌을 서기도 했죠. 서로 부딪혀서 싸움이 나는 일도 잦았던 것 같아요. 어느 날 데리러 갔더니 공원에 나가 놀 수 없으니까 안마당에서 풀잎으로 개미를 잡고 있던 적도 있어요. 실컷 뛰어놀게 할 수 없었던 것이 정말 안타까웠어요." 교육의 장으로서 역할을 할 수 없게 되어갔다. 동시에 이전부터 얘기가 나온 이전계획이 현실로 다가오기 시작했다.

파괴된 지역과의 관계

2011년 4월 21일, 습격의 중심멤버 4명에 대해 징역 1년에서 2년, 모두 집행유예 4년의 유죄판결이 내려졌다. 한 사람이 오사카 고등법원에 항소했지만, 반년 후에 기각돼 형이 확정되었다. 민사소송의 행방에 큰 영향을 준 결과였다. 민사소송 변론도 진행되어 이것이 법적책임을 둘러싼 다툼이며 '조선학교와 재특회의 대의가 충돌하는 것이 아니라, 어디까지나 재특회가 저지른 범죄행위'(김상균)임이 공적으로 증명되기 시작했다. 그러나 한편에서 학교를 둘러싼 상황은 날이 갈수록 악화되어 갔다. 지역사회에서 조선학교에 대한 시선, 즉 '소동의 원인'이란 인식이 지워지기는커녕 점점 더 심해져 갔다. '다음 시위가 있을지도 모른다'— 이 같은 공포는 학교관계자뿐만 아니라 지역사람들도 당연히 있었다.

교토 시는 방관자였다. 그때서야 도시공원법을 내세워 법률상 문제가 있을지도 모른다는 이유로 관련을 회피했다. 관리자로서 종전대로 사용을 인정해 달라는 요청에 대해서는 '지역주민의 양해를 얻어 자유사용 범위 내에서 사용해 달라'는 말만 반복했다.

'공원을 관리하는 시로서 중간에서 사태수습에 나설 의향은 없는가?' 교토 시 담당자에게 물으니 단호하게 대답했다. "없습니다, 애초에 도시공원법에 저촉될 가능성이 있는 행위니까. 게다가 그쪽(조선학교)이 인근에 늘어난 새로운 주민들에 대한 대책을 세우지 않은 것은 사실이니까요."

차별선동에 편승한다는 것은 재특회의 혐오데모 대열에 가담해 참고 듣기 어려운 온갖 욕설을 합창하거나, 습격행위를 기록한 동영상에 쾌재를 부르며 댓글에 가담하거나, 카메라를 들고 학교주변을 배회하는 것만을 가리키는 것은 아니다. 과거 도오카소학교에서 조선인학교를 추방했던 교토 시는 결과적으로 또 다시 조선인들의 자주적인 교육환경을 없애려 들었다. 나아가 자신들에 대한 비판을 초래한 '골칫거리'인 조선학교를 어떻게든 제거하려 했다. 교토 시는 재특회의 차별선동에 편승한 것이라 할 수 있다.

여러 차례 가두시위를 당한 조선학교를 피해자가 아니라 오히려 시에 대한 비판을 초래한 존재로 간주해 기피했다. 피해자가 가해자가 되어가는 경우는 차별선동에서 자주 볼 수 있는 도치현상이다. 앞서 말한 도쿠시마 현 교직원조합 습격사건도 조합이 있는 교육회관 내에서는 도쿠시마 현 교직원조합을 '돌림병의 신'처럼 말하는 이가 있었다. 상부단체인 교직원연합 간부 가운데에도 '쓸데없는 짓을 하니까(재특회의 반발을 산다)'고 공언하는 이도 있었다고 한다.

피해자임이 분명한 학교를 일련의 소동 원인처럼 간주한 것은 교토 시 뿐만은 아니었다. '사건 때문에 가장 괴로웠던 일은 무엇인가?'라고 묻자 고 전 교장은 다음과 같이 답했다. "고작 세 차례의 가두시위로 그동안 쌓아온 지역과의 관계가 흔들렸다. 본래는 피해자인데도, 이제까지 협조해 주었던 지역이 '학교가 있으니까 그런 사람들이 찾아오는 것'이라 여기게 되고 말았다."

첫 번째 차별 가두시위 때는 습격자들을 타이르다 오히려 온갖 욕설을 들은 인근주민도 있다. 또 사건 직후에는 동영상에 선동되어 학교를 관찰하러 온 이들에게 인근주민이 신분을 캐묻는 경우도 있었다. 떡메치기 행사 때에는 '고생 많았다' '힘내시라'고 먼저 인사를 건네주는 사람도 있었다. 하지만 학교 측의 형사고소와 가두시위 금지처분도 개의치 않고 거듭 강행된 혐오데모와, 학교의 공원사용을 문제 삼아 시와 경찰에 집요하게 통보한 일부 주민의 적의는, 지역에서 조선학교의 자리매김을 미묘하게 만들고 말았다.

교장, 교무주임을 비롯한 교원들 그리고 많은 학부모들, 게다가 인근에 사는 동포들에게는 그곳에 운동장으로 쓸 수 있는 공원이 있는 것이 당연했다. 매일 공원을 뛰고 달리며 운동회, 여름축제, 바자회나 계절별 연례행사를 거기서 즐겨왔다. 자신들의 유·소년기를 그곳에서 보낸 이들에게 눈앞에 있는 공원이 멀어진 것은 더더욱 가슴 아픈 변화였다.

몇 차례의 취재가 있은 후 김지성과 술을 마신 일이 있다. 동료들에게 '두려울지도 모르지만, 교사는 학생을 가장 먼저 지켜야 할 위치에 있다. 일단 학생들을 안심시키고 행동해달라'고 하고, 스스로 솔선수범해 그 말을 실천해왔던 김지성이다. 인터뷰 때도 힘들었던 일이나 불안, 분노가 치밀어 오르는 걸 애써 참는 모습을 여러 차례 보아왔지만, 술이 들어가자 조금씩 속마음을 털어놓기 시작했다.

그가 가장 억울하고 한스러워 한 것은 이 지역과의 관계가 파괴된 것이다. "무엇보다도 3차례의 가두시위가 지역과 쌓아온 관계를 엉망진창으로 만들어버렸어요. 그리고 학교이전 문제였죠. 원래는 1세들의 심정을 이어받아온 제1초급이 이전하는 일은, 동포사회는 물론 지역의 광범위한 이해를 얻으며 진행해야 되는 게 마땅한데, 재특회 일당의 움직임을 신경 쓰며 진행해야 될 수밖에 없었어요."

실제로 제1초급 습격사건을 실행한 이들은 2012년 4월, 후시미구에 건설될 새 교사 건설예정부지에도 나타나 '관계자이외 출입금지' 경고를 무시하고 부지 내에 무단으로 들어가 부지모습까지도 촬영해 동영상 사이트에 올렸다. 건설공사가 결정되고 이전, 개교가 구체화되자 새 교사 주변의 일부주민들에게 반발의 목소리가 나왔다. 사건의 내용이 언론을 통해 알려져 있었고, 인터넷에 '교토조선'이라 입력하면 악의에 가득 찬 블로그가 즐비하게 나온다. 게다가 재특회 측의 영상은 얼마든지 열람가능 한 상태이다. 학교관계자는 교육내용을 일일이 설명하러 교과서를 들고 주변을 찾아다녔다. 습격사건이 무거운 바위처럼 짓눌렀다. 그러는 동안 일부주민들에게 들은 말은 '그 사람들까지 달고 오는 것 아니냐' ' 미나미구에 그냥 있었으면 좋겠다' 였다.

폐쇄, 그리고 이전

2011년 9월, 고속도로 공사가 끝나고 리뉴얼된 이후 공원사용에 관해 학교 측과 주민대표가 협의를 가졌다. 김지성도 참가해 의견을 말했다. '종전대로 수업 때 사용하고 싶다'는 학교 측의 요청에 주민자치회는 '자유사용의 범위 내에서'라는 말만 반복해 같은 지역주민으로서 이해는 얻지 못했다. '비어있는 시간은 종전대로 수업하는데 사용하면 된다' 이 한 마디를 지역주민이 공언하기 어려운 분위기가 만들어져 있었다.

애초에 제1초급의 이전계획은 있었다. 아동·학생의 감소를 주시하면서 시내에 있는 다른 학교와 통합해 후시미구伏見区 다이고醍醐에 건설될 새 교사로 이전하는 절차였다. 그렇지만 자금문제와 중·고까지 포함한 이전규모 등 검토해야 할 과제는 많아서 구체화까지는 아직 시간이 걸리는 문제로 여겼다. 하지만 '앞으로의 계획'은 사건에 이은 교토 시의 표변과 지역에서는 '성가신 시설이 된' 이유로 단숨에 가속화 되었다.

'애초부터 교육환경이 정비되어 있지 않았다. 이전하게 돼서 다행이다'라는 사람도 있고, '그 사건이 있었기 때문에 이전이 빨라졌다. 그런 의미로는 사건에 감사한다'고 말하는 학부모도 있었다. 적지 않은 학부모들 사이에 더 이상은 견디기 힘들다는 심정이 고조되었다. 아버지 김의광의 이야기다. "개인적으로는 제2초급(우쿄구)도 포함해 통합이전하면 재정적으로는 나쁘지 않다고 생각했습니다만, 주민들과의 관계도 어려워져 쫓겨나가는 것처럼 나갈 수밖에 없다는 것. 윗세대들의 심정이 가득 담긴 제1초급의 역사를

제1초급학교에서는 마지막이 된 졸업식. 김지성 교장(오른쪽 앞)의 인사는 눈물로 여러 번 중단되었다.(2012.03.18.)

너무 등한시한 것은 아닌가 하는 심정이었죠.”

　다른 현 출신의 교사 정유희는 괴로운 속마음을 털어놓았다. “집주지역의 상징 같은 학교라 부모님들 중에도 졸업생이 많습니다. 이런 모양새로 자신들의 모교, 바꿔 말하면 돌아갈 곳이 없어지는 것이 얼마나 안타까운지도 알 것 같았고, 교사로서는 아이들을 교육할 환경이 아니라고 느꼈어요. 괴로웠습니다.” 민사소송을 지원하는 단체인 <고름ᄀᄅ무>의 사무국장 야마모토 다카노리山本崇記는 나중에 이렇게 얘기했다. “활동을 하면서 가장 충격이었던 것이 제1초급의 폐쇄였어요. 민사소송 승소와 제1초급의 존속은 ‘고름’의 활동으로 말하면 자동차의 두 바퀴였죠. 우리도 학교를 지키려는 마음으로 활동해왔는데, 두 바퀴 중 하나가 재판이 진행되는 도중

마지막 졸업식이 끝나고 아이들과 학부모들은 학교에서의 추억을 아쉬워했다.(2012. 03.18.)

폐쇄된 것입니다. 한동안은 망연자실했죠."

　마지막까지 저항한 이는 박정임이다. 지역주민으로 인정받고 지역의 풍경으로 녹아든 우리학교를 새롭게 만들어 나가자고, 어머니들과 함께 그것만 생각하며 뛰어다닌 그녀에게 '지역의 일원'으로서 권리를 부정하는, 아니 스스로 포기하는 모양새로 폐쇄, 이전하는 것은 받아들이기 힘들었다. "학교가 없어지는 것이 현실화 됐을 때가 가장 무서웠어요. 지역의 일원으로서 공원을 사용할 권리는 있다고 생각했어요. 원상복구 약속도 파기되고, '애초에 권리가 없다'는 걸 납득해야 하는 게 말이 되냐고요. 운동장이 없는 학교라도 좋아요. 이건 백기를 드는 게 아닌가. '이미 다이고(새 교사)가 진행 중이니까 나중에'라는 말을 납득할 수 없었죠. 그 많은 일들을 그냥 넘겨도 되는 건지. 그간의 노력이 수포로 돌아가는 것 같았죠. 그런 무력감은 처음이었어요."

제1초급은 2011년 연도 말(2012. 3), 제3초급과 '교토 조선초급학교'로 통합된 형태로 일단 제3초급이 있는 교토 시 기타구^{北区}로 이전했다. 이 단계에서 칸진바시의 교사는 폐쇄되고, 2013년 봄 '교토 조선초급학교'는 후시미구^{伏見区}에 건설될 새 교사에서 새 출발을 한다는 방침이 2011년 9월 공표되었다. 행정기관의 탄압과 차별 속에서 교토 조련 시치조^{七条}국민학원부터 시작된 역사를 이어 윗세대들의 심정이 고스란히 스민 제1초급의 역사는 생각지도 못한 형태로 막을 내렸다. 재특회의 방해를 우려해 학교이전은 수면 아래에서 진행되었다. 새 교사에 들어가는 막대한 경비를 생각하면 대대적인 모금운동에도 힘을 쏟아야 마땅했지만, 그것도 쉽지 않았다. 무엇보다 60년간 집주지역에 뿌리내려온 학교가 폐교되는 때에 기념행사 한 가지조차 할 수 없었다.

2012년 3월 18일, 마지막 졸업식 단상에 선 김지성 교장의 인사말은 눈물로 몇 번이나 중단되었다. 졸업식에서 눈물을 흘린 것은 교원생활 중 처음이었다. "원래대로 한다면 신세를 진 주변에 인사를 하고 떠났을 텐데, 그것조차도 할 수 없었어요. 학교이전에 먹칠을 한 거죠. 마치 야반도주 같았으니까."

8. 법정—회복의 장, 2차 피해의 장

　2013년 6월 13일 오후, 교토지방법원에서 습격사건을 둘러싼 민사소송 제18차 마지막 구두변론이 열렸다. 2010년 9월 16일, 제1회 구두변론으로부터 약 3년, 대법정(86석)은 만석이었다. 마지막 진술을 한 이는 변호단의 한 사람 구량옥(1982년생)이다. 그녀도 제1초급 출신이다.

　"조선학교는 우리 재일코리안 아이들에게 진심으로 안심할 수 있는 곳이었습니다. 조선학교는 같은 뿌리를 가지고, 같은 고민이나 괴로움을 공유할 수 있는 사람들이 모여, 있는 그대로의 자신을 내보일 수 있는 곳입니다. 사회의 시선을 의식할 필요 없이, 자기 인격형성에 전념해 민족적 자존심을 키울 수 있는 곳입니다." 제1초급 출신인 그녀는 원고 측 대리인인 동시에 피해 당사자이기도 했다. 이야기는 그녀가 초급학교 6학년 때 어린 마음에 깊이 새겨진 치마저고리 사건으로 거슬러 올라간다. 긴급 전교집회, 교장과 교무주임의 삼엄한 모습들. 교사와 부모가 항상 말했던 '조선인이라는 것이 죄가 아니다' '일부 나쁜 사람은 있어도 많은 일본인이 좋은 사람'이라는 말과, 교문 안쪽과 집 이외의 세계에서 조우하는 현실, 그리고 매스컴 보도와의 괴리에 대한 불신, 중학교에 올라가면 입을 수 있다고 기대했던 치마저고리 교복을 더 이상 입지 못할지도 모른다는 분노, 매일 무슨 일이 벌어질지 모르는 걱정 속에 아이를 학교에 보내는 부모님의 불안, 아이가 위험에 노출된다면 차라리 조선학교에 안 보내는 게 낫지 않겠냐는 심정—

　그때와 무엇이 달라졌나. 적어도 '개선'의 방향은 아니다. 익명의 사람들이 여학생을 몰래 덮친 치마저고리 칼질 사건부터 20년 가까이 지난 현재, 일본에서는 적지 않은 사람들이 당당하게 실명을 밝히며 입에 올리는 것조차 꺼려지는 갖은 욕설을 멋대로 지껄여대고, 폭력 그 자체인 데모를 반복하고 있다. 법정에 선 구량옥의 정면에서 피고인 재특회 부회장이 희미한 웃음을 짓는 한편으로 방청석 곳곳에서는 구량옥의 증언에 자신의 기억을 떠올리며 눈물을 삼키는 소리가 들렸고 몇몇은 어깨를 들썩이며 흐느끼고 있었다.

제1초급 출신 변호사

차별 가두시위를 세 차례에 걸쳐 강행했을 뿐만 아니라 사건을 조선학교에 대한 공격으로 보도한 각 언론사와, 나아가서는 비판성명을 낸 교토변호사회에까지 항의시위를 벌인 재특회 일당. 그들에게 법조관계자들이 느낀 충격도는 최종적으로 100명에 이를 정도로 늘어난 변호단의 규모에서도 알 수 있다.

이 민사소송에서 처음과 마지막에 의견진술을 한 이가 제1초급의 졸업생 구량옥이었다. 구량옥은 재일조선인 3세로 교토부 우지시 宇治市 이세타伊勢田에 위치한 일본전국에서 손꼽히는 조선인집주지구 우토로ウトロ에서 태어났다. 이곳은 1940년대 국책회사가 건설을 맡은 군사비행장 건설공사로 모집된 수백 명의 조선인 노동자들이 지낸 합숙소가 철거된 흔적에서 기원한다. 전쟁이 끝난 후 토지가 사기업으로 인도됨에 따라 '불법점거'로 여겨진 약 2.1헥타르의 토지에는 해방 후 경상북도 출신을 중심으로 많은 조선인들이

모여들어 주민의 거의 100%가 조선인이라는 독특한 커뮤니티를 형성해 왔다. 서일본 지역에서 재일조선인연맹(조련)의 유력거점의 하나로도 알려져, 인접한 접수지에 주둔하고 있던 미군과 일본 경찰로부터 탄압과 저항이 반복되었다. 예전에는 마을입구에 '개출입 금지!'라는 간판이 서 있었다. 물론 네발로 걷는 '개'를 가리키는 것이 아니다. 당국의 '개(경찰)'를 뜻한다.

고도경제성장을 거치며 전국각지의 조선인부락이 퇴거와 분산으로 소멸돼 가는 가운데, 잔멸하면서도 우토로 공동체는 계속 유지되어 왔다. 오랜 기간 강제퇴거의 가능성과 마주해 왔지만, 한국 정부나 NGO단체가 나서 운동을 벌인 결과 주민 측이 우토로지구의 토지일부를 사들여 토지문제는 새로운 국면에 들어서 있다. 이곳에 공영주택을 세워 주민들이 이전해 사는 것이 기본계획이었는데, 습격사건의 주범들은 이곳 우토로에도 공금투입을 결사반대한다는 데모를 거듭했다.

구량옥은 일본유치원에서 제1초급 유치반으로 옮겼다. 처음에는 몰랐던 말도 얼마 지나지 않아 배웠고, '누에고치' 같은 공간에서 보호받으며 자랐다. "내가 일본사회에서 살고 있는 이유와 근거를 일일이 설명하지 않아도 되죠. 성가신 일들이 일절 없는 '아늑한 곳' 혹은 피난처 같은 곳. 나 자신의 중심 그 자체입니다. 지금도 *조선적朝鮮籍으로 살고 있는 이유 같은 것을 일일이 설명하고 싶지 않죠. 말하지 않는 편이 차라리 나았다 싶을 때가 적지 않기 때문이에요. 하지만 조선학교에서는 그런 과정이 생략돼요. '온실'이라한다면 그럴 수도 있겠지만, 인격이 형성되지 않은 어리고 연약한 시기만큼은 좋다고 생각합니다."

조선적 : 국적표기가 아니다. 1947년 '외국인등록령'이 발표 후 식민지시기 조선
에서 건너온 재일조선인들에게 외국인등록제를 적용하면서 편의상 출신지를 적
은 것. 1년 후 조선반도에는 두 개의 국가가 생겨났고, 이후 일본국적이나 한국
국적을 선택하지 않은 조선반도 출신자와 그 후손들이 '조선적'을 유지할 수밖
에 없었다. 한국국적이나 일본국적과 같이 표기되지 않는 이유는 일본을 비롯한
여러 나라에서 무국적으로 간주되기 때문이고, 현재 '조선적'을 유지하고 있는
자이니치의 외국인등록증에는 '조선민주주의인민공화국'이 아닌 '朝鮮'으로 표
기되어 있다. (역주)

학교에서는 조선말 자음으로 끝나는 이름 뒤에 'ㅣ' 모음을 붙여
애칭으로 부른다. 구량옥은 량옥이. 제1초급의 동급생이 량옥이라
불렀을 때, 구량옥은 어디에 있어도 '고향'으로 돌아간다고 한다.
"유치원에서는(일본인 보육사들이) '기─짱'이라 불렀는데, 뭔가
위화감이랄까 '그렇게 부르지 말아주었으면' 했던 기억이 있어요.
슈퍼에서 '기─짱'이라고 엄마가 부르는 것도 창피했고, 이불을 덮
고 낮잠을 잘 때도 이불 끝에 쓰여 있는 내 이름을 감추고 자기도
했어요."

제1초급 졸업 후 교토 조선중고급학교로 진학했다. 초급시절부
터 몹시 기대한 것이 중급부 때부터 입기 시작하는 치마저고리 교
복을 입고 통학하는 일이었다. 그전에도 입어본 적은 있지만 교복
을 입고 있는 자신을 상상하면 좋아서 밤에 잠도 오지 않았다. "중
고급부 치마저고리는 주름이 가늘거든요. 그걸 매일 밤 이불 밑에
깔아서 선을 딱 맞추죠. 그건 정말 목숨 걸고 했어요(웃음). 다음날
아침 깔끔하게 선이 맞으면 '오늘 하루도 열심히 하자!' 생각했고,
선이 안 맞으면 '오늘은 아침부터 우울해' 그럴 정도로. 치마저고
리는 '긍지'였죠."

재일조선인의 민족성과 정체성 등을 연구하는 한동현韓東賢에 따르면 교직원과 학생의 자발적인 치마저고리 착용이 늘어나는 것을 수용한 형태로 1960년대 전반에 치마저고리를 교복으로 입게 되었다.

이는 '조선전쟁(6.25)' 휴전 후 조선총련이 결성(1955년)되고, 그 환경 속에 조선학교가 탄압을 받은 후 교육사업이 정비되어가면서 조선(북)에서 교육원조비를 보내오기 시작한 시기(1957년 4월)로 이어진다. 그렇다고 '내셔널리즘의 상징'이라는 측면만을 강조하거나 혹은 여성만이 민족의상을 교복으로 입어 '여성억압의 상징'처럼 비판만 해서는 한동현이 말하는 '재일 여성의 자율적인 Agency(주체성)'도 구량옥이 말하는 '긍지'도 보이지 않을 것이다.

14살이 되던 해 봄에 구량옥은 그 치마저고리 교복을 표적삼아 폭력을 휘두르는 이 나라(일본)에서 조선학교 학생이라는 의미를 실감했다. 평소처럼 통학전차를 타려고 줄서 있는데, 뒤에서 "조선인인 주제에 먼저 타지 마!"라는 고함소리와 함께 머리채를 붙잡혀 전차 밖으로 끌려나왔다. 끼어들어 먼저 타려던 사람은 흰 셔츠에 머리가 희끗한 중년남성이었다. 아마도 출근길이었을 것이다. 작은 몸집에 연약한 여학생이라면 반격도 못하리라 여겨 구량옥을 노리고 '기분전환'을 할 셈이었을지도 모른다. 하지만 구량옥은 오히려 그 남자의 팔을 있는 힘껏 붙잡고 '역장실로 가자!'며 물러서지 않았다.

"그대로 역장실로 밀어 넣었어요. '당신, 내가 왜 일본에 있는지 알기나 합니까?' 조선학교와 부모님께 배워온 자이니치의 역사 같은 걸 '마구마구' 실컷 쏟아냈죠. 그러니까 역장도 그 남자에게 '당신이 잘못했어!'하며 질책했어요. 학교선생님과 부모님이 말하셨던 것이 옳았음을 입증한 것 같은 느낌이었어요." 아무 일도 없었다는 듯 학교로 가서 '무용담'을 친구들과 교사에게 이야기하고, 집에 돌아와서는 어머니에게도 보고했다. "'나 잘했지! 강하지!' 하면서요."

고급부를 졸업할 때까지 12년간 조선학교에 다닌 후 오사카시립대학 법과대학원에 진학했다. 사법시험에 합격해 사법연수를 마치고 변호사 등록을 한 후 처음으로 맡은 사건이 이 사건이었다. 첫번째 습격예고는 그녀의 귀에도 들어갔다. 변호사들끼리의 메일링리스트에서 습격이 실행되었다는 것을 알았다. 하지만 학교 측이 사태를 알리기 위해 편집한 7분 정도의 영상을 곧바로는 볼 수 없었다고 한다. "1주일 정도는 도저히 무리였어요. 하지만 저는 이런 차별을 참을 수 없어서 변호사가 됐거든요."

마음을 다지고 부모님이 잠든 한밤중에 조심조심 영상을 보았다. 한 번에는 보지 못하고 몇 번이나 화면을 정지시켰다. 눈물이 멈추지 않았고 꽉 쥔 주먹이 후들거렸다. 가슴속에 숨겨왔던 기억이 터져 나왔다. 정치정세가 악화될 때마다 전교생집회가 열렸던 일, 치마저고리를 입고 통학하는 것을 삼가게 하려는 교사들에게 반 친구들과 울면서 항의했던 일, 찌를 듯한 시선을 의식하면서 전차통학을 했던 일….

일방적으로 온갖 욕설을 들으며 재특회와 대치하고 있는 청년들 속에는 조선학교 시절 동급생도 있었다. "악동이었던 그 친구가 꾹 참으며 그들을 막으려 하고 있었어요. 이런 모습으로 다시 보다니, 괴로웠어요." 반복하지만 끝 모를 온갖 욕설을 들으면서도 참았던 근 이유는 그러면 '적'과 닮은꼴이 돼버리기 때문이다. '적'과 똑같이 추락한 자신들의 모습을 아이들에게는 보여주고 싶지 않았던 까닭이다. 지금은 구량옥도 '재판을 통해 깨닫게 되면서 그렇게 참는 것이야말로 최선의 수단이었다고 생각한다. 증오의 연쇄를 끊으려면 그럴 수밖에 없었을 것'이라며 그 심정을 '이해'한다. 하지만 처음엔 욕설을 듣고 있기만 했던 동포 남성들에게도 화가 났다. 어디에 분노를 토해내야 좋을지 알 수 없었다. 이런 심정은 구량옥뿐만이 아니었다. 졸업생도 학부모도 아닌 나조차도 그 영상을 볼 때는 교문이 안쪽부터 열리면서 영화 <박치기!>에서처럼 억센 젊은이들이 습격범들을 완전히 때려눕히는 장면을 상상하고 만다. 학교와 조금이라도 인연이 있는 사람들이 이 영상을 보면서 얼마나 컴퓨터 앞에서 이를 갈았을지는 짐작하고도 남는다.

　이 같은 12월 4일의 사태가 매스컴에서 거의 보도되지 않았던 것 또한 구량옥에게는 충격이었다. "중화학교나 인터내셔널스쿨이었다면 당연히 '아이들을 보호하라'고 했겠죠. '조선학교이니까, 그런 일을 당해도 할 수 없다'고 생각하는 것인지. 일본사회가 조선학교를 이 정도로밖에 이해 못하는가. 재특회와 같은 조선학교에 대한 인식이 이 사회에 훨씬 더 침투해 있는 것이 아닌가." 구량옥의 이런 생각은, 이미 몇 년 전부터 시작된 차별 가두시위가 제1초급 습격사건이 일어난 지 약 3년이 지난 2013년 봄 이후에야 갑자기 문제시되어, 마치 '유행어'처럼 매스컴에 등장해 사회적문제로 취급된 사실과도 연결되어있다. "TV방송이 학교를 취재할 때도, 먼저 교직원실에 걸린 초상화를 비추고, 거기서부터 앵글이 뒤로 빠지며 교사와 아이들을 프레임 안에 넣어서 교실전체를 화면에 담는 카메라워크 있잖아요. 공화국에서 총련, 학교로 연결해가는 발상이죠."

　향할 곳 없는 분노와 슬픔에 뒤따르는 것은 '합리화'였다. 벌어진 사태는 그에 상응한 이유가 있는 거라고 납득하려 했다. "'학교가 욕을 먹는 것도 당연하다'고 생각하려 했어요. 정반대로 치우친 거죠. 습격행동은 지나쳤지만, 우리 쪽도 공격당할만한 과실이 있었다고 억지로 그렇게 믿어버리려고 했어요. 학교가 없어진다 해도 도리가 없지 뭐, 그렇게." 사법연수 동기생에게 습격영상을 보여준 일도 있었다. "영상을 보여주며 '뭐, 저들도 형편없긴 하지만, 별 수 없지'라며 웃기도 했어요. 거꾸로 동기가 '이런 짓은 절대 용서 못하지!'하며 화를 내거나, '이런 사람들이 있긴 하지만, 맘에 두면 안 된다'느니 위로하기도 하고."

　자신에게는 피난처이자 아늑한 고향이 짓밟힌 사건을 반대로 농담거리로 삼는다. 말도 안 되는 불합리한 차별에 대해 '합리적' 이유를 부여해 '이해'함으로써 가중되는 심적 손상을 막으려 한다. 이런 상태는 2009년 연말부터 해가 바뀔 때까지 계속되었다. 전술한 것처럼 학부모들 가운데에도 같은 양상을 보이는 경향은 있었다. 아무리 그래도 진짜 '농담거리'로 삼는 이는 없었지만, '우리 쪽도 과실은 있다' 같은 발언은 여러 차례 들었다. '조선인'이라는 '이유'로 그토록 더러운 욕설을 들어야 했던 이들이, '선택할 수 없는 출신'이 원인이 아니라, 자신들의 노력으로 회피할 수도 있었던 이유에서 찾고자 한 것은 스스로를 지키기 위함이었을 것이다. 그런 부조리로부터 스스로를 지키기 위해서는 무언가 합리적인 '이유'를 찾지 않고는 견딜 수 없었을 것이다.

그 시기 메일링리스트에 들어온 것이 김상균에게 온 변호인단 가입요청이었다.

"'이런 일을 위해 변호사가 된 것이니까 해야 마땅하다'고 생각하는 한편 '그 사건에는 관여하고 싶지 않다'는 생각도 했어요. 서면을 작성하고, 피해자 조서를 만들어야 하고, 법정에서 싸워야하기 때문이죠. 졸업생이기도 한 내가 사건을 대리인으로서 취급하는 것이 싫었어요. 그렇게 상처 받았는데, 왜 다시 그때로 되돌아가게 하나…. 이 사건이 점점 더 커지는 건 아닐까 하면서. 실은 사건이 있은 후, 저는 이대로 사건이 종결되길 바랐어요. 그건 꿈속에서 일어난 단 한 번의 사고라고. 그걸로 끝이고, 두 번 다시 화제로 삼지 말았으면…."

주저하면서도 변호인단에 참가한 것은 '아이들에게 두 번 다시 이런 일을 겪게 하고 싶지 않다'는 심정 때문이다. 하지만 여전히 마음은 혼란스러웠다. "1월, 2월은 확실히 정말 내키지 않았어요."

하지만 재특회의 학교 공격은 계속되었다. 형사소고, 가처분, 간접강제, 민사소송…. 변호인단은 잇달아 법적대응에 쫓겼다. 그 과정에 어딘가 거리를 두고 있는 자신이 있었다. 변호인단회의 때 토론이 격렬해져도, 다른 곳에서 '음, 뭔가 얘기하고 있구나'하며 떠밀어 놓았다. 떠올리고 싶지도 않은 수많은 '그때'로 끌려가는 문서를 읽는 것이 괴로웠다. 민사소송을 제기한다고 했을 때도 '뭐라고! 진짜 소송을 하겠다고!' 이런 생각을 하는 자신이 있었다. "그렇기 때문에 당시 일은 똑똑히 기억해요. '권리'라는 걸 말할 수 있겠는가? 우리 쪽도 과실이 있는 거 아닌가? 도무지 정리가 되지 않았죠."

구량옥에게 재판은 자신과 동포들의 정당성을 확인하고 마음의 상처를 털어내 회복으로 향하는 과정이었다. 그것은 학부모들이나 교사들과도 공통된 부분이었다.

갖가지 곤란

민사소송의 쟁점은 '민족교육권 보장'과 '혐오발언의 불법성'이 었다. 조선학교의 교육은 호스트국가 정부와 지자체가 마음먹기에 달려있는 '은혜'가 아닌 '권리'라는 것. 또 인종차별철폐조약에 가입하면서 '차별은 범죄가 아니다'라고 여기는 일본에서 '차별의 불법성'을 판결에 써 넣게 해야 된다. 삼권 가운데 하나이자 제도적으로는 '최후의 보루'인 사법에 그 규범을 적시하도록 만들겠다는 강한 의지의 싸움이었다. 하지만 원고들은 소송에서 '명확한 적의'와 '마주해야 하는' 난관에 갑자기 직면하게 된다.

첫째로 원고를 누가 맡느냐가 문제였다. 학교가 가두시위를 당해 교육권이 침해당했다. 누구의? 말할 것도 없이 아이들의 권리이다. "자연스럽게 생각하면 아이들을 원고로 세우는 편이 이해가 빠르겠지만, 역시 학부모와 선생님들은 절대 반대였습니다. 당연히 재판서류가 상대에게 전달됩니다. 이름에서부터 주소까지 개인정보를 상대에게 알려줄 수는 없었죠. 진술서 또한 상대에게 전달되니까." 도미마스 시키 변호사의 말이다. 그래서 원고가 된 것이 운영주체인 교토 조선학원이었다.

제1차 구두변론에서 대리인임과 동시에 피해당사자인 구량옥이 의견진술을 하게 된 것도 그런 이유였다. 아이에게 진술을 하게 할 수는 없다. 그렇다면 대리인이자 얼마 전까지 재학생이기도 했던 구량옥의 증언이 재판관에게 받아들여지지 않겠냐는 견해였다. 수락하기는 했지만 구량옥의 심중은 흔들렸다고 한다.

"먼저, 진술을 하게 되면 제 상처가 다시 터지겠죠. 게다가 저의 경험이 자랑할 만한 것은 아니라고 생각했어요. 여러 가지 이야기를 털어놓고 '비극의 주인공'처럼 여겨지는 것도 싫었죠. 원래 저는 '차별' '차별' 하는 게 싫었거든요."

그럼에도 초급시절의 심정, 일본에서 조선(북)에 관련된 내용이 보도되면 공원에서 전교생 집회가 열려 교장선생님과 교원들이 긴장된 표정으로 말했던 일, 어린 눈에 비친 부모와 교사들의 분노와 불안을 진술서에 썼다. 하지만 자신의 경험임에도 불구하고, 문장의 어미가 '~겠지요' '~할 법하다' 같은 추량을 나타내는 말로 맺게 되었다. 법정에서는 반대 입장에 있는 사람이 자신의 경험이나 심정을 드러내고, 거기에 비판과 해석이 가해지는 장소다. 그로 인해 더더욱 상처받는 것을 두려워한 탓인지도 모른다.

혼란스러운 심정으로 임한 제1차 구두변론이었다. 진술하기 위해 법정에 서니 눈물이 쏟아졌다. "내 경험이 다시 떠올랐고, 동시에 부모님과 조부모, 동포들도 잇달아 생각났어요. 진술서를 읽어나가는 사이 그런 내면의 동요가 '이런 일은 절대 반복되어선 안 된다'는 결의로 바뀌었죠." 하지만 그 후에도 마음은 계속 흔들렸다. '우리한테 문제가 있는 건 아닐까' '(우리에게)<인권>같은 말을 할 권리가 있을까'─ 구량옥은 '정당성'을 찾고 있었다.

동시에 변호인단이 힘을 쏟은 부분은 피해실태를 재판관에게 전하기 위한 진술서 작성이었다. 한 사람 한 사람 담당을 정해 당시 교원과 학부모의 이야기를 듣고 진술서를 작성했다. 그 과정에서 변호사들이 직면한 곤혹스러움은 하나같이 '동요'나 '연약함'을 보이지 않겠다는 교사들의 다부진 모습이었다. 도요후쿠 세지 변호사는 진술서원안이 완성된 때의 곤혹스러움을 회고한다.

"그런 사건을 겪었는데도, 선생님들은 '저는 정말 괜찮습니다, 이제 아무 문제없어요'란 말만 되풀이하는 겁니다. 처음엔 정말 생동감 넘치는, 적나라한, 막말로 박력 있는 르포타주 같은 진술서가 나올 거라고 생각했는데, 뭐랄까 마치 냉동식품을 해동한 것 같은 얘기들이 모아졌죠." 질문방법이 좋지 않았나 싶어 고쳐서 다시 물었지만 결과는 같았다. "진술서를 받기 시작했을 때 이미 사건으로부터 1년 가까이 시간이 지나있었습니다. 어쩌면 그 사건 때문에 심리적으로 자신을 지키는 프로세스를 만든 것인지도 모르죠. 그 이상 내면으로 깊이 들어갈 수도 없고, 작문을 할 수도 없는 노릇이었죠. 하지만 대리인으로서는 곤혹스러웠습니다."

스스로 마음을 굳게 다지고 의연하게 행동함으로써 내면이 붕괴되는 것을 막는다. 어린 구량옥이 중년남성에게 머리채를 붙들렸을 때처럼 피차별 경험을 한 사람들에게 나타나는 공통현상이 여기에도 있었다. 도미마스 시키 변호사는 이 현상에서 적어도 3가지 요인을 엿볼 수 있었다고 한다. "추측하건데, 만약 자신이 '무서웠다'는 말을 하면, 그렇지 않아도 불안을 안고 있는 학부모와 아이들의 신뢰가 흔들리기 때문이죠. 선생님들끼리도 '강한'면을 보여야 한다고, 자신이 '연약'해지면 안 된다는 심정도 느껴졌어요. 무엇보다도 '괜찮다, 이런 문제는 별 거 아니다' '나만 똑바로 정신 차리면 견뎌낼 수 있다' 할 정도로 스스로 강하게 마음먹지 않으면 그런 불합리 속에서 자신들을 지켜낼 수 없었겠죠."

자기긍정의 회복과 2차 피해 사이에서 심한 동요를 느낀 것은 매회 방청을 오는 어머니와 아버지들도 마찬가지였다. 어머니회 임원 하나는 제1차 구두변론의 광경을 기억한다. 당시는 재특회 지지자들도 일정 인원이 방청을 와 있었다. 학교 측에서도 '항상 복수 인원으로 행동하고, 절대로 도발에는 편승하지 말아 달라'는 말을 들었다.

충돌을 우려한 법원에서도 원고, 피고 쌍방의 지지자를 별도 장소에서 모이게 하는 등 험악한 분위기 속에 열린 재판이었다. 그녀는 휑뎅그렁한 법정에서의 긴장감을 떠올렸다. "결국 와버렸구나. 재판 같은 건 TV에서나 보는 세계였는데, 우리가 권리를 주장하려면 이런 곳에 오지 않으면 안 되는구나 생각했어요. 양복차림의 변호사가 잇달아 들어오고, 무언가 비현실적인 풍경이었죠. 구량옥 변호사의 진술이 시작되자 모두 눈물이 터져서…. 왜 그런지 저만 눈물이 나지 않았지만요.(웃음)" 가까이 있던 어머니는 "어린 시절 '조-센, 조-센' 놀림을 당한 기억이 떠올랐어요. 왜 3, 40년씩이나 차별이 계속되는지 알 수 없다."고 한다. 자신의 저고리를 찢기거나, 치마저고리 교복을 입은 반 친구가 통학도중에 폭행을 당하거나, 폭언을 들은 일을 떠올린 어머니들도 있었다. 무슨 일이 일어날 때마다 빈번히 발생한 조선학교 학생의, 그것도 치마저고리를 입은 여학생을 겨냥한 수많은 폭력사건은 거의 전부가 미해결 상태다. 법정은 어머니들을 어린 시절의 공포로 끌고 갔다.

바삐 일하는 중에 틈을 내 변론을 방청하러 왔던 아버지회 리룡이(1967년생)는 말한다. "지금은 '어른들이 지켜주니까 괜찮다'고

밖에 아이들에게 말해주지 못하지만, 나중엔 제대로 설명해줘야 되지 않겠습니까. 그래서 재판결과는 똑똑히 제 눈으로 끝까지 지켜볼 겁니다."

긴장감 속의 증언

자신들의 '정당성'을 확인하고 싶은 심정은 방청에만 머물게 하지 않았다. 과거로 끌려가는 경험을 하면서까지 법정에서 증언한 관계자들 또한 큰 뜻은 거기에 있었다. 김지성도 그 중 한 사람이다.

활력 넘치는 교육자인 김지성은 한편으로 극도로 긴장하는 타입이다. 피고 측 대리인에게 도발질문도 예상되는 법정에서의 심문을 받기에 반드시 적임자라고는 할 수 없는 그가, 그럼에도 불구하고 스스로를 고무시켜 법정에 섰던 이유는 가두시위 당시에 참았던 반론을 공적인 장소에서 펼치는 것과 동시에 '조선인이라는 것이 죄가 아니다' '자신들은 잘못이 없다'는 것을 아이들에게 전해주고 싶었기 때문이다. 세 차례에 이른 가두시위의 충격과 '존재가 모두 부정되는' 말들을 '멈추게 할 수 없었던 무력감'과 그들을 묵인했던 경찰, 나아가서는 그런 사태를 허용한 일본사회에 대한 실망. 대응에 쫓겨 당연히 해야 할 교육을 하지 못한 채 많은 아이들을 그대로 졸업시키고 말았던 원통함. 붕괴해가는 지역과의 관계. 그리고 국고보조도 없고 설비도 충분하지 않은 학교에, 그럼에도 불구하고 아이를 보내주는 학부모들의 부담이 사건 때문에 한층 더 가중되었다는 것—

김지성 자신도 일본유치원에서 괴롭힘을 당하고 초급부터 다니기 시작한 조선학교에서 자기긍정을 함양했다고 한다. 4명의 자식을 조선학교에 보냈던 부모의 부담을 어린마음에도 보고 느껴왔다. 쉰 목소리에 이따금 빠른 어조로, 때론 목이 잠겨가며 진술한 김지성은 '법원에 하고 싶은 말이 있냐'는 변호사의 질문에 잠시 시간을 두었다 대답했다. "'이런 곳은 학교가 아니다'며 (그들은)정당화하고 있지만, 조선인이 조선의 문화를 배우는 것뿐인 학교란 말입니다. 말이라 괜찮은 것이 아니라, 말이기 때문에 남아요. 지금까지 배워왔던 것을 전부 부정당하는 상처는 우리 교사들에게도 남아있습니다. 빨리 이 문제를 해결해서 '두 번 다시 이런 일이 일어나지 않을 것'이라고 분명히 말해주고 싶어요. 아이들에게도, 먼 곳에서 학교에 보내주고 있는 부모님들에게도."

이곳은 학교이며 자신들이 하는 일은 정당하다고 공적인 자리에서 호소한다. 그 심정은 피고 측 변호사가 반대 심문한 답변에도 나타나 있다. 귀국을 전제로 정치교육에 무게를 두었던 십 수 년 전의 조선학교에 관한 이른바 '고발성 책'이나 출처불명의 '풍문'을 들고 와서 조선학교의 교육을 '개인숭배의 세뇌교육'이라는 인상을 주려고 한 상대방 변호사의 질문에 김지성은 서슴없이 말했다. "어느 시대 얘깁니까?" "그런 교육을 하면 학부모가 아이를 학교에 보낼 리가 있겠습니까? 조선학교에 와 본 적은 있습니까? 직접 와서, 조선학교가 어떤 교육을 하는지 실제로 보십시오." 사건 당시, 아이들 앞에서 온갖 욕설을 참고 들었던 김지성이 공적인 자리에서 이것만큼은 반드시 말하겠다고 마음속으로 거듭 다짐한 이야기였다. 심문종료 후 위경련을 일으켰을 정도로 긴장한 김지성이었지만, 대역을 훌륭히 해냈다. 훗날 김지성은 말했다. "윗세대들로부터 이어받은 것, 아이들에게 반드시 전해줘야 하는 것, 어깨에 짊어진 역사적 사명이 그들과는 분명히 다르다고 생각합니다. 그것이 있었기 때문에 해낼 수 있었어요."

이런 심정은 긴장감과 기피하고 싶은 심정을 억누르며 어머니회 대표로서 진술했던 박정임도 마찬가지다. 증인심문 날이 다가옴에 따라 눈앞에 앉은 재판장에게 자신의 심정을 필사적으로 호소하고 있는 꿈을 몇 번이나 꾸었고, 그때마다 울면서 잠에서 깼다. '재판 직전까지 교통사고를 당하거나 갑작스런 병이라도 났으면 했을 정도로 심각하게 고민했다'고 한다. 그녀가 그럼에도 증언에 나선 큰 이유는 '민족교육을 받아온 아이들의 선배로서, 그 정당성을 공적 자리에서 호소하고 싶었다. 사건 후 우리들은 조선학교에서 민족교육을 받아온 것 자체에 혼란을 느꼈다. 자신감을 잃어가고 있었다. 그 때문에 혼란에 대한 심정을 스스로도 확인하고 싶었다.'

2차 피해

한편 변호인단이 직면한 것은 재판이라는 제도 자체가 내포하고 있는 여러 겹의 폭력성이었다. 재판에 참여하고 있는 것만으로도 '사건당시'를 계속 의식하고 있어야 된다. 그리고 반복해서 피해를 호소하는 것 자체가 2차 피해로 이어진다. "진술서에도, 심문 때에도, 사실대로 말하면 고통스럽고 힘든 이야기인 만큼 재판관에게 호소하는 힘은 강해지는데다, 민사소송의 경우 그것이 배상액으로 직결되기 때문이죠. 어떤 사건이든, 그래도 재판을 해야 하기에 변호인으로서 추궁이 허용되는 관계였지만, 너무나 피해자가 많다는 거예요. 한 사람 한 사람 상처받은 내면으로 어디까지 서슴없이 파고들어야 좋은지. 그것이 타당한지 어떤지, 지금도 자문하게 됩니다." 도미마스 변호사의 말이다.

제8차 구두변론(2011년 10월 25일)에서는 법정에서 습격영상도 공개되었다. 영상을 보게 되면 재판관도 일목요연하게 알 수 있다. "증거로서 이 정도로 영상이 지닌 힘이 드러난 재판도 그리 많지 않겠지만, 말할 것도 없이 법정 안에 있는 이들 대부분이 피해 당사자였죠. 자유로이 밖에 나가도 좋다는 안내가 있었지만, 구토와 이상증세를 보인 사람도 있었어요." 이렇게 말하는 도미마스 자신도 증거조사를 위해 영상을 보았을 때 이상증세를 느꼈다. "엄청나게 맥박이 빨라지고 순식간에 온통 땀에 젖어서… 나조차도 이런 상태가 되는데 하물며…"

물론 2차 피해를 당하는 것은 책상 맞은편에서 증언하는 사람들만이 아니다. 자신들의 행위는 '정의'이며, '정당'하다고 주장하는 피고 측의 언동은 방청석에 있는 피해자들에게는 이중삼중의 혐오데모와 마찬가지였다. 영상이 상영되었을 때는 '퇴정가능' '대기실 있음'이란 고지가 흘러나왔다. 그때 재특회 멤버 하나가 중얼거렸다. "그래, 나가버려." 어떤 이는 그 목소리가 지금도 귀에서 떠나지 않는다고 한다. 전문가를 뺨치는 촬영·편집기술로 그동안 수많은 혐오데모를 오락비디오로 만들어 인터넷에 올리고 판매까지 했던 피고 가운데 한 사람은 그 영상이 가져온 피해는 생각지 않고 "있는 그대로를 촬영했을 뿐이다" "(주장의 진위는)보는 사람이 조사해볼 일이다"고 증언했다. 한 아버지는 '그 경박함에 충격을 받았다'고 말했다.

"사고방식이 전혀 다른, 근본을 알 수 없는 존재라 생각하기로 했다."(리류이), "저 사람은 저렇게 믿고 있구나, 너무 터무니없는 어리석음에 오히려 무시할 수 있었다."(어머니회 임원)며 오히려 냉정하게 말하는 사람도 있지만 모두가 그렇지는 않았다. 피고 측 변호사가 조선학교의 교육을 '주체사상에 근거한 세뇌교육이라는 비판을 받고 있다'고 말한 다음에 '민족교육 자체가 혐오발언 교육이라고 봐도 이상하지 않다'고 말했을 때, 한 어머니가 방청석에서 오열했던 모습을 변호단의 코우타키 히로코上瀧浩子는 지금도 선명히 기억한다.

피해자에게 있어 민사소송은 돌이킬 수 없는 아픔을 조금이나마 진정시키는 자리임과 동시에 2차 피해를 일으키는 곳이기도 했다. 하지만 자력구제를 할 수 없는 이상 일정의 강제력을 지닌 구제수단은 재판밖에 없다. 세계적으로 적지 않은 나라에서 정부로부터 독립해 간편하고 빠른 인권침해의 구제를 도모하는 '국내인권기관'이 설치되어 있지만, 일본에는 없다. 유엔규약인권위원회 등으로부터 재삼 권고와 요청을 받으면서도 방치하고 있는 것이다. 이 사건은 일본사회의 시스템 결함까지도 노출하고 있었다.

아문 상처가 다시 터지는 경험을 하면서도 피고 측 심문을 방청한다. 박정임에게 그 이유를 물은 적이 있다. "아마도 저는 그들이 한편으론 뉘우치길 바란 거예요. 다른 어머니들은 '네?! 어째서요?'하며 놀라기도 하고, '언니, 그럴 리가 없어요, 쉽게 달라지지 않을 걸요'라고도 했지만." 박정임이 염두 한 것은 차별 가두시위가 있기 전, 인근 아파트주민이 시청에 했던 항의 때문에 바자회 개최자체가 위태로웠던 당시의 경험이었다.

"불평을 했던 본인과는 결국 만나지 못했지만, 지적을 받은 매너에 대해 가능한 조치를 제대로 취해서 지자체 모임의 부회장이자 그 아파트 관리인이기도 한 어떤 분과 대화를 했어요. 만나기 전에는 불안했는데, '그런 이유라면 전혀 문제없다' '이곳엔 역사적 경위를 모르는 사람이 많으니까 쉽게 오해를 낳고 만다.'는 말을 해주었죠. 싸움이 났던 것도 아니었고, 같은 인간으로 의사소통을 할 수 있었죠. 그들에게도 한편으로 그런 관계회복을 기대한 부분이 있었던 거예요. 저지른 행동은 용서 못하지만, 어딘가 서로 통하는 부분이 있을 거라고 생각하고 싶었어요."

그녀의 딸이 이른바 일본인 인터넷 우익을 트위터 상에서 욕하고 있다는 것을 알았을 때 '어지간히 심하게 나무랐던 것'도 그런 마음에서였다. 그들에게 자신들은 같은 인간이 아니라고 부정당했기에 오히려 그들이 같은 인간임을 부정하지 않는다. 그들을 일반화시키면 다수자에 대해 절망하고 만다. 거기에 저항하는 것이 박정임에게는 인간으로서의 싸움이라는 생각이 들었다.

비슷한 심정을 김상균도 말한다. "한편으로 그들이 같은 인간이라는 생각을 놓아버리고 싶지 않았죠. 증인심문에 관한 협의 때, 변호사가 저에게 '그들이 사죄한다면 용서하겠습니까?'라는 질문을 해도 좋겠냐고 물었을 때 '아무래도 지금은 아직 무리'라고 했지만요." 김상균은 사건 후에 저술한 공저(「침묵하는 인권 沈黙する人權」)에 실은 논고에서 자신의 체험을 3인칭으로 쓰고 있다. 부모로서 재일조선인으로서 품은 그들에 대한 심정과 거리를 두기 위함일 것이다. 재판을 둘러싼 회의에서 문득 튀어나올 것 같은 '그 새끼들' 같은 단어를 김상균은 꾹 참는다고 한다. "그런 말을

하면 그들과 똑같이 되고 마는 거라 생각합니다."

결코 겉치레로 하는 소리가 아니다. 그런 차별 가두시위가 피해자에게 준 상처들. 다수자, 더 나아가 인간존재에 대한 불신은 형사적 처벌과 민사적 배상만으로는 결코 충분한 회복을 얻을 수 없다. 사람만이 사람을 치유할 수 있다. 박정임과 김상균의 말에는 증오범죄의 피해를 당한 사람들이 회복하는 데 무엇이 필요한가, 이처럼 정신이 아득해지는 과정과 높은 장벽을 뜻하는 것이라 생각한다.

형사소송과 민사소송

민사소송에는 난도질당한 존엄의 '회복'이 걸려있었다. 물심양면의 부담을 안고 사건을 끝없이 끌고 가는 민사소송에 크게 비중을 둔 것은, 민족차별을 차별로 다루지 않았던 형사사건의 전말이 큰 영향을 미쳤다. 형사사건은 어디까지나 가장 형량이 무거운 위력업무방해사건으로 다루었다.

형사소송 1심판결(2011년4월21일)은 피고 측의 '정당한 정치적 표현'이라는 주장을, '한도를 일탈한 위법적인 것'으로 판단해 기각했고, '공판법정에서도 본 건 각 행위는 정당했다고 주장하는 등 반성이 보이지 않는다'고 지탄하는 한편, '본 건이 위법으로 간주되면 그 활동방법을 고치겠다는 취지로 진술했다'고 판단했다. 체포당하지 않으려고 '(차별 가두시위의) 방법에 주의 하겠다'고 진술한 것과 마찬가지인 피고인의 발언을, 형사책임경감(집행유예)의 이유로 참작하는 것은, 결코 차별을 범죄로 보지 않는 일본의 현행 사법의 문제점을 드러내고 있다.

주범은 형사사건 최종진술(2011년 3월)에서 '이번과 같이 미적지근한 항의로 끝났기 때문에 조선학교, 교직원조합(도쿠시마 사건도 병합되어 있다)은 우리에게 고맙게 여기고 감사하길 바란다'는 등의 주장을 하고, "항의방법을 바꾸더라도 '상대가 싫어하는 항의방법으로 실시하겠다'는 기본자세는 바꿀 생각이 전혀 없다"고 선언했다. 다음 행동에 나설 것임을 쉽게 알 수 있는 인물에게 집행유예를 선고하는 것이 타당한가? 그는 1년 후, 동료들과 함께 TV 광고에 한국 여배우 김태희를 기용한 'ROHTO제약'으로 몰려가 모델기용 취소를 요구했다. 머뭇거리는 직원에게 "우익을 소개 할 테니까, 우익사무소에 가서 말해라" "더 무서운 곳을 소개해줄까? 미친놈, 어디서 까불고 있어, 이 새끼가." "너, 국가를 전복할 셈이야" 등 일련의 가두시위와 다름없는 욕설과 고함을 퍼부어댔다. 게다가 자신이 '동화지구(피차별 부락) 출신자'라는 분위기를 풍기며(사실이 아님) 답변을 집요하게 요구했고, 결국 2012년 5월 강요혐의로 체포되었다.

피고인들의 '주장'

한편, 민사소송 변론에서는 피고—단체(재특회) 및 9명—가운데 8명을 심문했다. 특히 제15차 구두변론(2012년11월14일) 심문은 재특회 회장인 남성(1972년생)과 습격사건 주범인 남성(1968년생)을 심문하는, 어떤 의미에서 '고비'였다.

주심문에서 그들의 대리인이 그들이 호소한 항의운동의 예를 묻자 시작부터 "오사카시청 옆에서 위법임에도 불구하고 원자력발전 반대 텐트촌이라 운운하며 어처구니없는 짓을 하고 있는 정신 나간 놈들이 있어서"라고 말해 변호대리인에게 "법정에서의 답변이니 신중 하라"는 주의를 받은 회장은, 자신이 활동하게 된 계기가 재일 무연금 문제라며, 그가 생각하는 '재일 특권'의 종류를 늘어놓았다. 12월 4일의 가두시위를 지시한 적은 없지만, 지원은 표명했다며 그 이유를 "당연하다, 아무리 생각해도 조선학교에 의한 불법점거다" "조금도 나쁜 일이 아니라 생각 한다" "공표한대로 실행했을 뿐"이라 말하고, 재특회 활동을 인종차별주의의 발로로 여기는 것에 대해서는 "멍청한 주장이라 생각한다"고 발언했다. 변호인으로부터 또 다시 "표현에 주의해 달라"는 충고를 받고, "정신 나간 주장이라고 생각합니다. 뭐든지 차별이라고 주장하면 어떤 범죄행위든 왜소화되어 허용될 거라 믿는 거다"라고 바꿔 말했다.

뒤이어 원고 측 변호사 심문이 이어졌는데, 질문에 대해 그는 몇 번이나 "이것이 (사건과)무슨 관계가 있습니까?"라며 신경질적으로 재판장에게 설명을 요구해 재판장이 심문의 취지를 설명하는 장면이 반복되었다. 심문이 1시간을 넘기자 갑자기 그는 재판장에게 '허약체질이라 여기 있는 것이 힘들다. 1시간 약속으로 여기 왔다. 빨리 끝내 달라'고 호소해 법정 안 곳곳에서 냉소를 자아냈다.

이어 등장한 습격사건의 주범은 형사사건 검사조사 때 진술한 '조선학교에서 실시하고 있는 교육 등은 배려할 가치가 없다'는 주장은 지금도 옳다며, '불법점거하고 있는 것을 (아이들에게)가르치는 것도 어른의 할 일'이라고 단언했다. 변호사 심문에서는 12월 4일의 가두시위에서 말한 '강간하고 학살해서 빼앗은 것이 이 토지'

'이 학교 자체가 불법점거'라는 등의 말은 사실무근이라는 것, 시청 담당자에게 직접 사실관계를 확인하기 전부터 이미 습격 날짜를 결정했고, 축구골대 등이 나중에 철거될 예정이었다는 것을 알고도 결행한 '습격이었음'이 판명되었다.

또 첫 번째 습격 때에 말했던 '인근에 사는 모든 주민에게 했다는 앙케트 조사(로 피해를 입증했다)'등도 허위임이 밝혀졌지만, 그는 그런 사실들에 대해 가두시위를 고조시키기 위해 필요한 '허세'라고 했다. 확성기를 사용한 처음 가두시위 때, 그는 당일 새벽 인터넷의 회원제 게시판에 행동절차를 공지했다. 이 고지에는 일단 《공원에 있는 사물을 철거해야하기 때문에 문을 열어달라고 공손하게 시작한다》고 했고, 거절당할 경우 《다중인격자(←이것 중요)처럼 변모해 미친 듯이 마이크를 사용한 가두시위를 시작 한다》고 썼다. 이 매뉴얼에 따라 그는 확성기를 쓰며 가두시위를 시작했고, 특히 교내 2층에 있던 저학년 아동들이 큰 혼란을 겪었다. '다중인격자(←이것 중요)처럼 변모해 미친 듯이 마이크를 사용한 가두시위를 시작한다'는 글에 대한 의도를 묻자 그가 말했다. "뭐, 농담이었죠."

조선인이 '종전 후' 교토에서 행패를 부렸다고 한 자신의 주장의 근거로 편의점에서 판매하는 협객만화까지 증거로 제출했다. 주장의 무근거와 일방적인 과장이 잇달아 밝혀지자 방청석에서 실소가 새어나왔지만, 피해당사자 중에는 입술을 꾹 다문 채 꼼짝도 하지 않고 그를 바라보는 사람이 여러 명 있었다. 그들은 이 같은 '경박함'으로 아이들 마음에 일생동안 치유되지 않을지도 모를 깊은 상처를 남긴 것이다.

인터넷에서 복사해 붙이는 행위를 중심으로 '사실'을 꾸며내 혐오데모에서 자기과시를 한다. 폐쇄된 인터넷공간에서 호응을 얻기만 하면, 다른 이들의 시선은 아무래도 상관없었다. 그런 자세는 법원에서도 마찬가지였다. 피고 측은 그 가두시위를 '공정한 논평'이라 주장했다. 때문에 원고 측은 그들의 언동이 얼마나 공공, 공익성이 결여된 사실무근의 중상비방인가를 입증할 필요가 있었다.

그것을 아는지 모르는지, 세부적인 질문에 이르자 주범은 '문제의 원인은 불법점거'라 반론하고, "제대로 좀 질문하세요."라며 거친 목소리로 변호사의 심문을 차단했다. 방청석에서도 재판장의 초조함이 쌓여가는 것을 알 수 있었다. 주범이 몇 번인가 "제대로 좀 질문 하세요"를 반복하자, 별안간 재판장이 "그 말은 법원에 하는 말인가!"라며 호통을 치고, "입장이 다를 뿐이지, 성실히 심문하고 있어요, 이 사람은(원고 측 변호사)."이라고 꾸짖었다. 재판시작 전 살짝 스쳤는데도 코를 찌를 정도로 술 냄새가 났고, 휴식시간에는 여자화장실로 잘못 들어간 주범이 한 방청인에게 "거기가 아니야!"라고 질책 당하자 불쾌한 얼굴에 뒤가 켕기듯 웃으며 "또 잡혀가겠네, 다른 건으로."라는 말을 되풀이 했다.

'<대의>를 실행하는 방법에 배려가 부족했다'며 방청석에 '사과'를 표명한 피고도 있었는데, 어디까지나 그가 말한 문제는 '방법'이었다. 심문할 때 진술서에서 그는, 시위 때 외친 '불령선인'이란 단어가 '(정치운동용어로서는)사회적으로 허용될 수 있다'고 진술했다. 자신들의 아픔을 인간으로서 알아주길 바랐다고 한 박정임의 심정은 잇달아 배신당했다.

'솔직히 말해 재판이 그들에겐 그 정도 밖에는 안 되는 일이라는 설 알게 되었다'고 도미마스 변호사는 말한다. "그들에게 중요한 것은 언동의 정당성이 아니라, 어찌 보면 '기억하게 만들기'라는. '이런 일을 당하게 만들었다' '저런 일을 당하게 해줬다', 그것으로 주목을 받는 거죠. 눈앞의 대다수에게 진심을 호소하겠다는 생각은 애초부터 없었어요. 재판도 이기든 지든 상관없었고. 유죄는 명예의 훈장이며, 그건 자기희생이라고. 그렇게 되면 서로를 이해한다는 것은 불가능하죠. 솔직히, 너무 놀랐어요. 자기 생각에 부합하는 정보를 모아 그대로 믿어버리죠. 인간으로서 어떻게 대해야 되는지 고민했습니다."

피고 측은 '일본인 납치사건을 일으킨 북조선과의 관계'를 '이유'로 정부의 조선학교에 대한 적시정책과 그, 그녀들의 가두시위를 중첩시켜 '공정한 논평'이라는 주장을 내세우려 했다. 앞서 말한 김지성의 심문에서도 볼 수 있듯이, 조선학교 교육내용에 대해서도 마치 신흥종교 세뇌인 것처럼 법원에 어필하려고 했다. 재판에서는 그런 주장에도 대치할 필요가 생기지만, 그것도 양자가 대등하게 맞서는 재판인 경우의 한 문제였다. 17차 변론(2013년 3월 13일)이 끝난 후 열린 지원집회 때, 방청을 한 젊은 지원자가 나와 원고 측에서 교과서 내용이 얼마나 일본학교에 가까운가를 재판관에게 설명한다거나, 증인심문 때 피고 측 변호인이 학부모에게 "반일교육 같은 건 안 하는 거죠?"라고 질문한 것에 위화감을 토로했다. '<좋은 소수자>를 너무 강조하는 것은 인종차별주의의 논리에 휘말릴 위험성을 배태하고 있지 않은가? 그렇다면 <반일교육>을 하면 권리가 없는 것인가? 옛날처럼 정치색이 강한 교육이면 그 가치는 훼손되는 것인가?' 받아들여지는 소수자와 그렇지 않은 소수자를 구분하는 차별의 논리로 이어지는 것이 아니냐는 지적이었다.

민사합의체라 하면 지방법원, 고등법원 단계에서 재판관이 3명이다. 재판관이 각각 어떤 '상식'을 가졌는지는 기본적으로 알 수 없다. 때문에 상대의 주장에 대해 침묵하면 재판관이 '인정했다'고 받아들여질 위험이 생기고 만다. 그런 까닭에 '형편없다'고 밖에 할 수 없는 수준의 주장도 때로는 상대하며 깨 나아가야 할 필요가 발생한다. 조선근현대사의 적어도 36년간은 피지배의 역사이며, 그 가해자가 일본인 것은 세계사적 상식이다. 항일의 역사를 가르치는 것을 '반일교육'이라고 하는 것은 상대할 필요도 없는 억지다. 그리고 민족교육이 '은혜'가 아니라 '권리'임을 주장한다면, 교육의 내용을 법원에 설명할 필요는 원래 없겠지만 재판에서는 그리 여의치 않다.

최종변론

첫 번째 구두변론 후에도 구량옥 변호사의 내면은 여전히 흔들렸다. 그 중 하나가 사건에 대한 기피였다. '변론당시 검증을 위해 영상을 틀었을 때 볼 수 없었다'고 했다. 대리인으로 활동하면 사건으로 여러 차례 되돌아가게 된다. "감정과 의견을 말할 수 있지만, 서면으로는 불가능했죠. 생각해보면 피하고 싶은 마음이 있었어요." 인터뷰에서도 그녀는 사건과 마주하는 괴로움을 말할 때마다 '제가 근성이 없어요'라는 말을 반복했다. 피해자가 일부러 마음을 굳게 먹고 강해지려는 도착을 그녀 또한 안고 있었다. 또 한 가지 갈등은 자신 그리고 조선학교의 정당성이었다. "하지만 실제로 물건을 공원에 둔 것은 사실이고, 그러면서 권리라든가, 상처받았다고 말할 수 있을까. 사물을 설치한 것은 오점이라고 생각했어요. 제가 다녔던 때도 그곳이 공원이라고 인식하고 있었기 때문에 그런 부담이 있었죠." 이것은 피해자나 대리인 중에도 자꾸 되풀이되는 물음이기도 했다.

어느 날, 이 내용을 변호인단 회의에서 말했을 때 도미마스 시키 변호사와 도요후쿠 세지 변호사가 각각 말했다. "역사적인 경위로 공원을 우호적으로 사용했고, 어쩌다 사물을 놓았던 것 뿐. 그것을 이유로 삼는 재특회가 이상하다. 그것 때문에 차별 가두시위가 허용될 이유가 없잖은가"라고. "망설임 없이 그렇게 말하셨어요. 그 말을 듣고 더없이 안심이 되었죠. 그때까지 꼬치꼬치 따지는 논의에 끌려 다녀서 힘들었어요. 한편으론 저 자신을 책망하는 부분이 있었죠. 자이니치가 하는 말이더라도, 자신들을 옹호하기 위해 억지논리를 만든다는 사고방식이 저의 어딘가에는 있어요. 다른 사람도 아닌 일본인에게 '그건 아니다'는 얘길 들은 의미가 저에게는 컸어요."

대리인으로서 그리고 피해당사자로서 사건과 마주해온 3년 반의 나날은 갈등 속에서 스스로의 정당성을 찾고 상처받은 내면을 치유해가는 과정이었다.

첫 번째 진술에서도 대면한 재특회 부회장이 트위터에 '조선학교 측 변호사가 우는 목소리로 자신의 체험담을 말하기도 해 재밌었다. 치마저고리 칼질사건을 인용했을 때는 웃음이 터져 나올 것 같았다'고 올리자, 인터넷에는 구량옥 변호사를 중상비방 하는 댓글이 곳곳에 달렸다. 그녀가 최종변론 진술에 나서는 것에 변호인단 안에도 찬반이 있었다. "또 그녀를 재특회의 공격에 노출시키는 일이 되기 때문이죠. 저는 반대했습니다."(엔도 히로미치) 하지만 그럼에도 구량옥이 굳이 다시 진술에 나선 것은 자신의 심정을 아이들에게 전하고 싶었기 때문이었다. 구량옥에게는 두 번째가 되는 최종변론에서의 진술은 의미가 전혀 달라져 있었다. "저의 의견을 말해야하는 공포가 사그라들었죠. 듣는 이들의 생각을 간파해야 할 필요도 없는데다, 눈물을 호소해봐야 사람들이 공감하지 않죠. 오히려 느꼈던 그대로 얘기하면 된다고 생각했어요."

첫 변론에서는 자신의 체험과 심정에 '~이겠죠' '~할 법 하다'등 추량의 표현을 썼지만, 이 표현도 단언으로 바꾸었고, 중학교시절 자신의 피차별 경험도 진술서에 첨가했다. 머리채를 붙잡고 폭언을 토해냈던 성인 남성의 팔을 붙잡아 몸이 작은 소녀가 역장실로 밀어 넣었다. 글만 본다면 통쾌하다. 실제로 그 무용담을 반 친구와 교원, 부모에게 의기양양하게 말했던 그녀지만, 당시 아무에게도 말하지 않았던 것이 있다. "저, 실은 너무 무서워서 혼났어요. 손을 붙들고 밀어 넣었지만, 다리는 후들후들 떨었죠. 그래도 왜 어른에게 윽박질렀느냐고 묻는다면, 그 자리에서 내가 입을 다물면 선생님과 부모님이 항상 말했던 '조선인이라는 것이 죄가 아니다, 긍지를 갖고 살아가라'는 말이 내 속에서 부정된다고 생각했어요. 그렇게 되면 '조선인'인 나에 대한 혐오감이 부모와 선생님들에게 향하지 않을까, 나는 스스로 출신을 숨기는 인간이 되는 것이 아닌 가 무서웠어요. 그 공포심이 이긴 겁니다."

치마저고리를 입고 통학하고, 항상 조선민족을 대표하는 것처럼 행동하며 자신이 일본에서 사는 정당성을 확인하고 있던 그녀에게 이 문제에 대한 대처는 무조건 '굳세지는 것'이었다. "실은 다음 날부터 다른 시간대 전차를 타거나, 다른 위치의 차량에 타거나, 몸집이 크고 흰 머리카락이 섞여있고 눈이 작은 풍채를 가진 사람을 보면 조마조마 했어요. 하지만 '무서웠다'고는 아무에게도 말할 수 없었죠. 나의 나약한 부분을 보이면 안 된다고 생각해서. 재판을 하면서 느꼈어요, 내 속에서는 부정적으로 생각했던 공포심이나 불안감을 부모나 선생님들에게 털어놓았다면 그런 사건은 훨씬 빨리 내 안에서 소화되었을 거예요."

피해자야말로 아픔을 아픔이라고 말하지 못한다. 이번 습격사건에서 구량옥이 보고 들어온 사례에서도 어린 학생이 오히려 반대로 의연했던 예는 적지 않았다. 아이가 아이 나름대로 어른을 배려한 것이다. 오히려 '별 것 아니다'라고 표현하거나, '다음에 또 오면 혼내 주겠다'며 허세를 부리거나, 자기들끼리 수업을 활기차게 하려고도 했다— '난 그대로의 나로서 괜찮아' 재판을 통해 구량옥이 배운 것이었다. "지금도 늘 흔들림은 있어요. 하지만 우리잘못일지도 모른다는 생각은 3년의 재판을 통해 정리가 되었어요. 만약 변호사를 하지 않았더라면 상처를 폭탄처럼 끌어안고 살았을 거예요. 그건 정말 무서워요." 그렇기 때문에 아이들에게 그것을 알려주고 싶었다. 법정은 습격범 관계자가 와 있을 가능성도 있는 장소다. 설마 아이들이 수업이 있는 평일 낮에 방청에 올 일은 없지만, 법정에서 말하면 기록으로 남는다. "너희들은 잘못이 없어, 없었던 일로 하지 않아도, 웃어넘기지 않아도 괜찮아, 무리해서 그럴 필요 없다고."

민사재판에서 마지막으로 진술한 구량옥 변호사. 3년 반을 지나온 표정은 밝았다.(교토시 나카구 교토변호사회관에서 2013.06.13)

　마지막이자 두 번째 진술은 '어딘가 속이 후련한' 기분으로 임했다고 한다. 자신의 체험을 예로 들며 아이들에게 조선학교가 얼마나 중요하고 무엇이 짓밟혔는가를 절절히 호소했다. 하지만 '사건 당일'의 갖은 욕설부분에 이르자 도저히 읽을 수가 없었다. "그건 제 입으로 차마 말할 수 없었어요. 그야말로 혐오발언이 왜 혐오발언이 되는지, 그 원인이라 생각했어요. 그만큼 마음속 깊은 부분을 공격하는 것이라고 다시 한 번 느꼈죠." 첫 번째 구두변론과 마찬가지로 정면에 마주하고 앉은 재특회 부회장이 때때로 북받치는 그녀모습에 코웃음을 친 것도 첫 변론을 떠올리게 했지만 마지막까지 진술을 끝냈다.

변호단원으로 3년 반 활동하며 '스스로의 부채가 불식되었다'고 한다. "진심이냐고 생각할지 모르겠지만 저에게는 귀중한 경험이 었습니다. 변호단과 지원자여러분들과 함께하는 공간은 긴장을 풀어도 좋을 푸근한 곳이에요. 조선학교의 동창회 같은 느낌이죠. 재판을 통해 제게는 '고향'이 생긴 겁니다. 그렇기 때문에 그 심정을 아이들에게 꼭 전해주고 싶어요."

결심

민족교육의 권리(민족교육실시권)와 혐오발언의 불법성을 호소한 원고 측에 대해 피고 측은 '공정한 논평'이란 주장을 했고, 변론은 결심까지 가게 되었다. 변론 종료 후 인접한 교토변호사회관에서 보고집회가 열렸다. 마지막에 등단한 이는 박정임과 어머니들이었다.

평소에는 꿋꿋한 한 어머니(1968년생)가 단상에서 눈물을 삼키느라 목이 메었다. "직장에서 '아이는 어느 학교에 다니느냐?'는 질문을 받을 때, 저는 어떤 반응이 나오더라도 상처받지 말자 단단히 각오하고 '조선학교에 다닌다'고 답합니다. 어른조차 이러는데 10살 전후의 아이가 어떤 식으로 머릿속에 정리해서, 어떤 마음가짐으로 조선학교에 다닐까 생각하면…진심으로 가슴이 아프고, 어른인 우리가 할 수 있는 게 없다는 것이 죄라고까지 여겨질 뿐입니다. 저의 바람은 이 일본사회에서 '조선'이라는 말이 아무런 위화감도 없이 말할 수 있게 되는 겁니다. 마음의 준비를 하지 않아도 '조선'이란 단어를 쓸 수 있게 되길 바랍니다."

소송을 시작한 이후로 약 3년, 드디어 변론이 끝났다. 우여곡절 끝에 여기까지 다다랐다. 그것을 실감한 것일까. 집회가 끝나자 만원이었던 홀에서 지원자와 미디어관계자가 잇달아 빠져나가는 사이 도미마스 시키 변호사가 책상에 엎드려 오열했고, 그의 손에는 어머니들의 손이 겹쳐져 울고 있었다. '각오와 결단'의 나날들에 일단락의 순간이 다가오고 있었다.

마지막 졸업식 이틀 전, 제1초급 안마당에 모인 전교생과 선생님들(2012.03.16)

9. 고향

　교토 시영지하철 도자이센東西線 다이고醍醐 역. 서쪽으로 야마시
나가와山科川 강 건너 후시미 구伏見区와 야마시나 구山科区 경계에 있
는 고지대를 오른다. 급경사 언덕길에 숨이 차고 무릎이 떨린다.
후들거리는 무릎을 손바닥으로 지지하며 좀 더 올라가니 경사면
좌측으로 커다란 건물과 운동장이 나타난다. 교토 조선초급학교
의 새 교사다. 총면적 44,220㎡. 고시엔 야구장(38,500㎡)이 넉넉
히 들어간다. 교사는 2층 구조다. 국제축구시합 공식운동장(최대
8,250㎡)을 여유 있게 만들 수 있는 10,130㎡ 메인운동장에 더해
보조운동장(2,700㎡)까지 있다. 학교방문단 버스가 경사면을 올라
와 교사지붕이 시야에 들어왔을 때, 차에 타고 있던 아이들이 일제
히 "우와~!"하고 환성을 터트렸다고 한다. 학부모도 아니고 학교건
설에 관여하지도 않은 나도 새 지붕을 보았을 때는 울컥 솟는 무언
가가 있었다. 학부모와 교사, 아이들에게 그동안 들어온 심정이 뭉
클하게 떠올랐기 때문이다.

　민사소송 증인심문이 끝나고 앞으로 한 차례 변론으로 결심판결
이 열리게 될 2013년 4월 7일, 이 사건을 둘러싸고 큰 전환점이 된
일이 있다. 새 교사에서 열린 입학식이다. 2층 복도는 제1초급 안마
당 정도여서 아이들이 마음껏 뛰어다닌다. 교토에 있는 초급학교
중에서는 처음 만들어진 체육관은 제1초급의 교사보다 크다.

　새로 입학하는 유치반과 초급부 신입생 아이들이 상급생들이 손
을 뻗어 만든 아치를 통과해 재학생들과 하나가 된다. 짙은 감색교
복을 입은 초급생에 이어 치마저고리, 바지저고리를 입은 유치반

아이들이 들어온다. 인생에 한 번 뿐인 순간, 자신들이 주인공인 것을 알아차리고 웃는 아이도 있는가 하면, 불안했는지 울먹이며 아치를 빠져나오는 아이도 있다. 교사들이 한사람씩 인사를 하고 축하식이 끝나자 전날 내린 비가 아직 남아있는 운동장으로 아이들이 달려 나갔다. 감개무량한 표정으로 교사에서 운동장을 바라보는 어른들 속에는 건설위원회 멤버 중 한 사람인 김의광도 있었다.

감개무량하신지? "처음에는 들어올 때는 그렇지 않았는데, 아이들이 '우르르~' 운동장으로 달려 나갔을 때는 눈물이 나더군요. 왜냐면 운동장 반대편으로 가보면 넓어서 아이들 얼굴이 보이지 않는다니까요…." '사건당시' 학교에 있던 둘째 딸도 이 학교에 다닌다. "'뭔지 모르겠는데, 재밌어' 하더라고요. 그게 '뭔지'는 잘 모르겠지만 '그 무언가'이겠죠."

1994년 6월, 토지거래를 둘러싸고 탄압의 구실이 되었던 땅에서 제1초급 습격사건으로부터 3년 반이 흐른 2013년 4월, 교토조선학교는 새 출발을 시작했다.

20년 이상 개발계획을 세워왔던 새 교사이지만, 앞서 말한 것처럼 거듭되어 온 차별 가두시위의 영향은 학교이전에도 따라다녔다. 주민자치연락협의회는 발 빠르게 학교건설에 협력을 표명했지만, 인근에는 일부 반대하는 주민도 있었다. 교토 시 담당자는 한 주민으로부터 이런 말을 들었다고 한다. '나는 아무것도 듣지 못했다' '싸움이 일어나면 어떡할 것인가' 그리고 '우익들이 찾아오면 어찌할 것인가'—. 학교관계자는 교과서를 들고 주민들을 찾아다니며 교육내용을 설명했고, 교토시가 이 지역의 반대파 주민에게 지도와 교육을 실시하는 사태가 벌어졌다. 민사재판에서는 새 교사에 대한 차별데모금지도 요구했다. 사건은 여전히 현재진행형이었다.

혐오데모와 카운터 데모의 응수

습격사건으로부터 3년 반이 지나 법정 밖 정세는 극적으로 변화되어 있었다. 습격사건의 형사사건화를 계기로 재특회의 움직임은 일단 잠잠해진 듯 했지만, 민주당정권 말기 주변국들과의 긴장이 고조된 것이 혐오데모를 부추겼다. 그리고 자민당이 정권을 다시 잡았다. 2012년 12월 15일 중의원선거 전날, 아키하바라에서 열린 아베 신조 자민당총재의 가두연설에는 일장기를 치켜든 이들이 모여들었다. 강한 국가를 외치는 아베의 연설에 도취한 청중은 미디어를 향해 '매국노'를 반복해 외치고, 여기에 '조선인을 몰아내자!'는 등 고함소리가 섞여들었다. 그리고 제2차 아베정권발족에 힘을 얻은 듯 혐오데모는 만성화되어갔다.

2013년에 들어와서는 도쿄 신오쿠보 코리안 타운에서도 매주 혐오데모가 열려 "죽어라" "죽이자"는 외침이 반복되었다 한류상점이 밀집된 골목으로 몰려들어 길에 내놓은 간판을 발로 차거나 젊은 종업원에게 욕설을 내뱉고 협박하는 '산책'까지 제멋대로였다. 제1초급 습격사건이 있은 후 약 3년, 민사소송이 종반에 접어든 2013년 봄의 광경이었다.

서일본 지역에서 그들의 주 무대가 된 곳은 오사카 쓰루하시鶴橋였다. 역 앞 센니치마에千日前 거리는, 1980년대 지문날인 거부투쟁 당시 지문날인폐지를 요구하는 사람들의 데모 코스가 되어 사람들을 선도하는 풍물가락이 스며든 거리다. '인권'이란 말에 현상타파의 힘이 있던 시대, 권리신장운동의 해방구였던 곳에 약 30년 후 이 나라가 축적한 증오의 폐수가 쏟아져 나왔다. 교토 조선초급학교 입학식 일주일 전인 3월 31일에는 <*특아 섬멸 카니발 in 오사카 ~ 불령 특아를 몰아내자!!>는 타이틀로 집회가 열렸다.

*특아(特亞, 일반적으로 한국, 북한, 중화인민공화국 등 일본을 적시하는 특정 아시아 국가를 지칭. 인터넷 익명 커뮤니티에 등장해 쓰이다가 점차 일본 우익 전반으로 확산되었다. _역주)

쓰루하시에서 벌어진 혐오데모는 2월에 이어 벌어진 집회였다. 이날은 이 지역 사람들이 중심이 된 '일본·코리아 우정의 캠페인'과 간사이에서 활동하는 카운터 조직 <친구 보호단友だち守る団>(현재는 해산)의 호소로 대규모 카운터집회가 예정되어 있었다. 혐오데모 개시 1시간이상 전에 '보호단'의 멤버가 현장에 집합했다. 육교아래 상점가의 진흥조합사무소로 가서 오후에 혐오데모가 열리는 것과 자신들이 대항데모를 펼치는 것을 고지한다. 혐오데모의 전선에 가장 가까운 도로변 상점 한곳 한곳에도 설명을 하며 돌았다. '(그들이)또 시위를 한답니까…'라며 말을 잇지 못하는 찻집 주인도 있는가 하면, '힘내라~!'고 말해주는 옷가게 여주인도 있다. 성가신 것은 사복경찰(공안)이다. 때로는 멀리서 때로는 가까이 다가와 카운터 멤버들에게 달라붙어 당일 행동예정을 끈질기게 묻는다.

다른 곳에서는 '우정의 캠페인'으로 카운터행동에 나선 사람들을 모아 이날 주의사항을 설명하고 있었다. '도발에는 편승하지 않는다' '경찰의 지시에는 따른다' ー. 가두시위 장소로 돌아오자 아직 개시시각 전인데도 이미 시위는 시작되었다. 아니, 경찰이 개시를 허락한 것이다.

확성기 고함소리가 날아든다. "일본에 살게 해주는데, 뭐가 차별이냐" "바퀴벌레, 구더기, 조센징" "너희 나라로 돌아가라"—. 역 가까이에 있는 자전거 주차장 앞. 가드레일을 따라 위장복과 기모노를 입은 남녀가 일렬로 서고 그들을 경찰이 둘러싼다. 인종차별주의자들과 담소를 나누는 사복경찰도 있다. 참가자는 약 30명 정도이지만, 그들을 보호하는 경찰관의 수가 이상하리만큼 많아 실제 인원보다 대규모로 보인다. 평소 그들이 하던 대로 일장기를 높이 치켜들었다. 그중에는 나치스의 하켄크로이츠 깃발까지 있다. 자신들의 발언에 취한 듯 발언은 점점 심해져 갔다.

카운터들의 피켓에 둘러싸이며 욕설을 쏟아내는 인종차별주의자들. 쓰루하시는 한 때 혐오데모가 정례화 되었다.(오사카시 히가시나리구 2013.03.31.)

'취재'를 하는 것이라고 스스로에게 다짐함으로써 그, 그녀들의 온갖 욕설을 어느 정도는 거리를 두고 대상화 할 심산이었지만, 속성을 구실로 한 욕설은 나의 내면에도 깊이 파고들었다. 듣고 있자니 두 관자놀이가 끓어오르는 듯 아파온다. 목젖 너머에서 치밀어 올라와 방심하면 토할 것 같다.

휴일 번화가이다. 못마땅한 얼굴로 무슨 일인가 수군거리는 커플이 있는가하면, 그런 풍경과 욕설로부터 아이를 보호하듯 끌어안으며 스스로에게도 말하는 듯 "조선인도 일본인도 같은 인간이야!"라며 걸음을 재촉하는 젊은 아버지도 있다. 곁에 있던 상점주인 여성이 "왜 저렇게 모욕을 주는 거야. 왜 막지 않느냐고!"하며 경찰에게 항의한다.

정신을 차려보니 혐오데모와 호위하는 경찰의 무리를 무수히 많은 피켓이 포위하고 있다. "부끄러운 줄 알아라!" "일본의 수치, 아시아의 민폐" "오사카에 차별은 필요 없다" "인종차별주의자는 가라"— 카운터 데모다. 그들의 숫자가 150명을 가볍게 넘어서있다. 인종차별주의자들의 온갖 욕설에 대항해 '캠페인'멤버들이 확성기에 대고 '인권, 평화'를 합창한다. 욕지거리와 대항스피치가 충돌해 일대는 몹시 소란스러웠다.

배외주의자들이 먼저 역 앞 거리의 도로사용신청을 한 2월 데모 당시, 경찰은 '보호단'이 대항수단으로 신청한 자전거주차장 앞 사용을 허가하지 않았다. 마이크는커녕 피켓조차도 들지 못하게 하고 한참 떨어진 교차로로 항의하는 이들을 쫓아냈는데, 카운터 측이 사용허가를 먼저 얻은 이 달은, 2월에 '보호단'의 신청을 거부했던 같은 장소—불과 10미터 옆—에서 차별 가두시위를 허락한 것이다. 이에 대해 항의하자 경찰은 '(2곳은) 관할(하는 경찰서)이 다르다'고 갑자기 태도를 바꿨다.

'카운터 데모'라는 소화기

길가에서 차별시위에 항의하고 있던 한 사람, 린시치세이(凜七星 1961년생)는 제1초급 출신이다. 본명은 '림계일林啓一'이다. 그가 자이니치인 줄 모르는 일본인이라면 당연히 '하야시 케이이치'라고 읽는다. 린시치세이는 '난 일본인이 아니라고 설명하는 것이 귀찮아서' 만든 '통명'이다. 재일본조선인연맹의 초대 교토 부 위원장으로, 무력탄압 시기를 포함해 초기의 학교존속에 힘을 쏟았던 림존강林尊康이 조부이고, 좌파의 입장에서 김일성 비판을 전개했던 림성광林誠宏이 아버지다. 운동권과는 선을 긋고 있던 그가 혐오데모를 의식한 것은 제1초급 습격사건 영상 때문이었다. "어째서 이런 짓을 막지 못하는 건가…싶었어요."

2012년 여름 무렵이었다. 오사카 시내 번화가에서 그들의 가두시위를 어쩌다 목격했다. "이미 그 당시 '바퀴벌레' 같은 과격한 말들을 쏟아냈죠. 이대로 놔 둘 셈인가? 난 조선인이고, (운동권과는)사정도 있어서 거리를 두고 있지만, 아무도 막지 않는다면 나라도 할 수밖에 없다 생각했죠."

린시치세이의 주위에 모여든 사람들은 대부분이 제1초급사건의 재판을 지원하고 있는 인물들이었다. 2월에 '보호단'을 만들고 뜻 있는 사람들을 모아 소규모 비정규적으로 대항행동을 해왔다. 장소신청과 카운터 측의 체포자 방지, 인근에 고지와 주의를 당부하는 등 활동은 여러 면에서 복잡했다.

맨 처음 카운터 시위는 2월이었다. 앞서 말한 것처럼 '보호단'이 신청한 도로사용을 경찰은 허가하지 않았고, 피켓이나 구호를 외치는 것도 규제했다. 경찰은 카운터들의 '표현의 자유'를 철저히 억압하기만 했다. 현장에 있어도 거의 아무것도 할 수 없다. 나중에 온갖 욕지거리를 그대로 들었던 상점가 사람들에게 2월의 시위에 대해 물어봤지만, 분명 40명 정도 있었던 카운터들을 기억하는 사람이 없었다. 경찰이 그 정도로 카운터 참가자들을 꼼짝 못하게 한 것이다. 2월 데모행진 후 차별 가두시위는 점점 더 심해져 갔다. 참가자들이 극도로 도취된 무렵의 일이다. 마이크를 쥔 소녀가 육교 아래에서 상점가를 향해 선동을 시작했다.

"쓰루하시에 살고 있는 자이니치 쿠소총코(똥 같은 조선인) 여러분. (중략) 저는요, 여러분이 너무 꼴 보기 싫어서 견딜 수가 없어요. (중략) 이젠 죽여주고 싶어요. 여러분도 불쌍하고, 저도 꼴 보기 싫고, 죽어주면 좋겠어. 계속 그렇게 설치면 남경대학살이 아니라 쓰루하시 대학살을 실행할 겁니다! (중략) 그러기 전에 어서 자국으로 돌아가세요!"―.

이런 말이 구식민지 출신자와 그 자손들이 대다수 살고 있는 일본 최대의 코리아타운 입구에서 확성기를 통해 쏟아졌다. '중략'이라 쓴 대부분은 '옳소~!' 같은 추임새다. 칼집에서 뽑은 칼을 휘두르듯 증오를 쏟아내는 10대 전반의 소녀, 그 폭주를 나무라기는커녕 신명을 돋우고 있는 어른들. 생각하기에 따라서는 아동학대 이기도 하다. 그리고 간과해서는 안 되는 것은 경찰이 그, 그녀들의 행동을 조장시켰다는 사실이다.

　이 동영상에 자막까지 넣어 해외에도 뿌려져 화제와 우려를 초래한 다음달 3월, 카운터 측은 두 번째 대항행동으로 그들을 완전 포위했다. 결과적으로 혐오데모가 완수되긴 했지만—예정시간이 지났는데 끝나지 않은 것도 경찰이 묵인했다—카운터 참가자도 비약적으로 늘어났다. 다음으로 이어질 결과이기도 했다. 그 이후 간사이 지역에서는 혐오데모를 몇 배나 웃도는 카운터들이 포위하는 광경이 일상화되어 이것은 현재(2013년 12월)에도 계속되고 있다. 며칠 후 그 이야기를 린시치세이에게 물어보자 이렇게 말했다.

　"어느 정도 성과를 거둔 일은 별로 기억에 없어요, 오히려 분통이 터졌던 일을 기억하죠. '쓰루하시 대학살' 발언이 그 잔혹함 때문에 포커스를 받고 있지만, 2월은 훨씬 더 심한 일이 있었어요. 차도를 끼고 정확히 정면에 그놈들이 있었는데, 보도에서 유모차를 밀고 가던 한 어머니를 놈들이 둘러싸고 욕설을 퍼부었죠. 아마도 너무 심한 욕을 하니까 '당신들 뭘 하는 것이냐' 정도의 말을 했던 모양이에요. 그런 짓을 경찰이 묵인하고 있는 거예요. 하지만 눈앞에는 차가 연달아 지나가니 못 뛰어들죠. 그런 안타까움이에요. 영상처럼 기억에 남은 건." 카운터의 중심에 있는 린시치세이에게는 복수의 경찰들이 달라붙어 그의 행동을 감시한다. 린시치세이는 어느 순간 육교아래 상점가로 들어가 경찰의 마크를 따돌리자 도로 반대편으로 넘어가 그들에게 달려들려 했다. 이내 경찰에게 발각되어 돌아오고 말았는데, "체포돼도 상관없었어요. 손을 쓸 수 없었던 안타까운 사건은 절대 못 잊죠. 그런 일을 두 번 다시 겪고 싶지 않네요." 세상사에 초연했던 그가 이때는 목이 메어 말을 잇지 못했다.

혐오데모와 대치한다는 이유로 '카운터'이지만, 그, 그녀들이 표출하는 대다수의 메시지는 차별을 즐기는 앞줄의 인종차별주의자들을 향하기보다 오히려 등 뒤에 있는 사람들을 향해서였다. 그것은 '이런 혐오데모를 허용하지 않는 사람들이 여기 있다, 당신들이 사는 이 사회에 있다'는 의지의 표명이다. 하지만 린시치세이는 카운터운동은 어디까지나 응급처치라고 생각한다. '반대의 목소리'가 높아지면서 그런 '시민의 힘으로 제압하는 것이 중요'하다고 말하는 '식자'도 적지 않으나, 린시치세이는 그들이 '뭘 모른다'고 생각한다. "지금, 화재가 났는데, 어떻게 타는지, 원인이 뭔지 그런 건 생각할 때가 아니죠. 우선 끄고 봐야죠. 카운터운동 같은 건 분명히 말해서 열매 맺지 못하는 '헛꽃'입니다. 단순한 불끄기죠. 그러니까 카운터에 그 이상을 기대해도 소용없어요. 거기다 진짜 소모전이라고요. 멀리까지 가야되면 경비도 드는데다, 일에도 지장이 있으니까. 도대체 어디까지 해야 되는지. 마무리 기준을 어디에 둬야할지도 알 수 없고."

역시 꾸준한 교육이 중요하다는 게 린시치세이의 생각이다. 그리고 덧붙였다. "적어도 유럽수준의 법 규제를 해야만 돼요. 당장 처벌은 아니더라도 이건 너무 심하죠. 국가가 규범을 제시해야 마땅해요. 조선인을 싫어하는 인간이 있더라도 최소한의 존엄이 짓밟히지만 않으면 됩니다. 하지만 실제로는 그렇지 않으니까 일정한 룰은 확보하자는 거죠. 물론 남용의 우려는 있어요. 실제로 지금도 법이 남용돼 우리들의 '표현의 자유'는 억압당하고 있어요. 권력이 법률을 입맛대로 쓰는 것은 뻔한 일. 법률의 구조를 우리가 이용해서 싸울 수밖에."

사회문제화 된 혐오데모

한편 카운터들이 혐오데모를 포위한 사태는 경찰에게 불안을 안겨준 것 같다. '일촉즉발'(≒불필요한 업무의 증대)의 위험을 감지했는지, 경찰은 3월의 데모가 끝난 후 그동안 쓰루하시 등에서 데모를 주도해 왔던 배외주의단체 멤버 3명을 잇달아 체포했다. 혐의는 고베시립박물관이 기획한 중국관련 전시에 가두시위를 벌이겠다며 전시를 연기하도록 협박한 폭력행위와, 공중화장실에서 82세의 남성이 확성기를 들여다 본 것에 발끈해 멱살을 잡고 그 남성의 안경을 빼앗아 밟아버린 상해혐의. 전기요금을 받으러 온 전력회사 징수원에게 확성기를 보이며 '나는 우익이야!' 위협해서 전기요금을 떼먹은 공갈혐의. 모두 별건으로 체포되었다. 이 단체는 4월에 있을 데모를 중지한 후 해산을 표명했다. 이후 쓰루하시에서 혐오데모는 벌어지지 않고 있다. 마음대로 내버려두면서도 경찰(=공안)은 형편에 맞춰 고삐를 죄었다. 가두시위에서 방약무인으로 소동을 부추기는 인종차별주의자들은 실제로는 경찰의 손바닥 위에서 놀아나는 것에 지나지 않은 측면이 있다.

경찰에게 보호받으며 욕설을 쏟아내는 이들과 체포도 불사한다는 각오로 임하는 카운터 참가자 간 충돌도 격해져 혐오데모는 사회문제화 되어갔다. '일본의 수치'를 국회에서 문제 삼은 의원도 나왔다. 원내집회가 열려 위원회에서도 질문이 나오기에 이르렀다. 역사인식에서는 재특회와 다름없는 아베 신조 수상조차도 2013년 5월 7일 참의원 예산위원회에서, '일본인은 온화함을 중히 여기고, 남을 배제하는 배타적인 국민이 결코 아니었다. 항상 예의

바르고, 관용의 정신, 겸허해야 한다.' '다른 나라 사람들을 중상비
방해서 마치 우리가 뛰어난 것처럼 인식하는 것은 전혀 옳지 않다.
결과적으로 우리자신을 모욕하는 일이다'고 답변했다.

　그 직후에는 혐오데모 참가자 가운데 체포자가 나오는 등 '기류'
의 변화를 느끼게 하는 사건도 있었지만, 이후 아베정권에서 이 문
제를 해결하고자 노력하는 모습은 전혀 없다. 후쿠시마 제1원전의
오염수는 '컨트롤 되고 있다'는 발언과 마찬가지로 혐오데모에 대
한 발언도 '올림픽유치'에 대한 포즈였을지도 모른다(실제로 올림
픽이 도쿄에서 개최되기로 결정된 다음 날, 한동안 멈추었던 신오
쿠보에서 혐오데모가 재개되었다). 애초에 그가 수상이 되자마자
곧바로 시행한 것은, 민주당정권에서 보류되었던 고교무상화제도
에서 조선학교를 완전 배제시키는 일이었다. 정부 스스로가 부당
한 차별을 솔선하고 있는 것이다.

획기적 판결

　이러한 흐름 속에 2013년 10월 7일, 제1초급 습격사건 민사소송
이 판결의 날을 맞았다. 개정되기 훨씬 전부터 교토지방법원에 지
원자들이 모여들었다. 이날은 매스컴도 대거 출동했다. 방청권배
포 전에는 200명 가까운 이들이 1층에 있었다. 기자용으로 16석이
배석되기 때문에 방청석은 평소보다 적은 70석. 추첨에서 떨어진
100명 이상이 법정 밖에서 재판의 전말을 지켜보았다. 방청권을
구하려는 대열을 바라보고 있던 이는 '새벽까지 잠들지 못했다'는
구량옥 변호사였다. 김상균은 '혼자서 한밤중까지 술을 마셨다'고

민사소송 판결 날, 긴장한 표정으로 교토지방법원으로 향하는 원고와 변호인단(2013. 10.07)

했고, 박정임은 너무 긴장한 나머지 구토를 했다고 한다.

긴장된 표정의 어머니들이 법정에 들어가고 개정시각 정각인 2시에 피고 측이 들어왔다.

2시를 조금 지나 주문이 선고되었다. 재특회와 가두시위 참가자의 이름을 호명하고, '연대해 554만 7,710엔 및 이 배상액은 2009년 12월 4일부터 완제할 때까지 연간 5분할로 배상액을 지불하라' 무의식적으로 나는 이것을 전액이라 오해하고 '많다'고 생각했다. 하지만 주문은 계속됐다. '341만 5,430엔' '330만 엔'ㅡ. 혼란스러웠다. 당연한 일이지만 판결은 3차례에 걸친 각각의 가두시위에 대해 배상을 명령했다. 합계 1,226만 엔. 소송금액의 반액 이하였지만, 가두시위에 대한 배상액으로는 높은 액수였다.

이어서 재판장은 새로 지은 초급학교 반경 200m이내 데모금지를 명령했다. 아직 실제 피해가 나오지 않은 장소에 대한 가두시위금지청구는 기각될 우려도 있었는데, 판결에서는 이것도 인정되었다. 금액을 읽어나가는 단계에서는 말없이 앞을 보고 있던 박정임이 가두시위금지 대목에 이르자 손수건으로 눈물을 닦았다. 몇 명의 어머니도 울기 시작했다. 도리어 앙심을 사게 되면 위험에 처하는 것은 아이들이다. 이날도 학교 측은 집단등하교 태세를 취하고 있었다. 시위금지가 인정되지 않는다면 곧바로 학교에 가두시위가 재개될 우려도 있었다. '여기서 물러나면 앞으로도 그래야만 한다.' '아이들의 존엄을 지키지 않으면 안 된다.' '윗세대들에게 물려받은 보물을 미래로 이어간다.' 자신들을 지탱해온 수많은 말들이 머릿속을 스쳤을 것이다.

애초에 형사사건에서 4명의 유죄가 확정되어 있었기에 행위의 불법성 자체는 흔들릴 염려가 없었다. 다만 어느 수준까지 배상을 인정할 것인가가 과제였다. 판결은 상상이상으로 깊이 들어간 내용이었다. 획기적이었던 것은 원고가 입은 유형피해에 그치지 않고, 무형피해를 중시해 그 피해인정에 있어 간접적이긴 하지만 인종차별철폐조약을 최대한 적용한 것이다.

공소사실을 유죄로 인정하고 '재특회'가 배상책임 당사자임을 인정한 후에 판결은 다음 조약을 인용했다. 「일본의 법원은 인종차별철폐조약상, 법률을 이 조약의 결정에 적합하도록 해석할 의무가 있다」고 명언했다. 지금까지 국제인권조약으로 이론을 구성했던 민사소송이 하나같이 기각되어온 것을 생각하면 아무리 개인 간에, 게다가 상대가 상대이긴 하지만 획기적이었다. 이 조약을 채용한 판결로는, 보석상에 입점거부를 당했던 브라질인이 150만 엔의 배상을 받아 낸 판례와 홋카이도 오타루에서 공중목욕탕에 입장을 거부당한 러시아인 3명이 각각 100만 엔의 배상을 받은 판례가 있었지만, 이번만큼 전면적으로 이 조약을 전개하고 있지는 않다.

게다가 판결은 일련의 데모를 '재일조선인에 대한 차별의식을 세간에 호소하려는 의도 아래 재일조선인에 대한 차별적 발언을 짜깁기해 벌인 것이며, 재일조선인이라는 민족적 출신을 근거로 한 배제이며, 재일조선인이 평등한 입장에서 인권 및 기본적 자유의 향유를 방해할 목적을 지닌 것'으로 이 조약 1조1항의 '인종차별에 해당한다'고 인정했다. 그것이 배상액의 90%를 무형피해가 차지한 손해인정으로 이어졌다.

피고 측은 자신들의 데모를 불법성이 없는 '공정한 논평'이라고 주장했는데, 판결은 '본 건 활동은 전체적으로 재일조선인에 대한 차별의식을 세간에 호소할 의도 아래 재일조선인이 일본사회에서 일본인이나 다른 외국인과 평등한 입장으로 생활하는 것을 방해하려는 차별적 발언을 짜깁기해 벌인 인종차별에 해당하는 행위'로서 '공익성 없다'고 초반부터 싹둑 잘라버렸다. 그들이 말하는 학교 측의 공원점거에 대해서도 혐오데모를 정당화하는 '위장에 지나지 않다'고 기각했다. 그뿐만이 아니다. 현 단계에서 가두시위를 당한 적 없는 새 교사에 대한 가두시위금지는 앞서 말한 대로다. 그리고 그들의 활동근간인 동영상 업로드 행위까지도 명예훼손으로 인정했다. 인터넷 공간을 반영구적으로 떠도는 영상에 대해서도 재단한 것이다.

안도의 기자회견

　교토변호사회관에서 열린 기자회견은 안도에 휩싸였다. "'공정한 논평'이라는 그들의 말에 흔들리지 않고, 재판부가 올바른 판단을 내렸다." 변호단장 쓰카모토 세이치塚本誠― 변호사가 판결에 대해 말하고, 단상에 오른 또 다른 이들이 잇달아 발언했다. 박정임의 발언이다. "일본사회, 사법의 장에서 우리들의 안전이 지켜진 것으로 새로운 한걸음을 내디딜 수 있게 됐습니다. 그런 심정으로 가슴이 벅차있습니다. 아이들은 자꾸자꾸 물었습니다. '조선인이 나쁜 것이냐' '조선학교가 나쁜 것이냐' 따져 물었습니다. 오늘 판결을 듣고, 이제는 말하고 싶습니다. 우리에게는 친구가 있고, 우리들은 사법의 장에서 인정받은 민족교육을 당당히 받을 수 있다. 그런 토양이 일본사회에 있다고, 아이들에게 희망을 가지라고, 당당하게 살아가길 바란다고, 그런 얘기를 부모입장에서 말할 수 있어서 오늘 판결을 듣고 정말로 가슴이 벅찹니다."

　"어쩐지 눈물이 나네요." 흰 폴로셔츠 차림의 김상균은 회견이 끝난 후 애써 눈물을 참으며 박정임과 악수했다. 법적대응을 결의한 후로 3년 반, 다양한 국면에서 '각오와 결단'을 해왔던 두 사람, 그리고 어머니, 아버지들의 심적 노고가 여기에 응축되어 있다.

　언론매체에게 이 재판의 최대 주목점은 <'혐오발언'을 둘러싼 최초의 사법판단>이라는 측면이었다. 그런 의미에서 판결은 '혐오발언(헤이트 스피치)'이라는 말조차 없었지만, 전면수용에 가까웠다. 소수자가 '정의의 실현'을 사법에 요구해 결국은 단호히 거부당하고 끝나는 사례를 수차례나 보아왔을 기자들은 '차별을 차별'이라고 단언한, 당연하지만 일본에서는 보기 드문 원고승소판결에 흥분했다. '산케이신문'을 제외하고 오사카지역 각 언론들도 최대급으로 다뤄 판결을 보도했다. 「'혐오발언'은 차별」(아사히신문), 「증오표현에 배상명령」(마이니치), 「혐오발언 '위법'」(요미우리)— 그 행위를 일본의 사법이 단죄한 것이다. 이 판결은 세계 30개 이상의 언론에서도 보도되었다.

기자회견에서 기자들이 하나같이 묻고 싶어 한 것은 판결의 범용성이었다. 이 판결의 틀을 적용하면 예를 들어 쓰루하시나 신오쿠보 상점가에서 인종차별적 데모가 이뤄져 곧바로 구체적인 피해를 확인할 수 있으면 민사소송에서 다투는 것도 가능하다. 민사소송은, 카운터데모가 차별데모를 포위해 고함소리를 없앨 수는 있어도 데모 자체를 멈추게 하지 못하는 현상을 타파할 무기가 될지도 모른다. 하지만 그런 발상은 원고 측 사람들이 3년 반에 걸쳐 견뎌온 부담을 너무나도 가볍게 보고 있다. 석간신문 마감시간을 넘긴 기자회견을 끝내고 두 번째 기자회견에서 판결의 '쓸모'에 대해서도 질문이 나오자 도미마스 시키 변호사는 냉정함을 잃지 않으려는 듯이 한 호흡을 둔 다음 온몸으로 분노를 발산하며 말했다. "제발 알아주었으면 하는 건 말이죠, 재판을 시작한다는 것이 정말 힘들다는 것이에요…." 3년 반의 싸움을 옆에서 지켜본 변호인단이나 지원자 대부분이 같은 심정이었다.

국제인권법의 관점

획기적인 판결이었으나 실은 복선이 있었다. 일본은 인종차별철폐조약에 가맹한 176개국 가운데 '표현의 자유'와 중복된다는 등의 이유로 조약 4조(차별금지)를 유보하고 있는 5개국 가운데 하나다. 조약에 근거해 위원회로부터 국내법 정비를 포함한 조약의 완전이행을 요구받았다. 그리고 2010년 4월, 인종차별철폐위원회로부터 나온 최종견해에는 다음과 같이 기술되어있다. 'Korean schools에 다니는 학생을 포함한 그룹에 대해 부적절하고 저급한 언동, 또 인터넷상에서 특히 부락민을 향한 유해하고 인종주의적 표현이나 공격 같은 사건이 지속적으로 발생하고 있음에 우려를 갖고 주시한다.' 제1초급을 거론한 것은 아니지만 이 학교에 대한 습격사건이 발생한 후 불과 3개월 만에 유엔인권위원회 공문서에서 언급했다. 게다가 위원회는 '인종적 우월이나 혐오에 근거한 사상의 유포를 금지하는 것은, 의견이나 표현의 자유와 정합하는 것'이라 의견을 표명하고, 일본정부가 유보하고 있는 조약의 4조(a)(b) '차별선동의 법 규제'에 대해 재삼 언급했다. <유보 범위의 축소 및 가능하다면 유보철회를 시야에 넣어 검증할 것을 종용한다>고 지적했다. (a)(b)는 형사규제를 가리키는 것이 일반적인 해석인데, 위원회는 이것도 권고했다. 「증오 및 인종차별적 표명에 대처할 추가적 조치, 특히 그 내용을 수사해 관계자를 처벌하는 노력을 촉진할 것을 포함해 관련한 헌법, 민법, 형법 규정의 효과적 실시를 확보할 것」(강조, 인용한 이)

사건이 화제가 된 이 해, 인종차별철폐위원회에서 차별범죄 대응에 대해 질문을 받은 일본정부 대표는 '(인종적 동기는) 형량에 반영하고 있다'고 답변했다. 다음 해에 나온 형사사건 판결은 그 답변과는 정반대의 가벼운 내용이었지만, 한편으로 위원회에서 지적한 민사상 대응을 살펴보면 언동의 차별성을 배상액에 반영시킨 판결은 나와 있다. 습격범 중 하나가 스이헤이샤 박물관(나라 현)의 기획전 <코리아와 일본—「한국병합」으로부터 100년> 전시회를 트집 잡아 강행한 차별 가두시위에는, 발언내용의 악질성을 추가해 150만 엔의 배상명령을 선고했다. 일본정부는, 부락차별은 인종차별철폐조약의 대상이 아니라는 입장에서 이 사건의 판결에서도 동 조약은 채용되지 않았으나, 이번 판결은 결과적으로 권고 내용에 일정 정도 따랐다고 볼 수 있다. 거꾸로 말하면 이번 판결은 '현행법으로 대응 가능하다(때문에 법 규제는 불필요)'는 어필에 이용될 우려도 있는 것이었다.

'혐오발언 법 규제'와 '표현의 자유'의 쓸모없는 이항대립

한편 '전면수용' 판결은 그만큼 현행법의 한계를 드러내기도 했다. 판결은 무형피해를 인정하는데 인종차별철폐조약을 최대한 전개하는 반면, 예를 들어 막연하게 '조선인 운운하는' 차별발언이 행해진 경우 '개인에게 구체적인 손해가 발생하지 않았음에도 불구하고 인종차별 행위가 있었다는 이유만으로 법원이 행위자에게 배상금 지불을 명령한 것'은 민법의 해석을 일탈하고 있다며, 이것은 '새로운 입법절차 없이 행하는 것은 불가능'하다고 했다. 이것이 만약 번화가에서 행해진 '조선인' 일반에 대한 차별선동이라면 형사사건화는 되지 않고 민사도 어쩌면 기각된다는 의미다. 형사사건화를 둘러싸고 '명예훼손'과 '모욕'의 구분이 문제가 되었는데, 애초에 일본에서는 온갖 욕설로부터 법으로 보호받을 권리(법익)는 '개인이나 법인 등 집단의 명예' 밖에 상정되지 않는다. 속성이나 통일된 의지를 지니지 않은 집단을 향한 차별발언은 아무 문제도 없다는 것이다. "일본에는 딱 들어맞는 법이 없다"(리기돈 아버지회 회장)는 것이 현실이다. 이번 사건으로 배상이 인정된 것은 그만큼 공격이 구체적인 동시에 직접적이었던 까닭이다. 이 판결은 현행법상 MAX라는 것을 스스로 선언했다. 이 판결로 불거진 것은 현행법제가 안고 있는 '과제'이다.

 하지만 언론매체 보도에서는 '한 건 해결'이라는 분위기도 감지된다. 각종 담화 등에서는 '현행법으로 대처 가능하다'는 주장이 곳곳에서 나와 「현행법으로도 혐오발언에 대응가능하다는 것을 보여주었다」는 사설(마이니치신문, 10월 8일자)과 아무 변화 없는 법 규제는 신중을 기해야 마땅하다」(아사히신문, 같은 날)는 논조도 있었다. 판결을 통해 문제를 도려내는 것이 아니라, 판결을 일상의 뉴스 중 하나로 요란스레 환영하고 잊어버리고 만다. 판결의 소비다. 혐오데모 그 자체는 여전히 행해지고 있고, 그것을 막을 수단은 없다. 헌법13조(개인의 존중, 행복추구권), 14조(법 앞에 평등)가 훼손되고, 사람들의 존엄이 유린되고 있는 것을 어떻게 생각할 것인가? '표현의 자유'에서 판단을 멈추는 것은 번거로운 일은 손대지 않고 방치하는 것과 근원이 같다. 이러한 사고정지가 이시하라 신타로 같은 이들의 혐오발언을 방목함으로서 재특회 일당을 설치게 만들고 나아가 그것을 방치해 온 것이 아니겠는가. 일본 각지에서 인종차별주의자들이 경찰의 보호를 받으며 시위를 벌이는 사태를 목격하게 만든 책임은 어디에, 누구에게 있는가? 적어도 어떤 규제의 방식을 고민할 수 있는지를 쓰지 않으면 아무것도 말하지 않는 것과 마찬가지다. 마이너리티는 아무리 두들겨 맞아도 참으라는 말인가? '표현의 자유'와 법 규제의 이항대립은 무엇보다도 피해실태를 지나치게 무시하고 있다.

법 규제에 대해 원고 측도 생각의 차이는 있지만 공통된 것은 혐오발언에 대한 법 규제를 '표현의 자유'와의 양자택일로는 여기지 않는다는 것이다. 언론매체에서는 지금도 주류인 '질문' 방식이지만, 최전선의 현장에서 '이항대립 논리'는 전적으로 난센스다.

예를 들어 변호인단 가운데 도미마스 변호사는 법 규제에 명확하게 반대의 입장을 취하는데, '(한다고 하면) 헌법 21조(표현의 자유)와 겹치더라도 합헌적인 조문은 가능하다'는 것이 전제다. 이 전제 하에 그는 말한다. "입법운동을 한다면 민족적 정체성이나 당사자의 심정을 널리 호소하는 것 이상으로 반대하는 층이 생긴다. 원래 손을 잡을 수 있는 이들 사이에 분열을 초래할 수도 있다."

도미마스 변호사의 또 한 가지 우려는 입법부에 대한 경계다. "다른 나라의 예를 보아도 차별규제법은 소수자의 정당한 행위를 탄압할 때에 사용된 경우도 적지 않다. 당국은 여론을 반영해서 움직이기 때문에 소수자에 대한 규제로 향할 가능성은 크다. 그리고 입법화 단계에서 표현의 자유에 대한 규제라는 논리가 빗나가, 예를 들어 미국의 애국자법 비슷한 것이 그대로 채택될 가능성도 있다." 그가 염두에 둔 것은 차별 가두시위가 방치되는 상태인 한편, 아베 신조 수상에게 의견을 내는 피켓이 공안에 의해 폭력적으로 저지되는 일본의 상황이며, 데모를 '테러'와 동일시하는 인물이 여당 간사장으로 있는 현실이다.

"게다가 법으로 위에서부터 억압하려 하면 반발을 부릅니다. 대치하고 있는 이들이 스스로를 피해자로 규정하는 계기를 주게 되고 마는 겁니다. 오히려 적을 유리하게 만들게 되죠. 거기에 소모되느니 민족교육에 대한 이해를 넓히는 일에 힘쓰고 우리 편을 늘리는 쪽이 제한된 맨 파워를 활용할 수 있죠. 플러스와 마이너스를 따지면 그렇습니다." 오히려 인종차별주의자들을 포위하는 저변에서부터 움직임을 만들고 확산하는 것이 중요하다는 입장이다. 그는 철저하게 시민레벨에서 여론을 만들어 포위하는 방법을 모색하고 있다. 한 가지는 지자체에서 '혐오박멸 도시선언' 채택을 운동으로 발전시키는 것이다. 그리고 최우선의 과제로 삼고 있는 것이 피해자에 대한 케어다. 그는 아마도 일본에서는 최초인 혐오범죄 피해자 돌봄 연구회를 발족시키려 하고 있다.

한편 학부모인 동시에 형법학자이며 사건을 계기로 혐오발언의 법 규제 연구를 계속하고 있는 김상균은 '사회적 평등'이라는 법익을 기축으로 혐오발언 규제의 시비에 대해 고민해야 한다고 말한다. 민사소송이 한창이던 2012년은 독일에서 1년간에 걸쳐 조사와 연구를 실시하고, 현대일본의 인종차별주의에 관해서도 발표를 거듭했다. <혐오범죄 연구회>를 주재 해 각국의 상황이나 어떤 형태의 규제를 고민할 수 있는가에 대해 동료들과 연구를 거듭하는 동시에 지금도 일본각지를 돌며 강연회와 연구회에서 '법 규제 검토의 필요성'을 말하고 있다.

김상균이 문제로 여기는 것은 '개인의 명예'를 출발점으로 삼은 현재의 법체계이다. 이 부분이 혐오발언의 법 규제에 있어 당면과제이다. 김상균의 이야기다. "혐오발언은 민주주의의 근간인 개인의 평등을 파괴합니다. '사회적 평등'이라는 법익을 훼손하는 행위로 혐오발언을 인식하고, 그 관점에서 법 제도를 재구축할 필요가 있는 것이죠." 차별선동이 홀로코스트로 이어졌던 기억이 있고, 제2차 세계대전이 끝난 후 20년도 지나지 않아 신나치주의가 대두하기 시작한 유럽에서는 차별선동에 대한 법 규제는 상식이며, 많은 나라에서 차별선동은 '명예훼손'보다도 중대한 범죄이다. "'표현의 자유'를 내세우며 규제에 신중한 견해를 보이는 사람은 많지만, 애초에 표현의 자유는 명예훼손이나 모욕죄로 한도를 정하고 있습니다. 속성에 대한 모욕표현이 개인의 명예는 훼손하진 않지만, 예를 들어 조선인이라는 일정의 속성을 가진 사람들에 대한 증오표현은 그 사람들을 자신들보다 열등한 2급 시민으로 멸시하죠. 혐오발언은 당하는 사람에게 인격권이나 생존권을 부정하면서 살아갈 것을 강요해요. 평등의 부정이죠. 그것이 방치되고 있는 게 지금 일본의 현실입니다."

김상균 자신이 1990년대 독일에서 신나치주의자로부터 분노에 찬 고함소리를 들은 경험이 있다. 그는 혐오발언의 방치와 연쇄가 생명을 위협하는 범죄로까지 치닫는 위험성도 지적한다.

'표현의 자유'는 물론 중요한 권리이다. 극우태도를 그대로 드러낸 아베정권이 전횡에 전력을 쏟고 있는 현재로서는, 권력을 비판하고 문제를 도려낼 자유가 필요한 것은 말할 것도 없다. 하지만 '표현의 자유'는 절대적인 것은 아니다. 김상균의 말처럼 '개인의 명예' 등을 기준으로 한도가 정해져 있다. 반복하지만 혐오발언은 일본헌법 13조, 14조, 김상균의 표현으로 하면 '사회적 평등'이라는 법익을 침해하고 있다. 이 현실을 방치한 채 '표현의 자유'를 말하는 것은 안전권 내에서 무위도식하는 태만이다.

그리고 법적 틀을 마련하는 일은 차별을 '부정'하는 메타메시지를 발신하는 일이기도 하다. 앞서 말한 것처럼 차별을 범죄행위로 처벌할 법률이 없는 것은 '차별행위'에 너그러운 이 사회의 '상식'을 뒷받침하는 것이고, 이는 검사나 재판관의 인권의식까지도 규정하고 있다.

예를 들면 제1초급 습격사건의 주범은 사건 후에도 2013년 11월 15일 수감되기까지 각지에서 당연하다는 듯 혐오데모에 참가했다. 2013년 여름에 미디어를 떠들썩하게 했던 시마네 현 마츠에 시 시교육위원회의 「맨발의 겐」*열람문제(나카자와 케이지 원작의 자전적 체험 만화로 원폭과 일본군에 관한 폭력적인 표현 등을 이유로 시교육위원회가 전국의 모든 소·중학교 도서실에 열람제한을 요청했고, 실제로 마츠에 시내 학교도서실 책장에서 치워진 사건. 전국에서 이어진 열람제한 철회항의로 시교육위원회가 폐가를 철회한 사건_역주)로 시교위를 찾아가 '열람중지'를 집요하게 요구했던 이들 중 하나도 그다. 결과적으로 말하면 차별을 악으로 여기지 않는 그의 행동을 집행유예로 억제가능하다는 법원의 인식은 안이했다. 오히려 집행유예 기간 중에 활동을 계속함으로서 인종차별주의자들 사이에 그의 '인기'는 상승해 갔다. 적어도 간사이 지역에서는 그가 참가하는 혐오데모는 뚜렷하게 참가자 수가 늘어나 있었다.

그는 수감되었지만 앞서 말한 것처럼 일본에는 형무소 내에서 차별이나 인권에 대해 배우는 프로그램은 없다. 피고는 스스로의 행위를 뒷받침한 인종차별주의에 대해 되돌아보고 고민할 기회를 갖지 못한 채 또다시 사회로 복귀한다.

무시당한 '민족교육권'

이번 판결이 부상시킨 또 한 가지 과제는 '민족교육권'이었다. 소수자가 자신이 속한 집단의 언어와 문화를 배우는 권리다. 소수자가 자주학교를 이 만큼의 규모와 기간 동안 운영해 온 예는 세계적으로도 드물지만—그런 의미에서도 조선학교는 세계사적 의의를 지닌다—그곳에서 이루어지고 있는 민족교육은 '아동권리조약' 등에 기록된 국제인권조약상 상식이다.

하지만 판결에는 원고가 여러 차례에 걸쳐 주장해 온 민족교육권이 깨끗이 삭제되어 있었다. 조선학교가 습격당한 것은 그곳이 조선인을 조선인으로 키우는 민족교육의 장이었기 때문이다. 침해당한 것은 민족교육권(이 경우는 실시권)이다. 하지만 판결은 학교를 '민족교육을 실시하는 학교'로 인정은 하고 있으나, 침해당한 것은 '학교법인으로서의 교육업무'로 일반화하고 있다. 민사소송 판결은 쌍방이 제출한 준비서면(재판관을 설득하기 위해 자신들의 주장을 적어 제출하는 서류), 특히 승소한 측의 준비서면을 짜깁기하면서 논리적인 결론으로 이어가는 퍼즐 같은 작업인데, 이번 판결에서는 변호인단이 가장 힘을 쏟았던 '민족교육권'에 관한 부분은 철저하다 싶을 만큼 삭제되었다.

만약 '민족교육권'을 명기하면 오사카, 나고야, 히로시마, 규슈에서까지 소송을 제기한 고교무상화 배제와 지자체의 보조금삭감에 대한 소송에 매우 영향이 크다고 생각했을 것이다. 반복하지만 민족교육권이 국제인권조약에서는 당연한 권리이긴 하다. 하지만 그것을 인정하면 일본정부가 일관적으로 취해왔던 조선학교 적시정책이 위법이 되기 때문이다. 고등법원, 대법원에서 판결이 뒤집히지 않도록 이 승소판결을 유지하기 위해서는 영향이 너무 큰 '민족교육권'을 넣지 않는 편이 좋겠다고 재판관들은 판단했을지도 모른다.

차별선동에 대한 대응과 민족교육권을 다투었던 재판은, 말하자면 일본의 국제인권조약상의 '상식'에 대한 감도를 추궁하는 재판이기도 했다. 승패의 행방을 질문 받을 때마다 도미마스 변호사는 거듭 말했다. "적은 재특회가 아닙니다. 이 사회의 상식입니다." 이 '상식'이란 극단적인 인종차별주의자들을 예외적인 존재로 단죄하는 한편으로 동화주의라는 인종차별주의에 저항하는 행위인 민족교육권을 '권리'로서 명기하지 않고 끝내버린 이 판결 그 자체이다. 판결에는 반드시 깨부숴야 할 '일본의 상식'이 드러나 있었다.

아물지 않는 상처

법적으로는 일정한 '선별'이 되었지만 아이들의 피해는 지금도 심각하다. 손님들 중에 '재특회가 있다'고 우기며 거주 지역 회전초밥집이나 패밀리레스토랑에 가는 것을 거부하는 아이도 있다. 혐오발언이 사회문제가 된 탓에 TV에서 나오는 쓰루하시나 신오쿠보의 데모영상을 어쩌다 보게 되면 "왜 보이게 하는 거야!"라며 노골적으로 화를 내는 아이나, "안 되겠어, 그냥 일본인이 돼버릴까"라는 혼잣말을 들은 부모도 있다. 초급학교 고학년이 되었어도 혼자 집에 있지 못하는 사내아이도 있는가하면, 3년 반이나 지났음에도 폐지수거나 선거운동 확성기를 통해 들려오는 목소리에 겁에 질리는 아이도 있다. 심적 외상은 원인이 된 사건과의 인과관계가 뚜렷이 사라진 시점에 증상으로 나타나는 경우도 많다. 사건으로부터 3년 반이나 지나 돌연 혼자서 화장실에 가지 못하게 된 아이도 있다. 전문적인 식견에서 필요한 대처가 이뤄지지 않고 있다. 일본학교라면 당연히 심리상담 전문가가 파견되겠지만, 조선학교에 그런 여유는 없다. 보건(양호) 선생님조차 재정적으로 고용이 불가능하다.

당시 재학생으로 지금은 영화 <박치기!>의 고교생들이 다녔던 교토 조선중고급학교 학생의 말이다. "(통학로에 있는) 은각사는 관광객도 많은데, 어쩌다 길을 물어 와도 긴장돼요. 등교할 때는 관광객이 많은 은각사 길을 피해 후문을 이용하는데다, 소조(동아리)활동으로 치마저고리를 입고 이동할 때는 주위시선이 신경 쓰이고, 교재도 한글로 써 있기 때문에 버스나 전차 안에서 펼칠 때에는 긴장하게 되요." 자신도 모르게 몸에 밴 공격성을 자각한 일도 있다. 인터넷에서 그 당시를 연상시키는 글을 써 온 같은 세대의 일본인 남자에게 감정이 폭발해 철저하게 몰아세워버린 것이다. "'쪽바리' 같은 말을 저도 모르게 쓰게 돼서 어머니에게 말했다가 혼났어요. '(상대하고) 똑같이 행동하면 되겠어?' 라고요."

고교무상화 배제의 영향도 있어서 일본학교로 '전학'하는 것을 화제로 삼는 동급생도 적지 않지만, 시가 초급학교와 교토 제1초급 출신자들은 일본학교를 선택지로 여기는 학생은 거의 없다고 한다. '경찰이 왔던 학교와 재특회가 몰려왔던 학교라는 것도 영향이 있는 것 같다'고 여학생은 말한다. 습격사건을 둘러싼 민사소송 재판의 방청에도 한 번 온 적이 있다. "재특회 사람과 변호사가 일본인이란 것은 알고 있었지만, 잘 생각해 보면 재판장도 일본인이고, 방청석에 있는 것도 일본인이잖아요. 나중에 지원자들뿐이라는 것을 알고 안심했지만, 처음에는 모두가 저쪽 편 사람들이 아닌지 불안했어요."

일본사회에서 조선인이라는 자기긍정을 키우는 장소에서, 차별 가두시위라는 최악의 형태로, 일본이라는 국가에 사는 조선인의 의미를 각인당한 아이들. "그 이후로 '일본인'이라는 말만 들어도 딸애가 눈을 치켜뜰 때도 있어서, 그럴 때마다 재특회는 일본인의 일부이고, 일본인은 기본적으로는 좋은 사람이라고 얘기해줘야만 했다."는 어머니(1966년생)도 있다. 같은 형태로 신경을 쓰고 있는 어머니들이 적지 않다. 재특회의 차별 가두시위와 그것을 아직까지도 허용하고 있는 우리는, 이만큼의 피해를 제공하고 말았다. 언제 폭발할지 알 수 없는, 그리고 어쩌면 평생 아물지 않은 채 끌어안고 가야할 상처를.

한편, 고액 배상금명령에도 재특회의 혐오데모는 멈추지 않는다. 판결 직후부터 게시판과 트위터 공간에는 '반일 재판관' '매국노' 같은 댓글이 곳곳에서 보였다. 11월 4일에는 교토 시내 번화가에서 <사법이 내린 칸진바시 아동공원 불법점거사건의 편향판결을 용서하지 마라! 두 배로 갚는 데모>라는 제목의 시위를 벌였다. 선도차량에 탄 사람은 습격사건의 주범이다. 2009년 6월 13일 이후, 교토에서는 최대 규모인 수백 명의 카운터들의 항의를 받으면서도 이 주범은 "스파이 양성기관!" "일본의 토지를 강탈했다!"는 등 민사소송에서 명예훼손으로 인정한 구절까지도 반복해 외쳐댔다. 그들은 항소했지만 앞으로도 계속될 법정투쟁에서 굳어질 심증은 어찌되어도 상관없는 듯 했다.

싸움은 계속 된다

판결 후 기자회견이 끝나자 참석자들이 가까운 호텔에서 열리는 보고집회로 달려갔다. 150명이나 되는 지원자들의 기쁨과 에너지로 가득 찬 회장에 도착하는 일은 흡사 홈으로의 귀환이었다. 펼쳐진 현수막에는 <증오범죄가 없는 사회를, 민족교육권을 보장하라!>는 글자가 쓰여 있다. 그런 사회의 실현에 대한 희망을 담아 아이들이 분홍과 파랑, 녹색물감으로 무수히 손바닥을 찍어 만든

승소판결 후 보고집회는 지원자들의 열기로 가득 찼다. 긴 책상 앞에는 <증오범죄가 없는 사회를, 민족교육권을 보장하자!>는 글자와 아이들이 손바닥을 찍은 현수막이 걸려있다.(2013.10.07)

현수막에는, 표현은 다르겠지만 식민지시대부터 계속된 '동화냐 배제냐'라는 폭력을 여기서 끊겠다는 조선인과 일본인의 심정이 담겨 있었다. 인종차별주의의 전형적인 두 형태인 '배제'와 '동화' 사이의 투쟁이라는 문맥에서 이 법정투쟁은 인간의 역사적인 투쟁과도 이어져 있다.

"한 아이가 다가와서 혐오발언이 뭐냐고 물었어요. 그런 말은 정말 가르쳐주고 싶지 않은 말이잖아요…." 박정임은 보고집회 때 학교에서 현수막을 만들고 있을 때의 일을 말했다. 이 사건이 역력히 드러낸 것은 이 사회에는 확신적인 악의와 적의가 있다는 것. 그것을 뒷받침하고 있는 이들은 주권자가 뽑은 '국회의원'들이고, 마이너리티의 곤경에 침묵하는 그 외에 수많은 세력인 시민의 무관심이다. 과거 홀로코스트를 가능케 했던 것도 '국회의원'의 차별선동과 시민의 무관심이었다. 그, 그녀들이 대치하고 있던 것은 '다수자에 대한 절망과 불신'이었다. 차별선동은 자칫하면 피해자를 가해자의 수준으로 폄하한다. 힘으로 대항하는 것은 선동에 편승한 애처로운 모습이다. 하지만 부모들은 아이들이 살아갈 이 사회의 미래를 개척하기 위해 마지막으로 사법을 믿어보기로 한 것이다. 너무 비인간적인 일을 목격한 탓에 철저히 인간적으로 싸워나간다. 그 '각오와 결단'은 '적과 닮은 모습'이 되지 않겠다는 의식으로 관통된다. 판결 후 박정임은 말했다. "마음 둘 수 있는 곳이 있었고, 그런 마음을 받아주는 곳이 있었다."

그 틀림없는 증거가 100명이나 되는 변호단과 매회 방청석을 메웠던 총 2천명 이상의 지원자, 그리고 이 보고집회장이었다. 변호인단에서 유일하게 제1초급 출신이고, 재판을 통해 '고향이 생겼다'고 한 구량옥은 보고집회에서도 말했다. "돌아갈 곳이 생겼습니다." 구량옥이 말하는 '고향'은 나, 우리들이 반드시 실현해야 할 '고향'이기도 하다. 정부에 의한 증오범죄는 계속되고 있지만, 여기서 부터가 시작일 것이다. 벌어진 일은 되돌릴 수 없다. 하지만 현재와 싸워 지금보다 나은 미래를 만듦으로서 벌어진 사건에 대한 의미부여는 바꿀 수 있다. '과거는 바꿀 수 있는 것'이다.

판결에서 이긴 것이 아니다. 포기하지 않고 힘든 소송에 나섰을 때, 그들은 이미 미래를 개척하는 한 걸음을 내디딘 것이다. 진정한 승리는 거기에 있다. 사람이 인간으로서 존엄을 추구하는 투쟁은 어느 누구도 막을 수 없다.

집필 후기(일본어판)

취재와 집필과정에서 반복해 습격영상을 보았다. 구토를 한 것은 처음뿐이었지만, 아직까지도 격한 심장박동이나 때때로 두통에 시달린다. 유소년기의 감정—일본인이 아니라는 '구실'로 아버지가 어머니를 학대하는 광경을 수차례 목격했을 때 느꼈던, 무너져 내리는 것 같은 감각, 사람은 이런 말들을 입에 담을 수 있고, 이렇게까지 행동할 수 있다는 공포—을 끊임없이 끄집어내게 만들었다.

영상에서 내가 본 것은 다름 아닌 '나 자신의 부재'이다. 첫 번째 습격은 알지 못했다. 하지만 알고 난 후에도 나는 전화도 하지 않았다. 사태의 중대함을 받아들이지 않았던 것만이 아니다. 나에게는 분노와 함께 '하염없는 비열함'에 대한 두려움이 있었다.

인터뷰를 시작한 것은 사건이 벌어지고 3년 후인 2013년이다. 때마침 헤이트 스피치가 사회문제화 되어 취재하는 이들이 쏟아져 나온 시기였던 것도 양심의 가책을 증폭시켰다.

'당신은 그때, 어디서 무얼 하고 있었나.'

여러 차례 상기했던 것은 이 말이다. 2002년 4월, 이스라엘군에 의한 학살사건이 일어난 요르단 강 서쪽해안의 제닌 팔레스티나 난민캠프에서 아이들의 정신적 케어를 맡고 있던 팔레스티나인 여성 카운슬러 라나 나샤시비가 아이들에게 추궁당한 한 마디다. 그녀에게 아이들이 아프게 던진 물음이다. '우리가 학살당하고 있을 때 동포인 당신은 어디서, 무얼 하고 있었나?'라고.

취재가 한창 이뤄지는 동안 나는 몇 번이나 그때의, 눈물을 가득 머금고 있던 라나의 눈을 떠올렸다. '나는 그때, 어디에 있었나.' 수 없이 반추한 것은 이 물음이다. 염치불구하고 말하자면 증언을 기록하는 일은 그 장소에 없었던 나 자신이 '그 순간을 다시 사는' 작업이었다.

피해자들의 증언을 듣고 차별이란 사람의 존엄을 부정하는 중대한 범죄라고 호소하자. 그것이 취재 개시 전, 그리고 초기의 목적이었다. 하지만 사건이 남긴 상처는 너무나 깊었다. 인간은 이렇게까지 잔혹해 질 수 있다. 그리고 이 사회는 사람의 '생명'에 상처를 내는 온갖 욕설이 '표현의 자유'로 허용된다. 나아가 이 사회의 다수자는 여전히 이런 행위에 무관심으로 일관하고 있다. 이야기를 듣는 나의 내면에서도 내가 사는 세계에 대한 신뢰 감각이 붕괴되어 갔다.

하지만 내가 들은 증언 속에 있던 것은 그렇게 부정적인 것만은 아니었다. 재일조선인의 교육을 둘러싼 역사는 일본정부에 의한 탄압의 역사이다. 늘 억압을 받으며 다수자에게 동화될 것인지 사회적 배제를 감수할 것인지를 강요당해 왔다. 귓전에 속삭였던 말은 '포기해라' '참아라'였다. 하지만 그, 그녀들은 포기하지 않았다. 인간의 존엄은 어느 누구도 빼앗을 수 없다. 그, 그녀들이 싸우는 상대는 단순히 극단적 인종차별주의자들이 아닌, 이 사회의 '본성' 그 자체였다. 그 싸움의 궤적이 그리고 있는 것은 적과 닮은 모습이 되는 것을 거부하고, 윗세대의 정신을 계승해 아이들에게 미래를 남기려는 의지, 그리고 이 사회에서 그, 그녀들이—그리고, 우리들 자신이—'살아갈 동기'였다.

나는 이러한 '각오와 결단의 발자취'를 알리고 싶었다. '사람은 이렇게 할 수 있다'는 것을 이 사회에 똑똑히 보여주고 싶었다. 그

투쟁이 깨뜨린 사상적인 지평을 알아주길 바랐다. 이 사회의 다수자는 물론, 지금은 아직 이해할 수 없을지도 모른다. 그때의 아이들도.

사건으로부터 4년. 조선학교에 대한 차별은 격화일로에 있다. 유엔인종차별철폐위원회의 '우려'를 무시하고 강행된 고교무상화 배제와 잇따르는 지자체의 보조금 정지―국가의 '증오범죄'는 실제로 사건 및 재판과 동시진행이었다. 신오쿠보의 카운터 참가자들의 등장을 계기로 상황이 크게 변화했다고는 하나 재특회의 활동은 계속되고 있다. 우리는 차별 집단을 용납하지 않는 언행의 융통성과 반차별의 연대를 더욱 힘 있게 넓혀나갈 필요가 있다. 그리고 향후 추궁해야 할 것은 '인종차별주의자'에 대한 우리의 분노를, '인종차별주의'―그것은 관민에 의한 민족차별의 토양이며, 형태를 바꿔 아직도 계속되는 이 사회의 끝나지 않는 식민지주의의 자원이다―그 자체를 비판하고 극복하는 회로에 단단히 연결할 수 있느냐 없느냐가 될 것이다.

'망각이 다음 학살을 준비한다 ― 5·18 광주사건을 창작의 원점으로 하는 한국의 작가 문부식이 자신의 책에 인용했던 어느 시인의 말이다. 아랍문학 연구자 오카 마리岡 眞理는 이 말을 단서로 세계의 망각과 무관심이 팔레스티나인의 학살을 끝나지 않는 테이프처럼 반복해온 것을 지적하고 호소한다. '우리들은 가자지구 공격 후가 아닌, 다음 가자지구 공격 앞에 있다'고. 이 말을 본떠 얘기한다면 우리들은 '제1초급 습격사건' 후가 아닌, 다음의 습격사건 앞에 있다. 그렇다면 지금, 나, 우리는 무엇을 해야만 하는가?

상처딱지를 뜯기는 '취재'에 응해주신 학부모들과 선생님, 당시의 아동·학생 여러분에게는 감사의 마음을 말로는 표현할 수 없다. 그리고 변호사와 지원자 여러분, 전문적지식과 견해를 아낌없이 가르쳐주신 마츠시타 요시히로[松下佳宏] 씨, 이타가키 류타[板垣竜太] 씨, 모로오카 야스코[師岡康子] 씨 고마웠습니다. 길 위에서 차별과 맞서는 분들에게도 많은 것을 배웠다. 「세카이[世界]」 편집장인 키요미야 미치코[清宮美稚子] 씨에게는 연재 때부터 출판까지 신세를 졌다. 그리고 사진을 제공해 주신 나카야마 카즈히로[中山和弘] 씨에도 감사.

마지막으로 나를 이 역사로 연결해주었던 야마네 미키[山根実希] 씨. 남겨진 자로써 그녀가 두고 간 것을 이어서 계속 쓰고 싶다는, 그 심정이 이 책 집필의 출발점이자 동기였다. 서적으로 만드는 것이 결정 되었을 때, 후기의 마지막 한 문장은 정해져 있었다.

미키 짱, 격려 진심으로 고마워요.

2014년 1월 13일
中村一成(Il-song Nakamura)

집필후기(한국어판)

2002년 9월 17일, 일본인 '납치사건'이 드러나자 일본에서는 '북조선 뭇매질'이 거세졌다.

'패전 후' 처음으로 얻은 '피해자'라는 지위에 격앙된 대중과 미디어는 추악함 그 자체였다. 그리고 이런 탁류를 타고 권력의 자리에 오른 이가 아베 신조다. 그 후 야당이 된 자민당이 아베를 추대해 정권으로 복귀시켰을 때, 가장 먼저 손을 댄 '업무'는 고교무상화 제도에서 조선학교를 배제시키는 것이었다. 이후에도 정권주도의 조선학교 탄압은 계속되어 2016년 3월에는 문부과학성이 각 지자체에, 지금까지 조선학교에 지급해 온 보조금의 '타당성을 검토'하도록 요구한 통지(사실상 보조금 정지요청)를 내리기까지 단계적으로 '조선학교, 재일조선인에게는 무슨 짓을 해도 좋다'는 풍조를 증대시키고 있다. 지금, 가히 다음의 교토 조선학교습격사건이 언제 일어나도 이상하지 않은 상황 속에 다른 곳도 아닌 한국에서 이 '각오와 결단의 기록'을 출간 할 의지를 다지고 있다. 먼저 번역을 위해 애써준 정미영 씨에게 감사하고 싶다.

이 책은 2009년 12월 교토 조선학교습격사건 발생부터 교토지방법원에서 승소판결을 쟁취하기까지 4년간 투쟁의 궤적이다. 특히 내가 이 사건에 끌려 집필을 결심한 이유는 '민족교육'에 대한 재일조선인의 심정 때문이었다. '민족교육권'은 '어린이권리조약'이나 '인종차별철폐조약'에 명시된 보편적 권리지만, 일본정부는 일관해서 이를 인정하지 않고, '과거의 산증인', 즉 일본의 역사적 범

죄의 증인들을 재생산하는 조선학교를 없애려 해왔다. 조선학교
스스로가 사립학교로서 보조를 받을 수 있는 학교교육법1조의 '학
교'가 되지 않고, 보조금도 받지 못하는 '각종학교'에 머물며 교육
의 자주성을 끝까지 지켜온 이유는 무엇일까, 등장하는 사람들의
이야기에서 그것을 읽어낼 수 있다면 기쁘겠다.

　이제, 이 책이 일본에서 출간된 이후의 투쟁에 대해 쓰고 싶다.
교토지방법원에서 패소한 인종차별주의자 측은 오사카고등법원에
항소했지만, 학교 측의 승소는 거기서도 유지되었다. 뿐만 아니라
항소심 판결에서는 1심에서는 무시되었던 조선학교의 민족교육에
대해서도 언급되었다. 조금 길지만 일부를 인용한다.

　「피항소인은 1953년에 인가된 학교법인이며, 조선인교육과 일반
문화 계몽사업 실시를 목적으로 본 건 학교 등을 설치·운영해 재
일조선인의 민족교육을 실시하고 있다는 것, 본 건 학교를 포함
해 조선학교는 전국에 약120개교, 학생 수는 약 1만2천 명을 헤아
리고, 민족교육을 축으로 자리 잡은 학교교육 실시장소로서 사회
적 평가가 형성되어 있다는 것, (중략) 피항소인은 본 건 활동에 의
해 학교법인으로서의 존재의의, 적격성 등 인격적 이익에 대해 사
회로부터 받고 있는 객관적 평가를 저하 당했다는 것, 본 건 학교
의 직원 등 관계자가 받은 심적 노고나 부담도 컸다는 것, 본 건 활
동에 의해 학교가 교육업무를 방해받고, 학교의 교육환경이 훼손
되었을 뿐만 아니라, 일본에서 재일조선인이 민족교육을 실시하는
사회 환경도 훼손했다는 것 등이 지적 가능하다」

　'민족교육권'이라는 기술은 없었지만 일본의 사법사상 어쩌면 처

음으로 조선학교의 인격적 가치의 중핵을 '민족교육'으로 인정하고, '자이니치가 일본에서 민족교육을 실시하는 사회 환경'이 법으로 보호되는 이익이라고 명기한 것이다. 이 판결은 이 해 12월 대법원에서도 유지되었다. 박정임은 기자회견에서 처음으로 말했다, '재판을 시작하길 잘했다……'

산케이신문 등 극우 미디어를 제외하고 일본의 신문, 다수의 TV 방송은 이 역사적인 승리를 축하했다. 분명 훌륭한 판결이었지만, 그 배경에는 당사자들의 갈등과 '각오와 결단'의 연속이었다는 사실은 다시금 확인해야 할 필요가 있다. 변론 때마다 구토하는 이도 적지 않았다. 중압감으로 쓰러져 병원에 실려 간 이도 있었다. 첫 번째 습격당시 현장에 있던 조선학교 교사는 승소 후 나와 함께 참석한 어느 심포지엄에서 이렇게 말하며 오열했다.

"저는 사건 이후 어머니회 회장을 피했습니다. 오사카고등법원에서 판결이 나온 후 겨우 그녀의 눈을 보며 사죄했습니다. '죄송합니다, 저는 교사자격이 없습니다. 아이들을 끝까지 지키지 못했어요.'라고. 5년이 지난 후 그제야 울 수 있었습니다……"

김상균에게도 동요는 있었다. 판결이 확정된 후 그는 말했다. "저는 짐스러운 존재였다고 생각해요. 역사적인 경위로 '우리는 차별을 감수할 수밖에 없다' '일본사회에서 호소해봐야 소용없다'는 정신구조가 만들어져 있어요. '그냥 가만히 놔둬 달라'는 사람을 설득해서 재판에 나서게 하는 것은, 그런 일들을 겪게 만들기 때문이에요. 몸속에 고름집이 있으나 그냥 놔둬도 죽지 않는 사람에게 '아니, 그렇지 말고 그걸 도려내 치료하자'고 말하는 것과 같은 것.

비슷한 멘탈리티를 가진 사람의 마음을 도려내죠. 고통이 수반되는 겁니다. 혐오발언의 특유성이라고 생각해요." 그것은 김상균 자신의 고통이기도 했다. "제 자신은 불안하다기보다 무서웠어요. 이길 것이라 생각했지만, 그럼에도 실은 지는 것 아닌가 하는 공포였죠. 재판에서 진다면 법률은 두 번 다시 입에 담지 않겠다고 생각했죠." 고등법원판결 승소 후 지원집회에서는 공포에 질리기는커녕 창백한 얼굴로 땀을 흘리며 김상균은 말했다. "가슴을 쓸어내렸어요. 어쩐지 눈물이 안 나오네요…."

하지만 심적 동요는 내보이지 않았다. 혹시라도 관계자들 사이에 불안이 만연되어서 재판을 이어가는데 네거티브 반응이 확산될 것을 우려한 때문이다. 그럼에도 끝까지 싸워낸 의미와 도달점에 대해 묻자 그는 말했다. "노골적인 차별에 대해 우리 힘으로, 게다가 일본법원의 입을 통해 '잘못이다'고 말하게 만드는 '전략'을 쓴 회복입니다. 인간을 인간으로서 자각하는 회복 프로세스를 스스로 만들어 간 의의는 역시 컸습니다. 우리가 공격당하거나 피해를 당하면, 침묵할 것이 아니라 제대로 호소해야 한다. 그것을 아이들, 조선학교 사람들에게 보여줬어요. 그런 의미에서 재판을 해가는 동안 '(차별은) 이미 이골이 났다'는 말이 조선학교관계자에게 나왔던 것이 큽니다. '그렇지 않다'는 인식을 가능케 했어요." 승소 후 보호자들이 했던 이야기는 김상균이 말한 도달점을 나타낸 것이라 생각한다.

"이 일본의 시스템에서 이겼다는 것, 그 의미가 엄청나게 큰 겁니다."

"심정을 호소할 곳이 있고, 그것을 받아주는 곳이 있었어요."

"처음으로 대등한 취급을 받았다고 생각했습니다."

재판승리는 하나의 권한부여(Empowerment)였다. 반신반의였던 동포사회—그 가운데는 총련도 포함되어 있다—도 일본의 시스템에서 이긴다는 것을 실감했다. 다시 말하면 재판투쟁은 '전제의 회복'이었다.

그리고 이 싸움은 방치된 일본에서의 인종차별에 대해 법으로 규제해야 마땅하다는 논의의 단서를 열었다. '처벌 입법이 필요한 차별은 일본에 존재하지 않는다'는 것이 유엔의 인종차별철폐위원회나 규약인권위원회에서 일본정부가 거듭해온 공식견해였는데, 형사사건으로 유죄가 되고 민사에서도 1,226만 엔이라는, 일본의 상식으로는 '고액'의 배상이 명령된 차별의 존재를 대법원이 인정했기 때문이다(다만, 나는 이것을 고액이라고는 생각지 않는다. 150명이나 되는 아이들과 교원, 보호자, 그날은 어쩌다 학교에 없었던 유치반 아이들, 현장에서 혐오발언을 그대로 들어야 했던 졸업생들을 더하면 피해자는 500명을 가볍게 넘는다. 그것을 생각하면 터무니없이 적을 정도다).

후술하겠으나 조선학교에 대한 보조금 정지의 선두주자였던 하시모토 토오루 오사카 시장(당시)이 '오사카 독자의 헤이트 대책'을 언급한 것도 고등법원 판결이 계기였다. 기회를 엿보는데 민감한 전형적인 포퓰리스트인 그는 反헤이트 분위기를 포착한 것이다. 2016년 6월, 일본에서는 최초로 반인종차별법 「자국 외 출신자에 대한 부당한 차별적 언동 해소를 위한 대책에 관한 법률」(약칭 '헤이트 스피치 해소법')이 성립되기에 이르렀고, 보다 포괄적인 인종차별금지법의 필요성이라는 앞으로의 과제를 분명히 밝혔다.

공격은 저항을 낳고, 투쟁은 연대를 낳는다. 그것은 앞으로 우리 모두가 '살아갈 가치 있는 세계'를 지향한 후의 전망이 되겠다. 교토의 사건을 둘러싼 재판투쟁은 자신들만의 승소로는 끝나지 않았다. 대법원 승소 후 그, 그녀들이 힘을 쏟은 맨 처음 과제는 '도쿠시마 현 교직원조합 습격사건' 지원이었다.

이 책에서도 조금 다루었지만 이는 교토 제1초급에 대한 마지막 공격이 있은 약 2주 후 일어난 혐오범죄다. 도쿠시마 현 교직원조합이 시코쿠四國에 있는 유일한 조선학교인 '시코쿠 조선초중급학교'(에히메 현 마쓰야마 시)에 지원활동을 한 것에 대해 교토 사건과 거의 동일한 멤버들이 이끄는 십 수 명이 도쿠시마 현 교직원조합 서기국(사무국)에 난입해, 사무실에 있던 서기장(여성)을 에워싸고 확성기를 쓰며 "조선의 개" "할복해라" "사형이야" "할망구야" "××(≒성폭행) 해버리겠다" 고함을 지르고, 어깨를 찌르는 등 폭행을 가한 다음 책상 위에 있던 서류를 마구 내던지기도 했다. 게다가 그 모습을 촬영하고 동영상 사이트에 업로드 해 누구든지 볼 수 있게 한 것이다.

이것은 지원자를 겨냥한 조선학교 공격이었다. '조선학교를 지원하는 이는 이런 꼴을 당하게 된다'고 예시해 활동위축을 노렸다. 실제로 시코쿠 조선초중급학교와의 교류는 '다음 공격'에 대한 경계로 중단되었다. 그리고 현 교직원조합 상부단체 간부나 같은 건물에 들어있는 다른 교육단체로부터 '교직원조합이 쓸데없는 일(지원)을 하니까' 라는 비판이 나왔다. 성범죄에 공통되는 희생자에 대한 비판이다.

도쿠시마 현 교직원조합도 습격범들 가운데 일부—그들 중 일부밖에 특정할 수 없었다—를 형사고소 했지만 형사책임을 진 것은 6명뿐이다. 교토 습격사건과 마찬가지로 검찰은 명예훼손죄를 뺐다. 게다가 촬영을 한 인물이나, 사건 후에도 자신들의 블로그에 서기장의 사진을 올리고 '매국노' 같은 말로 중상비방을 거듭한 주범격인 한 명에게는 책임을 묻지 않았다. 그녀는 검찰심사회(불기소에 대해 불복이의를 제기하는 기관)에 이의를 제기하고 동시진행으로 민사소송도 제기했다. 재심사 결과 나머지 2명이 형사처분을 받았지만 벌금형이었다. 그리고 지방법원판결도 그녀의 심정을 짓밟았다. 피해를 인정해 손해배상까지 명령했음에도 주범격인 1명의 소멸시효(상대를 인지한 단계로부터 3년 이내에 재판을 일으키지 않으면 소송을 일으킬 권리가 소멸되는 규정)를 인정, 면책되었다. 게다가 인종차별임을 인정하지 않았다. 교토의 본격적인 지원이 시작된 것은 이 단계부터였다. 교토 습격사건 변호인단 수 십 명이 항소단계에서 변호인단에 가입, 지방법원 때 5명이던 변호인이 46명으로 급증한 태세로 인종차별과 여성차별에 대해서도 면밀한 입증을 펼쳐나갔다. 그리고 드디어 맞이한 다카마쓰고등법원에서는 획기적인 승소를 얻어냈다.

첫 번째는 인종차별 인정이다. 인종차별철폐조약의 '정의'를 제대로 해석해 법원이 인종차별주의자들의 행동에 대해, 인종차별을 유포하는 것을 목표로 인터넷에 확산함으로써 지원활동을 위축시켰다고 인정. '동기' '목적'과 '효과'에서 그들의 언동을 '인종차별'이라 판단했다. 민족적으로도 일본인인 그녀가 직접 공격당한 사안을 '인종차별'로 인정한 것이다. 일본에서는 최초의, 해외에서도 보기 드문 판례가 분명하다. 지방법원에서는 면책 받은 이들의 불법행위책임도 인정한 다음 '여성차별'의 측면도 받아들여졌다. 이 판결은 재일조선인 자유기고가가 재특회 전 회장에게 당한 혐오발언에 대한 불법행위책임을 다툰 재판으로부터 시작되었다. 오사카 고등법원은 2017년 6월 19일, 재특회 전 회장에게 배상을 명령한 판결에서 일본의 사법사상으로는 최초로 자이니치와 여성이 합쳐진 '복합차별'의 피해를 인정한 것이다.

도쿠시마 사건 투쟁은 법정 내 뿐만이 아니었다. 항소심을 거치며 그동안 중단되었던 시코쿠 조선초중급학교와의 교류도 부활했다. 변론 때마다 마쓰야마에서 온 학교 보호자와 교원이 참가했다. 원고인 전 서기장에 이어, '차별'과의 싸움에서 이긴 어머니들은 승소 후 교류모임에서 눈물을 흘리며 이렇게 말했다.

"일본 사람과 함께 울 수 있는 날이 올 거라고는 생각지도 못했다."

"일본에서 살아가도 괜찮다고 처음 느꼈다."

"우리의 잘못이 아니다."

"함께한 이들이 마음을 돌리는 것 아닌가 싶어서…. 그러면서도 '어디까지 함께 싸울 수 있을까' 생각했으니까요."

"차별에 이골이 나버린 우리에게 새로운 세계를 보여주었다."

"역시 목소리를 내야 된다고 생각했다."

"아이들에게 남겨줄 수 있게 됐다."

"태어나 처음으로 일본사회에서 대등하다고 인정되었다."

그녀들의 말은 반대로 그녀들이 어떤 인생을 겪어 왔는지를 말해 주고 있다.

교토에서 도쿠시마로 승소의 바통이 이어졌다. 여기서 얻은 것은, 민간 인종차별주의자들의 차별사건 민사소송에 인종차별철폐조약을 채용하면서 (일본에는 대응할 법률이 없기 때문에 직접적용이 불가능) 원고승소판결을 내리는 흐름이 만들어진 것이다.

한편 남은 과제도 있다. 한 가지는 처벌이 없는 이념법인 '헤이트 스피치 해소법'에 머물러 있는 일본의 차별규제 문제다. 교토 사건 주범격인 2명은 도쿠시마 사건에서도 기소되어 유죄가 되었지만, 판결에는 집행유예가 붙었다. 그들은 그 후에도 차별 가두시위를 반복했다. 나는 엄벌주의자는 아니지만, 또 다른 범죄를 반복할 것이 자명한 범죄자에게 집행유예를 선고한 것에는 재판관의 차별범죄에 대한 안이한 인식이 드러나 있다.

두 사람은 일본의 제약회사가 TV광고에 배우 김태희를 기용한 일에 항의하기 위해 이 회사에 난입한 사건으로 또다시 체포되었고, 교토, 도쿠시마에서의 집행유예까지 취소되어 수감되었지만 출소 후에는 다시 차별 가두시위를 일삼고 있다.

그리고 교토의 차별범죄가 차별주의자들에게는 '조선인에게 불법점거 당한 국토를 탈환했다'는 '영광의 기록'이다. 매년 12월 4일을 앞두고 습격범들이 '어떤 행동'을 인터넷상에 고지하고, 그 '기념 가두시위'를 저지하기 위해 카운터들이 학교가 있던 주변과 교토 시내를 경계하는 상황이 계속되고 있다. 현재의 법제도로는 결정적인 해결방법이 없다.

그리고 무엇보다도 '국가'가 행하는 차별철폐가 아직도 실현되지 않고 있다. 교토 사건과 동시 진행되었던 '조선학교 뭇매질'은 끝을 모르고 확대되어 간다. 이 책에도 썼지만 교토 사건 당시 슬로건은 <혐오범죄가 없는 사회를> <민족교육권을 보장하자>였다. 그러나 각종 언론매체의 관심은 오로지 전자, 어디까지나 사건은 '혐오발언 문제가 원점'이었다.

예를 들어 신문기사의 건수다. 마이니치신문으로 말할 것 같으면 형사사건화 된 후 민사소송을 제기했던 2010년에도 '교토 조선제 1초급학교'를 포함한 기사는 16건이었는데, 이듬해는 3건, 2년 후에는 전무했다. 그것이 2013년이 되자 돌연 28건으로 급증하더니 그 다음해에도 26건을 기록했다. 배경은 혐오발언의 사회문제화였다. 2012년까지 전무했던 관련기사는 2013년에 127건, 2014년에는 267건에 달했다. 그러나 '교토 조선제1초급학교'와 '혐오발언'으로 검색하면 2013, 2014년에 각각 24건이 눈에 띄는데, 거기에 '민족교육'을 더하면 각각 6건, 4건으로 줄어든다. 상술하지는 않겠지만 아사히신문도 그런 경향은 다르지 않다. 공격을 당한 쪽은 항상 '역사의 증인'을 재생산하고, 타자가 타자임을 보장하는 '민족교육'의 장이었지만 그 단어는 한쪽으로 밀려나 있다.

전술한 것처럼 오사카고등법원에서는 '민족교육을 실시하는 사회 환경'이라는, 일본 재판사상 가장 '민족교육권'에 근접한 기술이 나왔으나, '민족교육'을 제목으로 쓴 것은 지역신문인 <교토신문>뿐이고, 게다가 1면기사를 받은 사회면 사이드기사다. '민족교육권의 보장'이라는 의지가 사회에 전해졌다고는 할 수 없었다. "어쩐지 버려진 느낌이 들었다" 혐오발언의 사회문제화에 따라 격증했던 미디어와 관심에 박정임이 털어놓은 이 한 마디는 잊을 수 없다.

무엇을 선택할 것인가는 각 미디어의 자유겠지만, 나는 거기서 사회 다수파의 상식과 같은 입장인 매스미디어의 인종차별주의에 대한 인식의 희박함을 읽는다. 차별은 누가 보아도 알 수 있는 '배외·양이'만은 아니다. 타자가 타자임을 거부하는 '동화의 강제'도 차별이다. 지자체에서 조선학교 뭇매질을 주장한 하시모토 토오루 씨가 혐오대책을 말하는 모순이 차별로서 자각되지 않는 현실이야 말로 이 사회의 뿌리 깊은 병리이다.

그 '비대칭성'을 통감했던 것은 교토고등법원 승소 후 학교에서 판결에 관한 워크숍을 했을 때였다. 오사카고등법원의 승소판결이 나온 직후 지원자와 보호자, 학교관계자들이 판결 내용을 일러스트로 표현하는 워크숍이 열렸다. 전문적으로 상당히 어려운 판결문을 쉽게 풀어 일러스트를 넣은 책자로 만들어 승소결과를 직접적인 피해자뿐만 아니라 전국의 조선학교 학생들에게 환원하자는 시도이다. 재특회의 행위를 '인종차별'로 단정하고 조선학교의 인격적 가치의 핵을 '민족교육'이라 단언한 오사카고등법원 판결은, 다른 조선학교에 다니는 아이들이나 교사, 보호자들에게도 힘이 되어주었다고 생각하기 때문이다. 나아가서는 교류하고 있는 일본 학교 학생들도 시야에 넣고 있다.

워크숍에는 당시 재학생도 몇 명 참가했다. 판결문에는 당시사건의 실태가 인정사실로서 기록되어 있다. 플래시백이 발생하는 것 아닌가 순간 긴장했는데, 그것은 기우로 끝났다. 참가자를 복수의 그룹으로 나눠 판결문을 분해해 배분하고, 각각의 소묘를 자원봉사로 참가한 프로 일러스트레이터들이 완성했다.

이미 프로의 손질 따위 불필요한 높은 수준의 스케치를 한 이도 있는가 하면, '글자놀이'라고도, 피카소의 추상화라고도 할 만한 그림을 그린 사람도 있다. 서로의 그림을 보여주니 자연스레 웃음이 피어난다. '사건에 관한 일로 이토록 웃었던 적은 없었다'고 박정임이 말할 정도로 명랑하고 화기애애한 분위기 속에 워크숍이 진행되었다.

마지막에는 각 그룹이 자신들의 '작품'을 앞에 붙이고 그림에 담겨있는 심정을 작자가 프레젠테이션 하는데, 당시 재학생인 고급부 학생들이 그린 몇 장의 그림을 보고 할 말을 잃었다. 그림들은 어린 시절부터 책상을 나란히 해온 반 친구가 조선학교를 떠나가는 이별의 장면이었다. 전학의 이유는 다양했는데, 하나는 조선학교 학생이라는 '전망 없음'이다. 그들의 전망을 계속 파괴하고 있는 것은 일본 국가이며, 지자체이며, 이와 같은 '공(公)'에 의한 차별이다. 혐오범죄로 인한 감정적 상처가 회복되었을 때, 피해자는 그 원인인 사회적 구도가 변하지 않는 것에 직면하고 더 큰 피해를 입는다. 헤이트 폭력의 전형적인 2차 피해가 여기에도 있었다.

실제로 재판과 동시진행으로 일본정부의 조선학교 차별은 일선을 넘어섰다. 앞서 말한 하시모토가 오사카 부 지사 시절, 전국에서 처음으로 표명한 보조금지급 재검토는 그 상징이었다. 초상화나 '북조선', 조선총련과의 관계를 트집 잡아 학습지도요령에 준한 교육(≒민족교육의 포기)을 요구하며 학교를 마구 혼란에 빠트린 끝에 결국은 보조금 지급을 중단했다. 지자체와 지역주민의 관계로 실현한 보조금(=배울 권리의 보증)을 특정국가에 대한 감정을 근거로 중단한 것이다. 하시모토는 1970년대 이후로 외국국적을 가진 이들의 권리요구 발판이 된 '지역주민' 개념을 파괴했다. 민간 인종차별주의자가 법적으로 단죄되는 한편으로 국가에 의한 차별은 계속 격화된다. 하시모토의 표명을 수용한 형태로 보조금지급을 중단하는 움직임은 전국으로 확산되었다. 학생들의 눈은 그 현실을 똑똑히 응시하고 있다.

「헤이트 스피치 해소법」이 성립되어 일본에 있는 재일조선인, 한국인들처럼 '자국 이외 출신자'에 대한 혐오발언(차별선동)이 위법이라 판단한 후에도 일본정부와 지자체의 조선학교 차별은 계속되고 있다. 오히려 '해소법' 성립과 동시진행으로 차별은 일선을 넘어서고 있다. 차별의 이중기준이다. 살인(사형제도)과 마찬가지로 차별은 국가의 '권리'기도 하다고 주장하는 것인가.

조선고급(고등)학교의 무상화 배제를 둘러싸고 일본전국에 10개교 조선고급학교 가운데 절반에 해당하는 5개교에서 국가를 상대로 재판을 제기했으나, 이긴 곳은 2017년 7월 오사카 지방법원뿐이다. 그 '획기적인 승리'도 2018년 9월 오사카고등법원에서 취소되었다. 오사카의 보조금소송도 포함해 이 글의 집필 단계(2018년 11월)에 계쟁중인 재판에서 승리는 없다.

법과 사실에 비추어보면 결코 무리수의 재판이 아니다. 국적출신을 따지지 않고 모든 아이들의 '교육의 기회균등'을 주장하며 아이들을 수익권자로 한 학비지원제도가 고교무상화였다. 그럼에도 불구하고 일본정부는 '납치문제' 같은 정치, 외교적 이유를 내세워 심사 중임에도 불구하고 조선학교를 대상으로 삼은 근거규정을 삭제하고 배제시킨 것이다. 명확한 위법행위에 사법이 '보증서'를 부여한 것은 '조선(북) 뭇매질'이 아베정권의 근간이기 때문이다. 내각이 인사권을 쥐고 있는 공무원 판사가 '판결문'을 쓰는 일본의 사법제도에서는 국가에 대항하는 판결을 내리는 일은 극히 드물다.

정치가가 아이들을 권력유지의 도구로 삼고, 사법이 정부의 탄압에 '보증'을 서서 조선학교 아이들을 저버린다. 조금은 있었을법한 '양식'이나 '이성과 지혜'가 팽개쳐지고, 언제까지나 자국지향으로 폐쇄되어가는 이 동아시아의 '외딴 섬'에서, 그럼에도 매달, 매주, 학생들과 졸업생, 그리고 지원자들이 문부과학성과 오사카 부 청사 앞, 그리고 역 앞이나 번화가 거리에 서서 차별에 대한 분노를 외치고, '평등'을 요구하는 목소리를 내며 연대를 끊임없이 호소하고 있다. 그, 그녀들의 '분노'와 '용기'에 뒤따르며 그 싸움을 끝까지 함께하고 싶다고 이 글을 쓰며 다시금 마음을 다진다. 그런 다음에야 마땅히 있어야 할 '또 하나의 사회', 누구나 평등하고, 자유롭고, 존엄이 지켜지는 사회가 있다.

2018년 11월 9일
나카무라 일성(中村一成)

옮긴이의 말

교토 제1초급학교에 이 사건이 벌어졌을 당시, 부끄럽게도 나는 '조선학교'의 존재에 대해 전무에 가까울 만큼 무지했다. 2011년 말, 해방직후 도쿄 조선중고등학교 학생들을 그린 재일동포 2세의 체험소설을 만났고, 그 후로 인연이 시작되었다.

식민지역사를 대를 이어 증언하고 있는 재일조선인들은 벌써 4세, 5세대가 되었고, 여전히 종주국이었던 일본에서 살아간다. 학교를 만들고, 생활터전을 다지는데 1세들의 피와 땀이 자양분이 되었다. 무엇보다 학교는 이국땅에 있는 '고향'과도 같은 존재다. 교토 히가시쿠조 제1초급학교는 집주지역 지역동포들이 쉽게 모일 수 있는 곳이었고 그만큼 친근한 학교였다. 당시 학부모들 대부분이 이 학교 졸업생이다. 학교에 대한 애정은 상상하기 어렵지 않다. 세 차례에 걸친 습격시위보다 더 두려웠다고 한 일본사회의 무지와 무관심, 재특회의 폭력시위를 저지할 방법이 없다는 무력감과 상실감, 아이들을 지켜야하는 절박감에 결국 자신들의 고향이었던 제1초급을 역사의 뒤안길로 숨죽여 보낸다. 지금은 흔적조차 찾아볼 수 없는 학교의 빈자리를 가까이 두고 통증의 기억으로 바라보았을 그분들의 심정을 전달할 수 있을지 두려웠다. 이 책은 고통의 기록이자 회복의 기록이다. 본문에 나온 분들의 심정을 담아내기가 힘에 부쳤고, 이따금 포기하고 싶은 유혹에도 시달렸지만 그때마다 책상에 다시 앉게 만드는 얼굴들이 떠올랐다.

번역을 하는 동안 5개 지역 조선학교의 고교무상화 재판에 다녀

왔다. 난생처음 법정 안을 경험한 것이 조선학교 고교무상화재판 가운데 가장 먼저 1심이 열린 히로시마지방법원이었고, 이후로도 재판 때마다 조선학교 고교생들이 방청석 가장 앞자리에 앉는 광경을 보았다. 본문에 등장하는 박정임 씨와 처음 만난 것도 히로시마 재판이 열린 날이다. 법정 안 중압감은 회를 거듭한다고 익숙해지는 것이 아니었다. 게다가 정당한 권리를 조목조목 증명해 온 과정이 재판관의 몇 줄짜리 주문으로 무너져 내리는 것은 순식간이다. 허탈함조차도 법정을 빠져나온 뒤에야 한꺼번에 몰려온다. 일본정부를 대신하는 피고 측 문부과학성의 주장은, 와르르 쏟아져 나올 자신들의 묵은 과오들을 욱여넣느라 248명의 원고가 된 조선학교 재학생과 졸업생들의 희망을 사법으로 재단한다. 재판 때마다 당연한 권리를 법에 호소해야 하는 학생들이 법원 앞까지 행진을 하고, 재판을 방청하고, 보고집회에서는 오히려 부모님과 지원자들을 위로한다. 대를 이은 차별의 고리를 끊지 못하고 어린 학생들을 외면하고 있는 일본사회의 무관심에서 소위 조국땅에 사는 우리는 얼마만큼 자유로울 수 있을까.

90년대 말부터 한류열풍이 불면서 일본에 등장한 '혐한'이라는 단어가 내게는 '열등감'으로 읽혀졌다. 특정 국가나 민족에 대한 혐오감은 한편으로는 열등의식에서 싹튼 공허한 푸념같이도 느껴졌지만, 그 파급효과는 추악한 별종의 열등의식들을 재생산하며 각종 매체와 서적 등으로 여전히 일본에 쏟아져 나온다.

대낮에 초급학교 앞으로 몰려와 행패를 자행한 그들의 열등감이 어디에서 왔는지는 중요하지 않다. 이 사건의 민사재판이 끝나갈 무렵 일본 언론에 등장한 헤이트 스피치, 헤이트 크라임을 소화하지 못하고 '표현의 자유'라는 말로 게워내고 있는 또 다른 열등의식이 세포분열을 멈추지 않고 있다는 공포다. 피해자가 되는 쪽은 언제나 소수자일수밖에 없다. 더구나 타민족에 대한 끔찍할 정도의 거부반응을 보이는 일본사회가 도려내지 못할 곪아터진 고름집을 고스란히 다음 세대로 물려줄 것 같다는 두려움도 있다.

다름을 인정하지 않는 자기애의 폐쇄에 갇혀 권력과 아둔한 여론의 힘으로 소수자를 굴복시키려는 일본사회의 민낯을 본다. 한 세기가 넘도록 같은 땅에서 살아온 타민족에게 끝없이 동화를 요구하는 일본의 자세는 측은하기까지 하다.

지금까지 만난 조선학교 아이들에게서 그들은 상상하지도 못할 큰 꿈들을 보았다. 남을 인정하고 다름을 인정하는 아이들만이 꿀 수 있는 꿈이다. 저자는 집필후기에서 일본이라는 나라를 '언제까지나 자국지향으로 폐쇄되어가는 동아시아의 외딴 섬'이라 표현했다. 폐쇄를 열어젖히는 가장 좋은 처방은 '관심'이 아니겠나. 진심어린 관심이 '올바른 이해'를 낳고, 그 이해를 바탕으로 외면되어온 이들의 손을 잡아줄 수 있으리라 믿는다. 적어도 어린 학생들이 자기긍정의 힘으로 자존감을 키우고, 미래에 대한 희망을 포기하지 않을 수 있는 평등한 환경이 절실하다. 차별과 배제로 자신과 타협하는 아이들이 더 이상 없길 바라는 마음으로, 그리고 법정에서 무시무시한 권력과 마주하며 사회를 배워야 하는 학생들이 더는 나오지 않았으면, 그 끔찍한 중압감을 몸에 익히지 않아도 좋을 날을 기다린다.

한국어판 출간이 결정되고 올해 4월, 학교가 있던 교토 칸진바시
에 처음 갔던 날, 숙소로 돌아오는 길에 책 표지는 이미 결정 되었
다. 지금은 흔적조차 찾아볼 수 없지만, 영원히 마음 속에 제1초급
학교를 고향으로 기억하는 분들께 이 책을 드리고 싶다.

4년 간 이어진 '각오와 결단'의 궤적이 대법원에서 승소확정 된
그날로부터 정확이 4년이 되는 날 세상 밖으로 나가는 이 책이 이
땅에서 진심어린 연대의 마음들을 모아주길 바라는 한편으로 우리
의 관심이 행여 짐이 되지 않을까 조심스럽다.

2018년 12월 4일
정 미 영

참고문헌 (지면 사정상 주요문헌에 한함)

- 이타가키 류타(板垣竜太)「자료 조선학교에 대한 괴롭힘 재판에 대한 의견서」『평론·사회과학』「資料 朝鮮学校への嫌がらせ裁判にたいする意見書」『評論·社会科学』第105号, 2013年 152p-185p

- 오자와 유사쿠(小沢有作)「재일조선인교육론 역사론」『在日朝鮮人教育論 歴史論』亜紀書房 1973年

- 박경식(朴慶植)「해방 후 재일조선인운동사」『解放後在日朝鮮人運動史』三一書房 1989年

- 강원호(江原護)「민족학교 문제를 생각한다」아젠다 프로젝트『民族学校問題を考える』アジェンダ·プロジェクト 2003年

- 김상균(金尚均)「명예훼손과 모욕죄의 간격—사람의 출신, 민족, 속성에 대한 비방·중상에 대해」『名誉毀損罪と侮辱罪の間隔—人の出自, 民族, 属性に対する誹謗·中傷につい』『立命館法学』345·346号, 2012年 309~336p

- 김상균(金尚均)「헤이트크라임과 인권—지금 그곳에 있는 민족차별」『ヘイトクライムと人権—いまそこにある民族差別』石埼学, 遠藤比呂通編『沈黙する人権』法律文化社 2012年 172~196p

- 김덕룡(金徳龍)「조선학교의 전후사 1945-1972」『朝鮮学校の戦後史1945-1972』社会評論社 2002年

- 고찬유(高賛侑)「국제화시대의 민족교육 : 아이들은 무지개다리를 만든다」『国際化時代の民族教育 : 子どもたちは虹の橋をかける』東方出版 1996年

- 다카노 아키오(高野昭雄)「근대도시의 형성과 재일조선인」『近代都市の形成と在日朝鮮人』人文書院 2009年

- 박도제(朴道済)「어린이의 눈으로 본 <4.24교육투쟁>」교토·시가의 민족교육~4·24교육투쟁 60주년을 맞아~연극과 패널 토론 실행위원회편『교토·시가의 민족교육~4·24교육투쟁 60주년을 맞아~연극과 패널 토론 보고집』『子どもの目から見た「4·24教育闘争」』京都·滋賀の民族教育~4·24教育闘争60周年を迎えて~演劇とパネルディスカッション実行委員会編「京都·滋賀の民族教育~4·24教育闘争60周年を迎えて~演劇とパネルディスカッション報告集」2008年 20-26p

- 한동현(韓東賢)「치마저고리 제복의 민족지(에스노그라피)—그 탄생과 조선학교의

여성들』『チマ·チョゴリ制服の民族誌(エスノグラフィー)─その誕生と朝鮮学校の女性たち』双風社 2006年

· 조선시보 취재반편 「표적이 된 치마저고리-역국제화에 병드는 일본」『朝鮮時報取材班編「狙われるチマチョゴリ─逆国際化に病む日本』』柘植書房 1990年

· 재일조선인의 인권을 지키는 모임편 「재일조선인의 법적지위-박탈당한 기본적인권의 실태」『在日朝鮮人の人権を守る会編「在日朝鮮人の法的地位─はく奪された基本的人権の実態─」』在日朝鮮人の人権を守る会出版局 1964年

· 후지나가 다케시(藤永壯) 「일한국교수립과 재일조선인의 민족교육-외국인학교 제도 안을 중심으로」「환 동해 리뷰」 Vol.9『日韓国交樹立と在日朝鮮人の民族教育─外国人学校制度案を中心に』「環東海レビュー」 Vol.9 2013年 37-65p

· 마쓰시타 요시히로(松下佳宏) 「점령기 교토시에 있어서 조선인학교 정책의 전개─행정당국과 조선인 단체와의 교섭에 주목해서」「일본의 교육사학 : 교육사학회기요」제54집『占領期京都市における朝鮮人学校政策の展開─行政当局と朝鮮人団体との交渉に着目して』『日本の教育史学 : 教育史学会紀要』第54集 2011年 84-96p

· 마에다 아키라(前田朗)編 「왜, 지금 헤이트 스피치인가─차별, 폭력, 협박, 박해」『なぜ,いまヘイト·スピーチなのか─差別,暴力,脅迫,迫害』三一書房 2013年

· 모로오카 야스코(師岡康子) 「헤이트 스피치란 무엇인가」『ヘイト·スピーチとは何か』岩波書店 2013年

· 다나카 히로시(田中宏) 「재일외국인 제3판」『在日外国人第三版』岩波書店 2013年

· Craig-Henderson, K. 'The Psychological Harms of Hate: Implications and Interventions', Perry, B. et al. eds., Hate Crime: The Consequences of Hate Crime. Preager Perspectives, 2009, pp. 15-30

· Craig-Henderson, K., Sloan, L. R. 'After the Hate: Helping Psychologists Help Victime of Racist Hate Crime', Clinical Psychology: Science and Practice. Oxford University Press, 2003, pp.481-490

· Sonia Ryang, North Koreans in Japan: Language, Ideology, and Identity. Westview Press, 1997

역자 소개 정미영

한국외국어대학교에서 일본어 전공, 프리랜서 번역가로 일하다
2017년 '도서출판 품'을 만들고 본격적으로 번역출간을 시작했다.
번역서로는 「보쿠라노 하타」 1, 2권

르포, 교토 조선학교 습격사건
- 증오범죄에 저항하며

1판1쇄 | 2018년 12월 9일
글쓴이 | 나카무라 일성(中村一成 Il-Song Nakamura)
옮긴이 | 정미영

펴낸곳 | 도서출판 품
주　소 | (10884)경기도 파주시 안개초길 12-1, 302
등　록 | 2017년 9월 27일 제406-2017-000130호(2017.9.19.)
　　　　031-946-4841 poombooks2017@gmail.com

인　쇄 | 미래상상 031-949-2832
편　집 | 강샘크리에이션
표　지 | 콩보리

책값 : 12,000원

ISBN 979-11-962387-2-8

잘못 만들어진 책은 구입하신 서점에서 교환해 드립니다.